200% ATELIER

LA RETOUCHE D'IMAGE ET LA CRÉATION NUMÉRIQUE FACILES ET GRATUITES !

70 Ateliers pour

GIMP

Micro Application

Copyright © 2014 MA éditions
88 ter, Avenue du Général Leclerc
92100 Boulogne-Billancourt

Édition Février 2014

Auteurs Alexandre Boni
Nicolas Stemart

ISBN : 978-2-822-403115

Dans l'objectif pédagogique de cet ouvrage vous pouvez accéder gratuitement (hors frais de connexion) aux images utilisées dans les ateliers sur le site de MA EDITIONS à l'adresse suivante :

http://ma-editions.com

Cette adresse vous est personnelle et utilisable qu'en votre qualité de possesseur licite de notre ouvrage et les photos sont la propriété exclusive de leurs titulaires respectifs. **Elles ne peuvent être utilisées qu'à titre privé et vous sont proposées uniquement pour réaliser les ateliers. Toute autre utilisation est interdite.**

LES ATELIERS

Première approche

Retoucher des photographies

Réaliser des compositions

Dessiner et créer

Ajouter des effets et des trucages

Finaliser, partager et imprimer

Aller plus loin avec gimp

La barre des menus
Éditeur d'image GIMP
Fichier Édition Sélection Affichage Image Calque Couleurs Outils Filtres Fenêtres Aide
La boîte à outils
Le sélecteur de couleurs
Options des outils
Aérographe
Mode : Normal
Opacité 100,0
Brosse
2. Hardness 050
Taille 20,00
Proportions 0,00
Angle 0,00
Dynamique de la brosse
Pressure Opacity
Options de dynamique
Appliquer fluctuation
Lisser le tracé
Déplacement seulement
Taux 80,0
Débit 10,0
Les options des outils
Réglages de l'espace de travail
px
25 %
7.JPG (133,2 Mo)

1

PREMIÈRE APPROCHE

GIMP (GNU Image Manipulation Program) est le logiciel de retouche d'images de référence dans le monde des logiciels libres. S'il est gratuit, il n'en est pas pour autant dépourvu de fonctionnalités avancées. Avant de vous lancer dans des opérations de retouches complexes d'images, vous verrez donc au cours de ce chapitre comment aborder son interface et comment préparer votre espace de travail. Vous aurez également l'occasion de réaliser des manipulations de base que vous serez amené à reproduire tout au long de cet ouvrage.

INSTALLER GIMP ET CONFIGURER SON ESPACE DE TRAVAIL

0h30

Plusieurs versions de GIMP sont disponibles notamment selon votre système d'exploitation et votre langue. Préférez la dernière version stable proposée au téléchargement. Ici il s'agit de la version 2.8.10. Le logiciel est utilisé dans cet ouvrage sur un PC équipé de Windows 8.1.

1/ Se rendre sur le site officiel

Pour profiter au mieux des dernières innovations de GIMP, téléchargez gratuitement la dernière version stable du logiciel sur le site officiel www.gimp.org en cliquant sur le bouton Downloads (Téléchargements) présent sur la page d'accueil.

2/ Télécharger la dernière version

Cliquez sur le lien HTTP situé à côté de Download GIMP 2.8.10 (Téléchargez GIMP 2.8.10). Cliquez sur Enregistrer, patientez quelques instants et le téléchargement débute.

3/ Installer GIMP

Exécutez le fichier téléchargé puis choisissez la langue d'installation. Le français n'est pas proposé ici mais le logiciel sera bien en français. Cliquez sur OK puis sur Install (Installer). Une fois l'installation terminée cliquez sur Finish (Terminer).

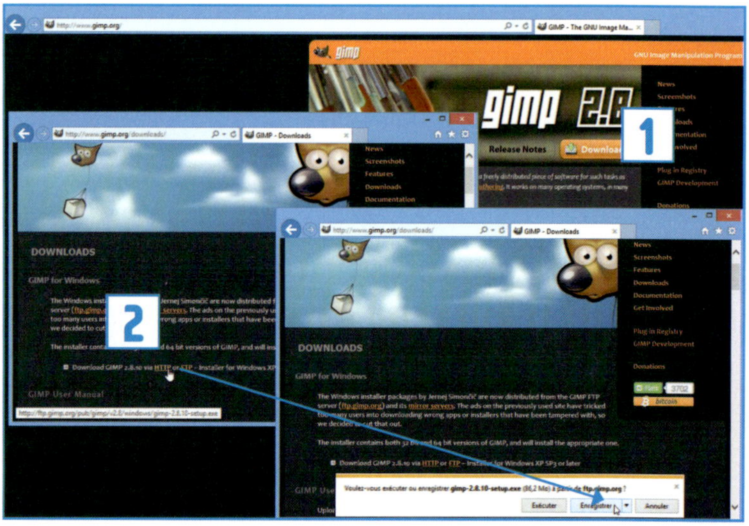

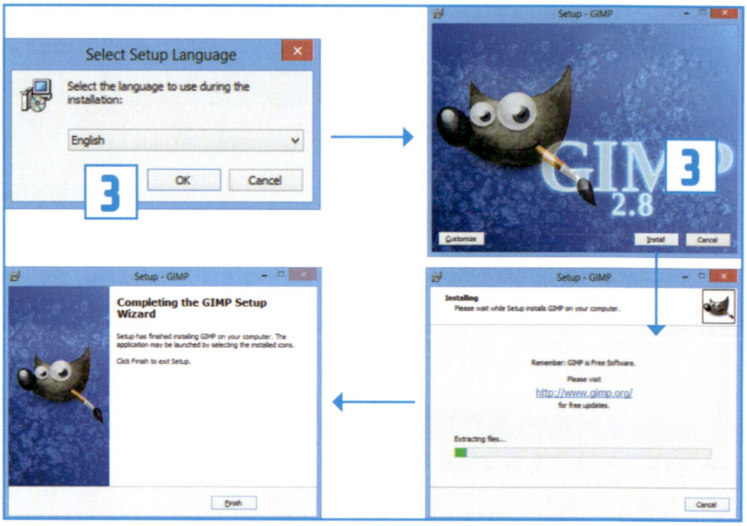

Installation → **Customize**

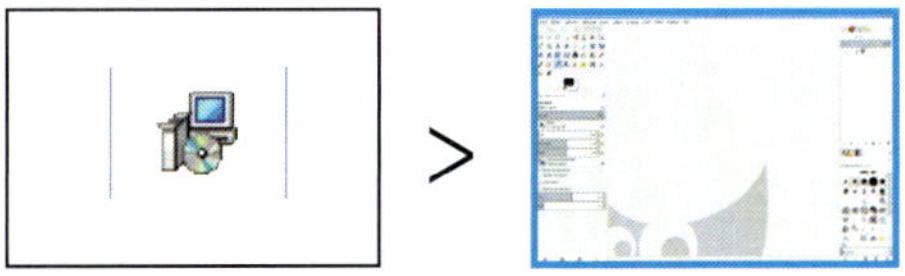

atelier **01**

EN MODE D'INSTALLATION PERSONNALISÉE (CUSTOMIZE) vous pouvez notamment choisir les types de fichiers à associer à GIMP. Ces fichiers seront ouverts automatiquement avec GIMP, privilégiez dans ce cas les formats spécifiques à GIMP (cochés par défaut) et évitez les fichiers image de type JPG, GIF, PNG qui seront de préférence affichés avec votre visionneuse d'image.

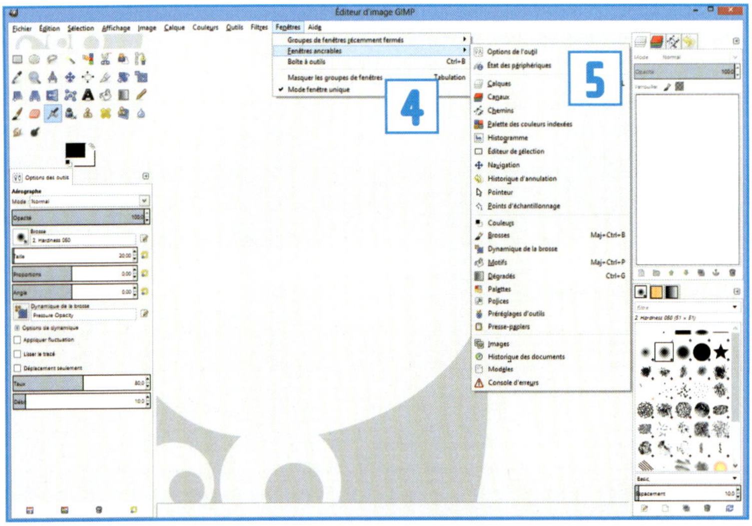

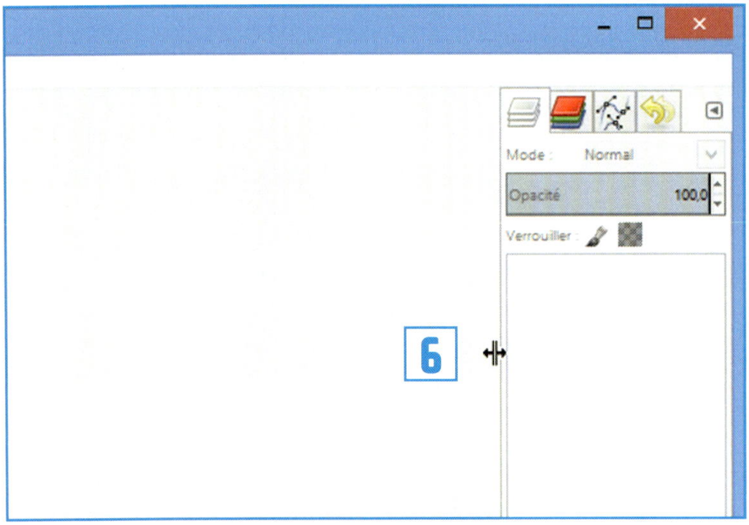

4/ Espace de travail

Pour plus de simplicité et une meilleure organisation, dans le menu Fenêtres choisissez Mode fenêtre unique afin de rassembler toutes les fenêtres du logiciel. Vous pouvez également passer en mode Plein écran en appuyant sur la touche F11 de votre clavier pour occuper tout l'espace disponible à l'écran.

5/ Afficher une fenêtre

Si vous fermez une fenêtre par erreur ou si vous avez besoin d'utiliser une fenêtre qui n'est pas présente à l'écran lors d'un atelier, rendez-vous dans le menu Fenêtres puis Fenêtres ancrables puis cliquez sur son intitulé. Si elle est déjà présente à l'écran, elle sera sélectionnée et clignotera pour vous indiquer sa position.

6/ Disposition des fenêtres

Agrandissez ou réduisez la taille des fenêtres en positionnant le pointeur de la souris sur leur bord, celui-ci prend alors cette forme ⟺. Vous pouvez élargir les fenêtres mais également les étirer en hauteur si vous en utilisez plus une qu'une autre.

L'ESPACE DE TRAVAIL S'ADAPTE AUTOMATIQUEMENT. Lorsque vous ouvrez une image et si vous ne travaillez pas en plein écran, la fenêtre du logiciel va s'adapter à votre image. De plus, même en plein écran, le niveau de zoom va également s'ajuster, ainsi vous pourrez voir la totalité de l'image s'afficher à l'écran.

GIMP CONSERVE LA MÊME DISPOSITION de vos fenêtres ainsi que des onglets ouverts entre deux sessions. Vous retrouvez alors toujours un espace de travail tel que vous l'avez personnalisé. Si vous avez cliqué sur l'onglet Motifs plutôt que Brosses puis fermé GIMP, à son ouverture vous retrouverez l'onglet Motifs déplié. De même si vous avez changé la largeur d'une fenêtre, celle-ci conservera ses dimensions.

7/ Détacher une fenêtre

Pour détacher une fenêtre, cliquez sur son onglet et, tout en maintenant le bouton de la souris enfoncé, déplacez l'onglet vers l'espace de travail. Relâchez le bouton de votre souris, la fenêtre est à présent détachée de l'interface. Vous pouvez ainsi placer une fenêtre que vous utilisez souvent à proximité d'une zone sur laquelle vous travaillez afin de réduire vos mouvements et gagner du temps.
Vous pouvez également détacher des fenêtres pour les réorganiser comme vous allez le voir à présent.

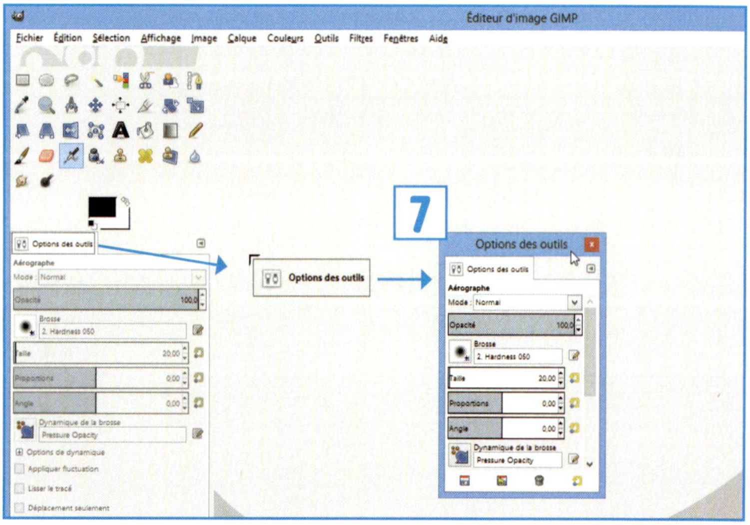

8/ Attacher une fenêtre

Une fois que vous avez détaché une fenêtre, ne relâchez pas la pression sur le bouton de votre souris et déplacez-la vers une zone à gauche ou à droite de l'écran. Vous pouvez ainsi placer une fenêtre en dessous, au-dessus ou bien à côté d'une fenêtre existante, mais il est également possible de placer une fenêtre dans une autre. Dans ce cas, vous pourrez accéder aux différentes fenêtres en cliquant sur leur onglet.

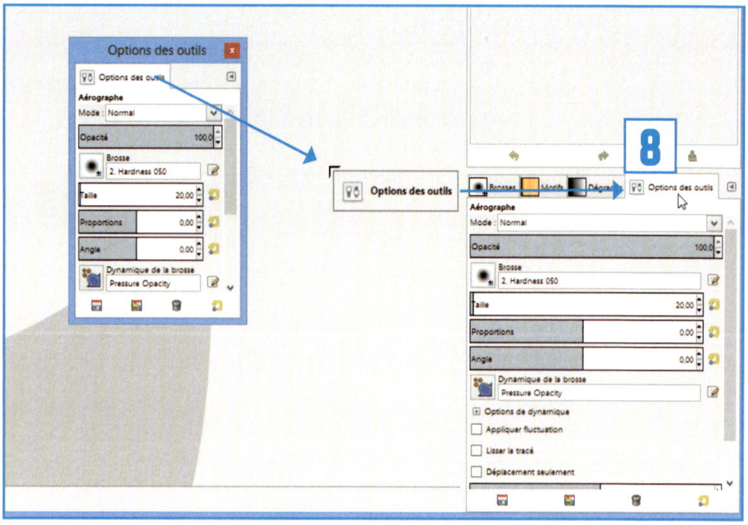

 Configurer cet onglet

Configurer cet onglet → Fermer l'onglet

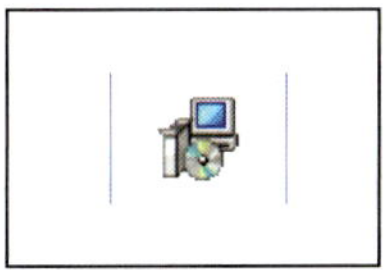 > 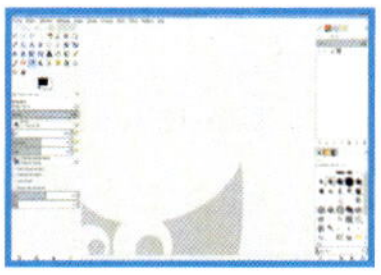

atelier 01

CHOISISSEZ VOS FENÊTRES en fonction de ce que vous souhaitez réaliser pour gagner du temps et optimiser vos espaces de travail. Par exemple, pour retoucher vos photos de vacances, vous n'aurez pas besoin des fenêtres Motifs, Brosses ou Dégradés mais la fenêtre Navigation pourra vous être utile.

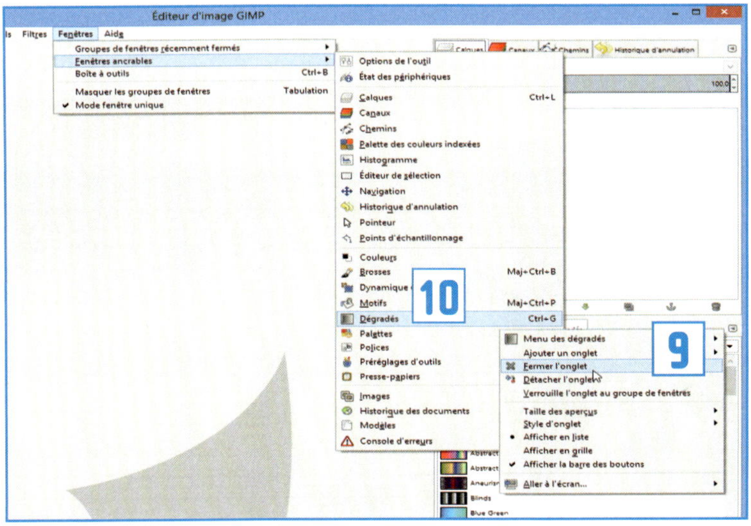

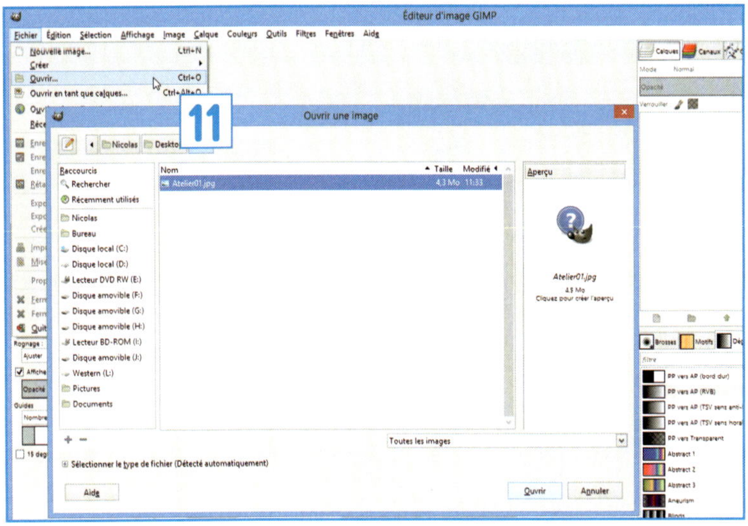

9/ Fermer une fenêtre

S'il y a plusieurs onglets, cliquez sur celui correspondant à la fenêtre que vous souhaitez fermer puis cliquez sur le bouton ◀. Dans le menu qui apparaît, cliquez sur Fermer cet onglet.

10/ Ouvrir une fenêtre

Si vous avez fermé une fenêtre par erreur ou si vous souhaitez ajouter une nouvelle fenêtre à votre environnement de travail, ouvrez le menu Fenêtres/Fenêtres ancrables et choisissez la fenêtre de votre choix. Selon la fenêtre choisie, celle-ci ira se positionner à un endroit précis de l'interface.

11/ Ouvrir une image

Pour ouvrir une image, vous pouvez cliquer sur Fichier/Ouvrir. Sélectionnez l'image Atelier01.jpg et cliquez sur Ouvrir. Vous pouvez également glisser-déposer l'image depuis votre explorateur de fichiers directement dans GIMP.

S'il s'agit d'un format de fichier natif de GIMP comme XCF, ou si vous avez associé le type de fichier à GIMP lors de l'installation, un double clic sur le fichier l'ouvrira directement sous GIMP.

LORSQUE VOUS OUVREZ PLUSIEURS IMAGES vous pouvez naviguer entre elles grâce à des onglets qui apparaissent au-dessus de l'espace de travail.

POUR CHANGER LA LANGUE de GIMP, rendez-vous dans Édition/Préférences puis dans Interface et choisissez votre langue dans le menu déroulant Langue. Par défaut il s'agit de Langue système pour que le logiciel soit dans la même langue que Windows.

12/ Fenêtre Navigation

Lorsqu'une image est ouverte, vous serez amené à zoomer sur certaines zones et à vous déplacer dedans. Pour naviguer plus rapidement dans l'image et ceci sans vous y perdre, ouvrez la fenêtre Navigation. Cliquez sur Fenêtres/Fenêtres ancrables/ Navigation. La fenêtre vient s'insérer comme un onglet supplémentaire en haut à droite de l'écran.

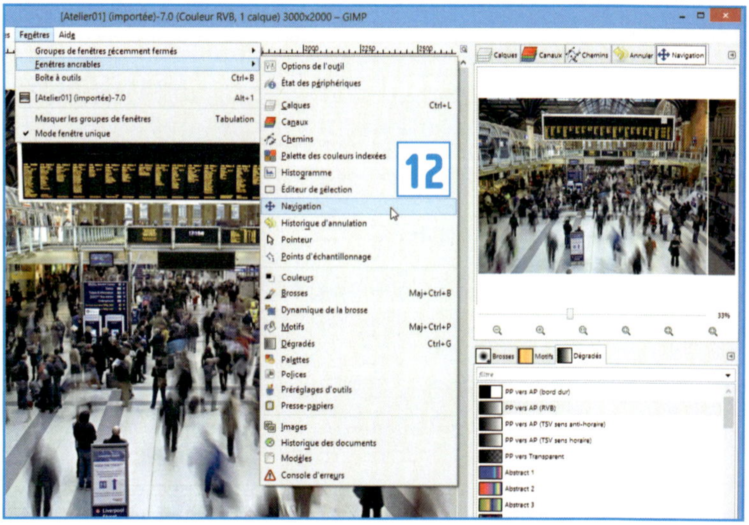

13/ Naviguer dans le document

Il vous suffit de glisser le cadre représentant la zone visible dans l'espace de travail sur l'image pour la déplacer.

14/ Changer le niveau de zoom

Vous pouvez également agrandir l'image dans l'espace de travail en déplaçant le curseur situé en bas de la fenêtre Navigation.

15/ Revenir à la taille initiale

Pour revenir à la taille réelle de l'image, appuyez sur le bouton 🔍 de la fenêtre Navigation.

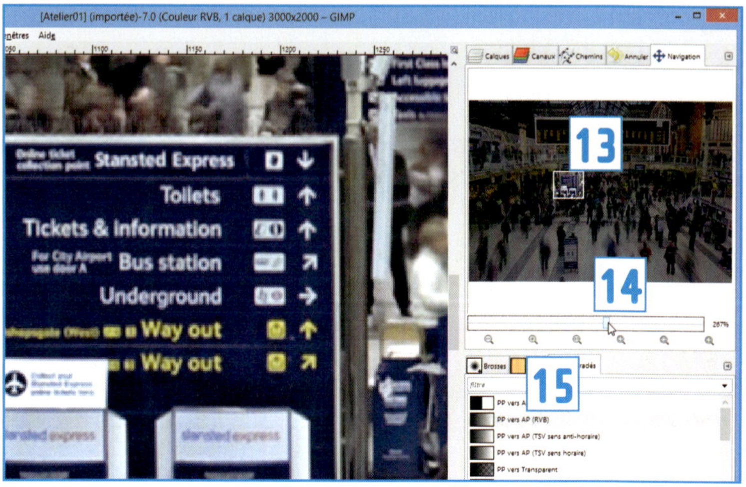

Zoom avant

Zoom 1:1 (taille réelle)

Fenêtres → **Fenêtres ancrables**

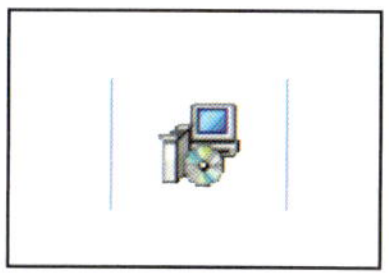

>

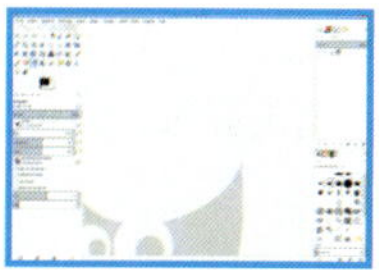

CHANGER DE THÈME : si l'interface de GIMP ne vous plaît pas ou si vous voulez la personnaliser encore plus, vous pouvez changer de thème (voir chapitre 7).

atelier 01

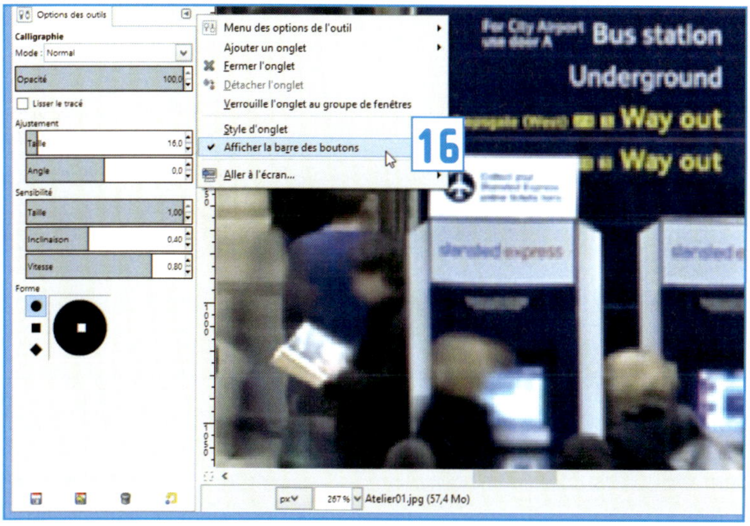

16/ Barre des boutons

Chaque fenêtre propose une barre d'outils spécifique appelée la barre des boutons. Ces boutons se trouvent en bas de la fenêtre, ils sont affichés par défaut. Vous pouvez les masquer en cliquant sur ◄ puis sur Afficher la barre des boutons pour décocher cette option. Les loupes de la barre de navigation font partie de la barre des boutons, tout comme le bouton permettant de réinitialiser les réglages par défaut d'un outil.

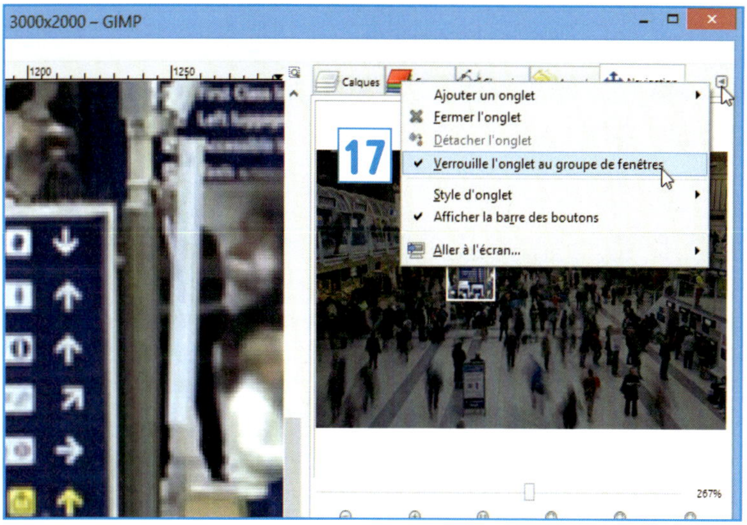

17/ Verrouiller les fenêtres

Lorsque votre espace de travail est configuré comme vous le souhaitez, vous pouvez verrouiller les fenêtres les plus importantes que vous ne souhaitez plus déplacer. Il s'agira notamment des fenêtres Calques, Annuler, Navigation et Options outils. Pour cela cliquez sur ◄ puis sur Verrouille l'onglet au groupe de fenêtres pour chacune de ces fenêtres.

LES OUTILS ET RACCOURCIS CLAVIER IMPORTANTS

0h10

La boîte à outils est un élément central de GIMP. Chaque outil a son usage et une méthode d'utilisation propre. Les raccourcis clavier, en plus de vous permettre de sélectionner rapidement un outil, vont vous faire gagner un temps précieux dans votre usage quotidien de GIMP.

1/ Boîte à outils

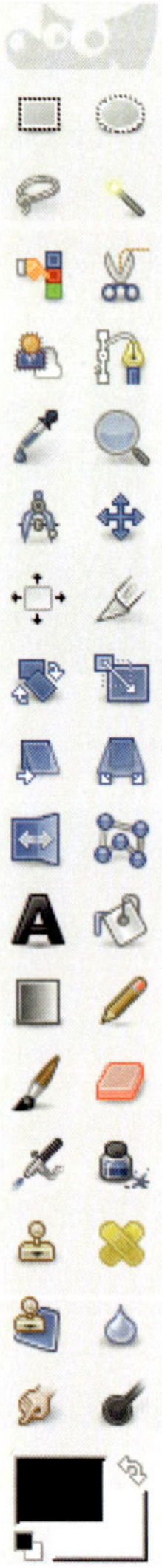

Sélection rectangulaire	Sélection elliptique
Sélection à main levée (ou lasso)	Sélection contiguë (ou baguette magique)
Sélection par couleur	Ciseaux intelligents
Extraction du premier plan	Chemins
Pipette à couleurs	Zoom
Mesure	Déplacement
Alignement	Découpage
Rotation	Mise à l'échelle
Cisaillement	Perspective
Retournement	Transformation par cage
Texte	Remplissage
Dégradé	Crayon
Pinceau	Gomme
Aérographe	Calligraphie
Clonage	Correcteur
Clonage en perspective	Flou et netteté
Barbouillage	Éclaircissement et assombrissement
Couleur de premier plan	Couleur d'arrière-plan

Outil Texte

Outil de Remplissage

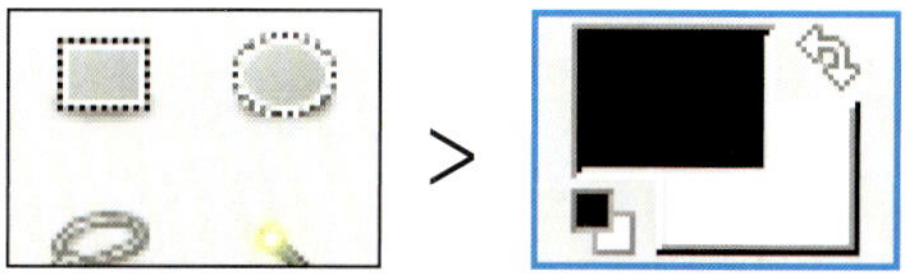

atelier 02

VOUS POUVEZ PERSONNALISER les raccourcis clavier de GIMP à votre convenance. Pour cela rendez-vous dans Édition/Préférences puis dans Interface. Cliquez sur Configurer les raccourcis clavier et saisissez les combinaisons de touches de votre choix pour les différentes actions proposées.

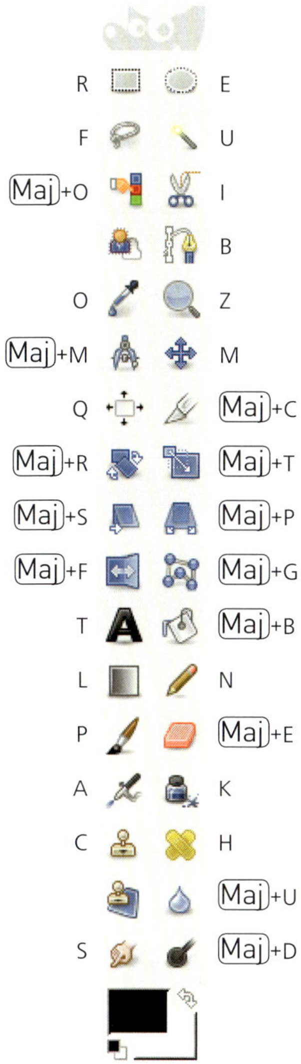

2/ Raccourcis des outils

Lorsque vous travaillez sur un document avec GIMP, appuyez simplement sur la touche ou la combinaison de touches d'un outil pour l'utiliser. Appuyez par exemple sur T et vous pourrez immédiatement saisir du texte sur votre image.

Pour mémoriser les raccourcis plus facilement, retenez que le caractère utilisé est la première lettre du nom de l'outil en anglais (qui correspond parfois au français). Pour l'outil Gomme (Eraser en anglais), il s'agira de E.

3/ Raccourcis utiles

Voici d'autres raccourcis que vous serez amené à utiliser fréquemment :

Nouveau document → Ctrl+N

Ouvrir un document → Ctrl+O

Enregistrer → Ctrl+S

Annuler → Ctrl+Z

Rétablir → Ctrl+Y

Plein écran → F11

Masquer/Afficher les fenêtres → Tab

CRÉER UN NOUVEAU DOCUMENT

0h05

Il existe deux façons de débuter un nouveau travail avec GIMP. Soit vous partez d'un document existant pour le modifier, soit vous partez d'une base vierge, et dans ce cas il vous faudra créer un nouveau document.

1/ Nouvelle image

Cliquez sur le menu Fichier/Nouvelle image.

2/ Créer une nouvelle image

La fenêtre Créer une nouvelle image s'affiche. C'est ici que vous allez pouvoir effectuer les différents réglages pour votre nouveau document ou bien utiliser une configuration par défaut.

3/ Les modèles

Différents modèles prédéfinis vous sont proposés dans le menu déroulant Modèle. Vous pouvez ainsi choisir parmi différentes résolutions d'écran si votre image se destine au Web, de 640 px par 480 px à 1600 px par 1200 px ou parmi différents formats de papier si elle se destine plutôt à l'impression. Dans ce cas vous disposez de différents formats standard tels que A3, A4, A5 ou A6.
D'autres modèles plus originaux vous sont proposés tels que la pochette de CD (CD cover), l'étiquette pour disquette (Floppy label), la bannière web (Web banner) ou encore les écrans de télévision PAL ou NTSC.

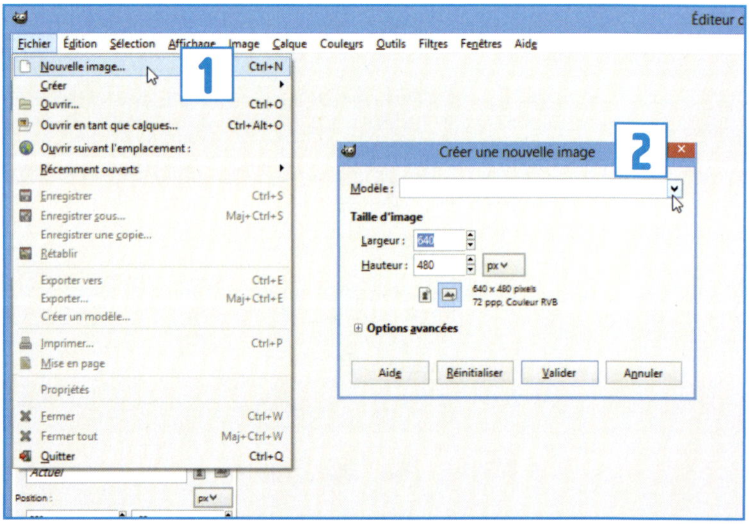

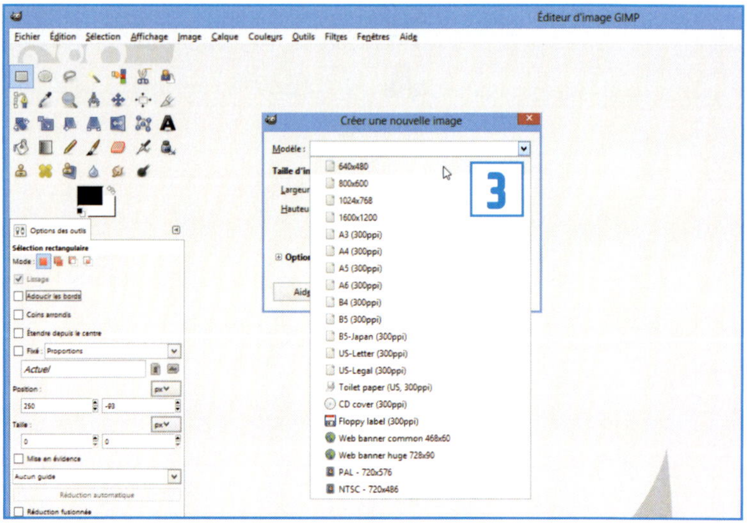

Fichier → **Nouvelle image**

atelier 03

LE RÉGLAGE lors de la création d'un nouveau document dépend de la destination finale de votre production. S'il s'agit d'une image destinée au Web ou si vous souhaitez imprimer une photo, la résolution à utiliser ne sera pas la même. Prenez le temps de faire le bon choix avant de débuter car vous ne pourrez plus changer ces données par la suite sans risquer de détériorer votre composition.

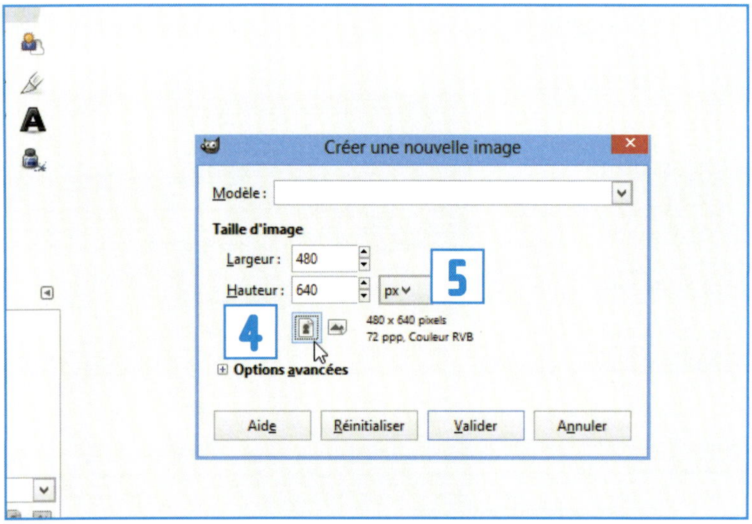

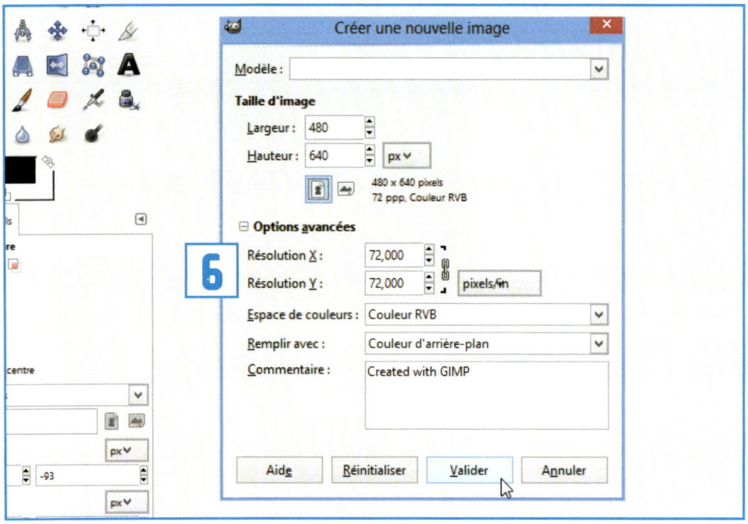

4/ Personnaliser son image

Si les formats proposés ne vous conviennent pas, vous pouvez choisir de définir vous-même la largeur et la hauteur du document ainsi que son orientation. Par défaut l'image fera 640 px de largeur sur 400 px de hauteur. Vous avez la possibilité d'inverser les valeurs en cliquant sur pour un format Portrait ou sur pour un format Paysage.

5/ Unité de mesure

Dans le cadre d'une image destinée au Web, le pixel (px) est l'unité la plus adaptée. Mais si vous souhaitez imprimer une photographie, utilisez plutôt les millimètres. Vous pouvez changer l'unité en cliquant sur le menu déroulant comportant le nom de l'unité de mesure. Les valeurs déjà indiquées sont automatiquement converties.

6/ Options avancées

Dans les Options avancées, vous pourrez notamment modifier la résolution. Préférez 72 pixels par pouce pour une image destinée au Web ou 300 pixels par pouce si vous souhaitez l'imprimer.
Enfin cliquez sur Valider pour créer l'image.

UNE PREMIÈRE RETOUCHE D'IMAGE

0h15

GIMP vous permet de retoucher vos photos très simplement et en quelques clics seulement. Sans être un expert, vous pouvez faire confiance aux réglages automatiques pour obtenir des résultats de qualité sur vos photos très rapidement.

1/ Ouvrir la photographie

Ouvrez la photographie [Atelier04.jpg]. L'image est un peu fade et vous allez voir comment GIMP va raviver les couleurs automatiquement, sans que vous ayez à intervenir sur des réglages particuliers.

2/ Renforcer le contraste

Dans le menu Couleurs, choisissez Auto. Vous accédez à la liste complète des corrections automatiques qui vous sont proposées. Selon ce que vous choisirez, le résultat sera plus ou moins intéressant. Choisissez tout d'abord Renforcer le contraste.

3/ Renforcer les couleurs

Dans le menu Couleurs, choisissez Auto puis Renforcer les couleurs.
Le changement est flagrant mais si le résultat ne vous plaît pas, il est toujours possible d'annuler une action.

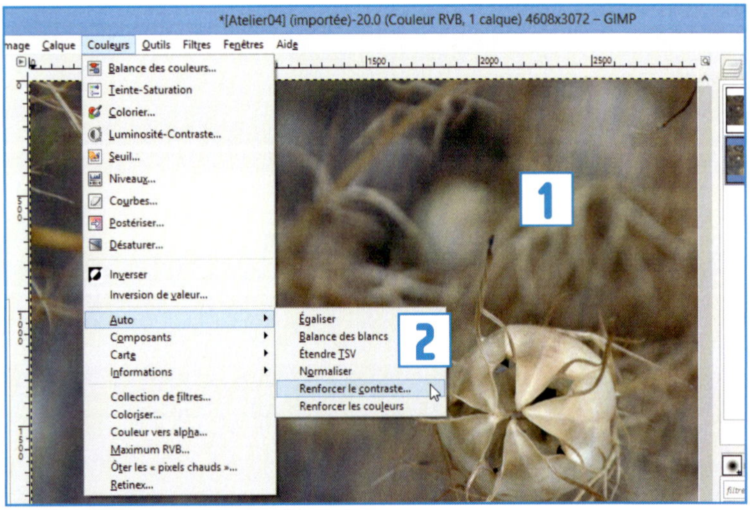

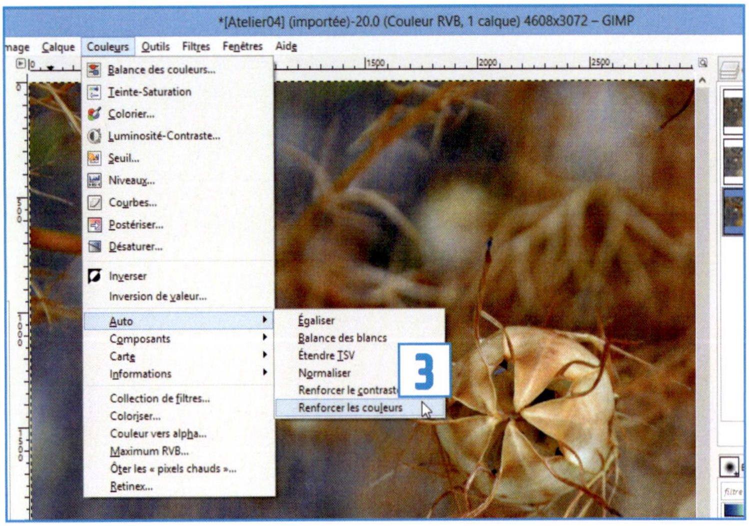

Annule la dernière opération

Couleurs → Auto

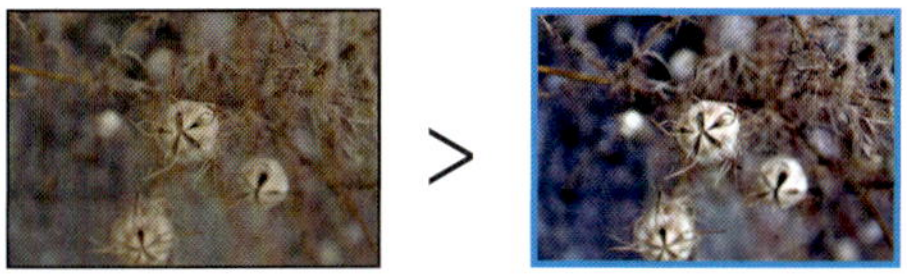

atelier 04

SI LA PHOTOGRAPHIE DE DÉPART semble légèrement ratée, ne la détruisez pas ! GIMP permet de rectifier un léger flou, d'améliorer les teintes, de rectifier un cadrage et bien d'autres choses encore (voir chapitre 2).

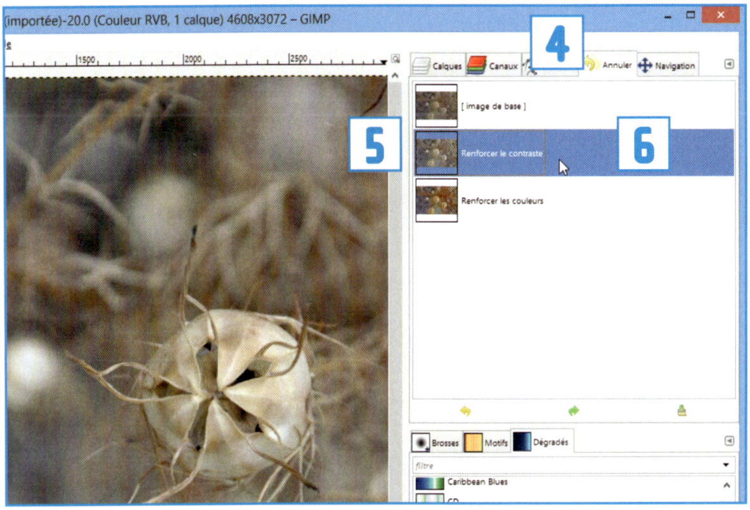

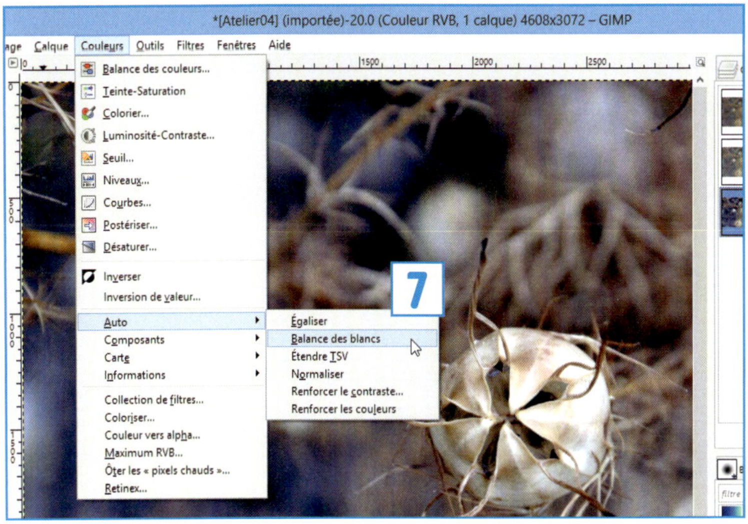

4/ Fenêtre Annuler

Pour annuler une action, rendez-vous dans la fenêtre Annuler.

5/ Liste des actions

Vous pouvez voir la liste des actions effectuées depuis l'ouverture de votre image.

6/ Annuler une action

Cliquez sur Renforcer le contraste pour revenir à cette étape. Vous pouvez également cliquer sur en bas de la fenêtre Annuler pour revenir à l'étape précédente. Si vous souhaitez annuler toutes les actions, cliquez sur la première image intitulée [image de base].

7/ Balance des blancs

Appliquez à présent une autre correction automatique, cliquez sur Couleurs/Auto/Balance des blancs.

MANIPULER LES CALQUES

0h20

Une image est composée d'un ensemble de pixels. GIMP vous permet de superposer plusieurs groupes de pixels dans ce qu'on nomme des calques. Chaque calque peut ainsi être manipulé indépendamment pour ne pas modifier les pixels des autres calques.

1/ Ouvrir la photographie

Ouvrez la photographie [Atelier01.jpg].

2/ Ouvrir la fenêtre Calques

Si la fenêtre Calques n'est pas ouverte, rendez-vous dans Fenêtres/Fenêtres ancrables/Calques. Lorsque vous ouvrez une photographie, celle-ci est composée d'un seul calque portant le nom du fichier. Ici Atelier01.jpg.

3/ Ajouter un calque

Pour ajouter un calque, appuyez sur dans la fenêtre Calques ou bien appuyez sur Maj+Ctrl+L. Une fenêtre apparaît, donnez un nom explicite au calque pour le retrouver aisément. Par exemple ici, Dégradé. Choisissez Transparence et cliquez sur Valider.

4/ Déplacer un calque

Dans notre exemple, le calque nouvellement créé est placé au-dessus de la photographie. Si ce n'est pas le cas, toujours dans la fenêtre Calques, vous pouvez le déplacer par glisser-déposer ou en utilisant les flèches vertes situées en bas de la fenêtre Calques.

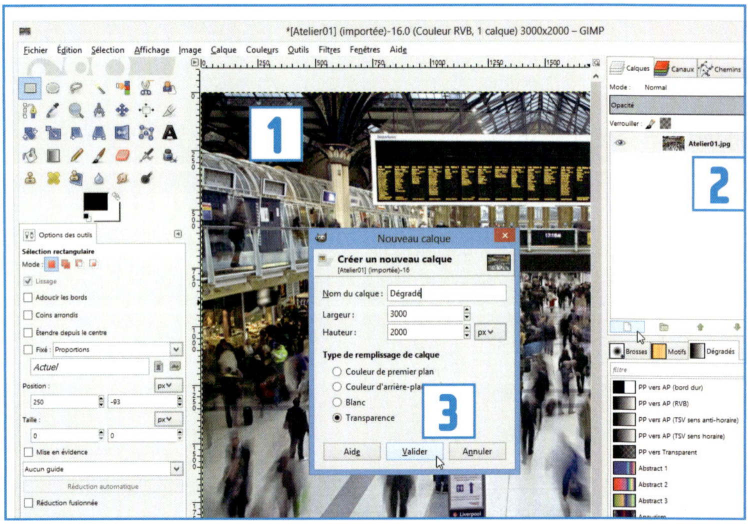

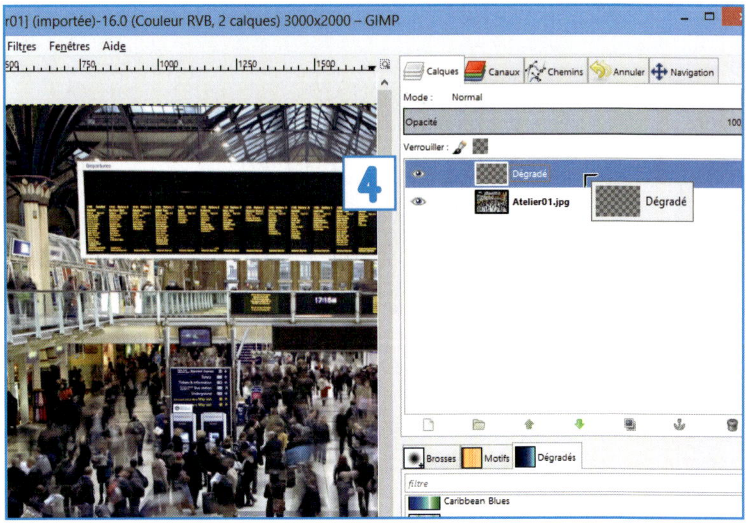

Calques

Fenêtres → **Calques**

atelier **05**

LA FENÊTRE CALQUES est indispensable pour toutes vos manipulations dans GIMP. Avant d'appliquer un effet ou si vous souhaitez déplacer un élément, travailler sur du texte, vous devez au préalable sélectionner le bon calque (layer en anglais) et le paramétrer correctement. Vous pouvez sélectionner cette fenêtre à tout moment avec le raccourci clavier Ctrl+L.

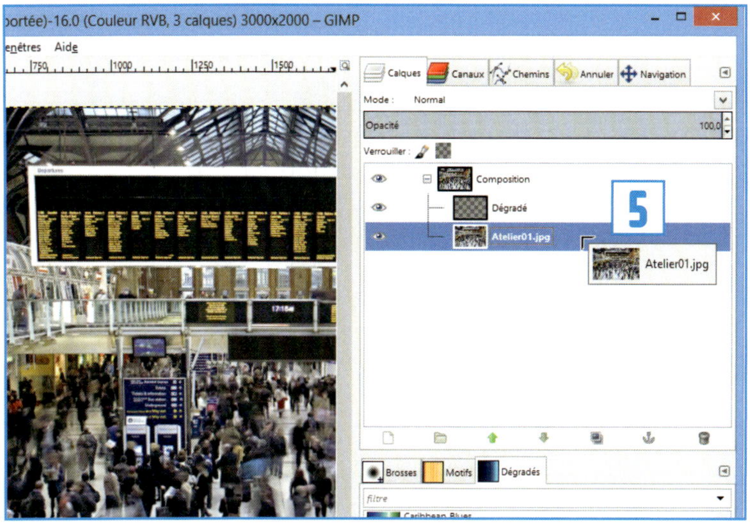

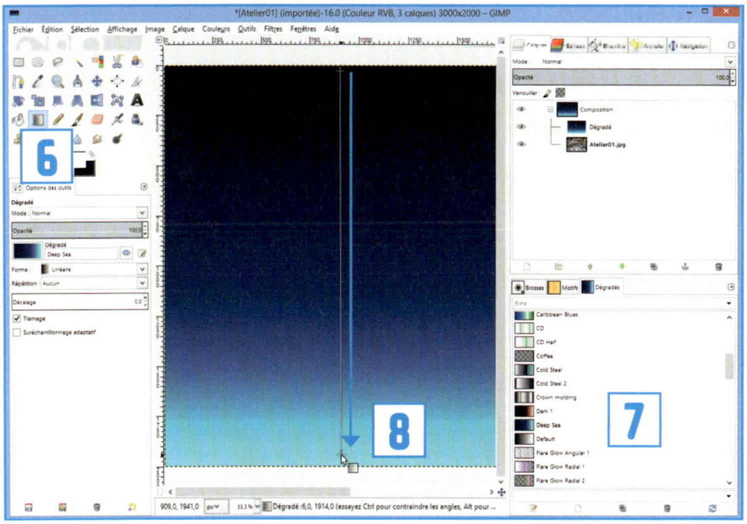

5/ Organiser les calques

Lors de la création de certaines compositions, le nombre de calques peut devenir important. Afin de ne pas vous perdre, créez des dossiers pour les classer. Pour cela cliquez sur [icône dossier], double-cliquez sur l'intitulé Groupe de calques et saisissez un nom, ici Composition. Glissez-déposez les calques Dégradé et Atelier01.jpg dans le groupe de calques Composition.

6/ Sélectionner l'outil Dégradé

Cliquez sur le calque Dégradé pour le sélectionner. Choisissez l'outil Dégradé (L).

7/ Configurer l'outil Dégradé

Dans la fenêtre Dégradés choisissez Deep Sea.

8/ Créer le dégradé

Tracez ensuite avec cet outil un trait symbolisant votre dégradé. Pour cela, cliquez en haut de l'espace de travail sans relâcher le bouton de la souris, puis relâchez le bouton de la souris une fois arrivé en bas. Le dégradé est appliqué et vous ne voyez plus l'image de départ.

LES MODES DE FUSION des calques vous permettent de changer la façon dont interagissent le calque sélectionné et le calque inférieur. En mode Normal, rien ne se passe, mais si vous choisissez un autre mode, vous découvrirez des effets parfois surprenants !

LES DIMENSIONS D'UN NOUVEAU CALQUE sont toujours équivalentes à la taille globale de votre composition. Ainsi si vous ajoutez un calque blanc, il occultera complètement les calques inférieurs.

9/ Rendre un calque transparent

Pour rendre le calque transparent, sélectionnez-le dans la fenêtre Calques et diminuez l'opacité à 50 % en déplaçant le curseur au milieu de la barre Opacité. Vous pouvez également cliquer dans la barre Opacité et saisir la valeur exacte au clavier, ou encore utiliser les flèches supérieure et inférieure situées à droite de la valeur de l'opacité pour l'augmenter ou bien la réduire. Vous pouvez de nouveau voir votre photographie, mais cette fois avec le dégradé en transparence.

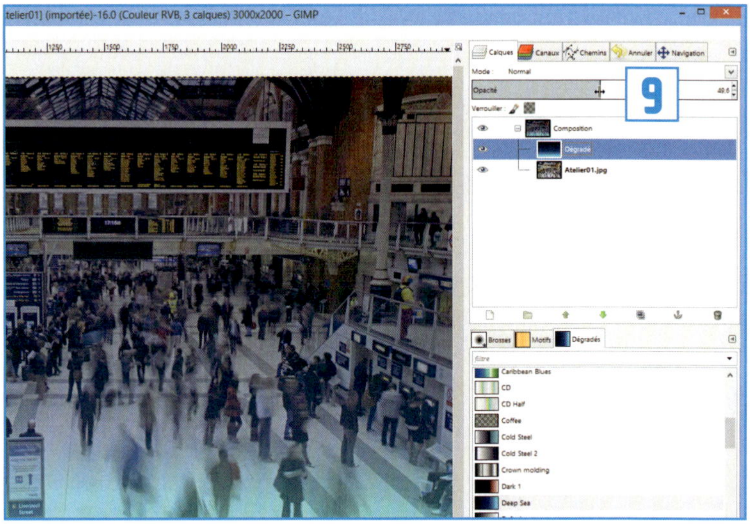

10/ Changer le mode de fusion

Afin d'améliorer le rendu et fusionner à la perfection les deux calques, cliquez sur le calque Dégradé puis, dans le menu déroulant Mode, choisissez Éclaircir.

Vous pouvez par ailleurs constater que GIMP vous propose vingt et un modes de fusion pour vos calques.

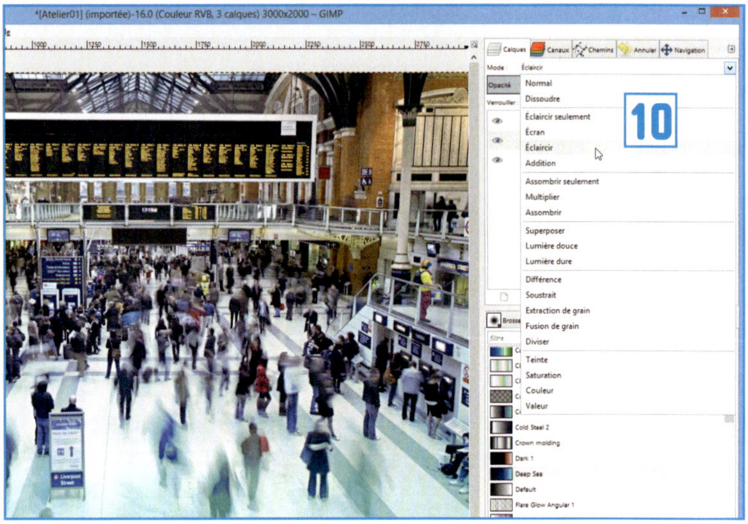

Calques → **Transformer**

atelier 05

POUR LE TYPE DE REMPLISSAGE d'un nouveau calque, préférez généralement la transparence qui vous laissera plus de souplesse dans vos compositions.

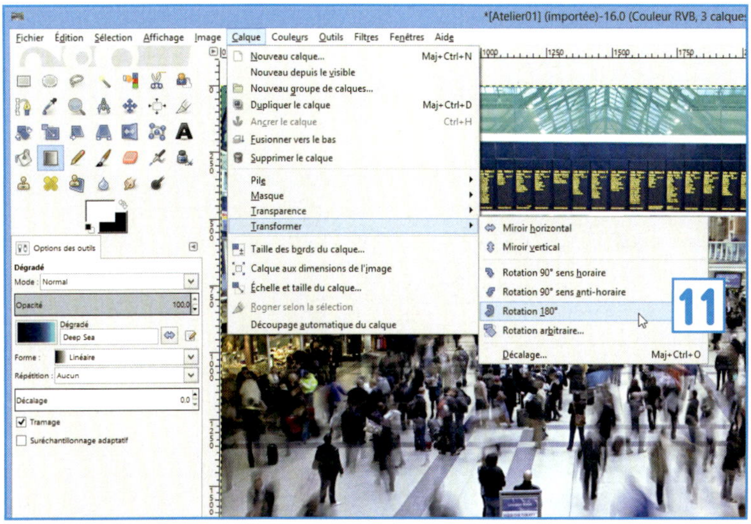

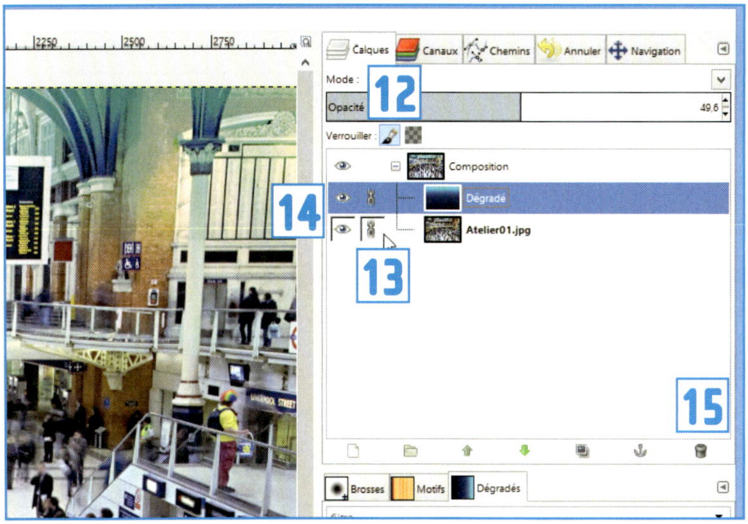

11/ Modifier un calque

Rendez-vous dans le menu Calque/ Transformer et choisissez Rotation 180°. Le calque dégradé est ainsi retourné.

12/ Verrouiller un calque

Votre composition étant terminée, vous pouvez verrouiller le calque afin d'éviter de le modifier par erreur. Pour cela, cliquez sur le calque dans la fenêtre Calques pour le sélectionner et cliquez sur à côté de Verrouiller.

13/ Lier des calques

En liant plusieurs calques, si vous en déplacez un, les autres seront déplacés de la même façon. Dans le cas présent, le dégradé doit rester exactement au même niveau que la photographie. Si un des deux calques est amené à être déplacé, les deux doivent l'être. Pour cela sélectionnez un calque et cliquez sur à côté des autres calques à lier.

14/ Masquer un calque

Cliquez sur pour afficher/masquer un calque.

15/ Supprimer un calque

Pour supprimer un calque, cliquez sur .

LES RÈGLES, GRILLES ET GUIDES

0h20

Certaines retouches d'images demandent de la précision et vous aurez besoin de toutes les aides visuelles proposées par GIMP.

1/ Ouvrir la photographie

Ouvrez l'image [Atelier06.jpg].

2/ Afficher la grille

Lorsque vous souhaitez positionner des éléments, les aligner ou les redresser, l'idéal est d'avoir une grille à l'écran. Pour cela, dans le menu Affichage, cliquez sur Afficher la grille.

3/ Personnaliser la grille

Dans le cas présent, la photographie étant très grande, les lignes qui composent la grille ne sont pas assez espacées. Vous pouvez changer cela en cliquant dans Image sur Configurer la grille.

4/ Régler l'espacement

Dans la fenêtre Configurer la grille, appliquez un espacement de 100 pixels au lieu de 10 pour la largeur ou la hauteur (l'autre valeur sera calculée automatiquement) puis cliquez sur Valider.

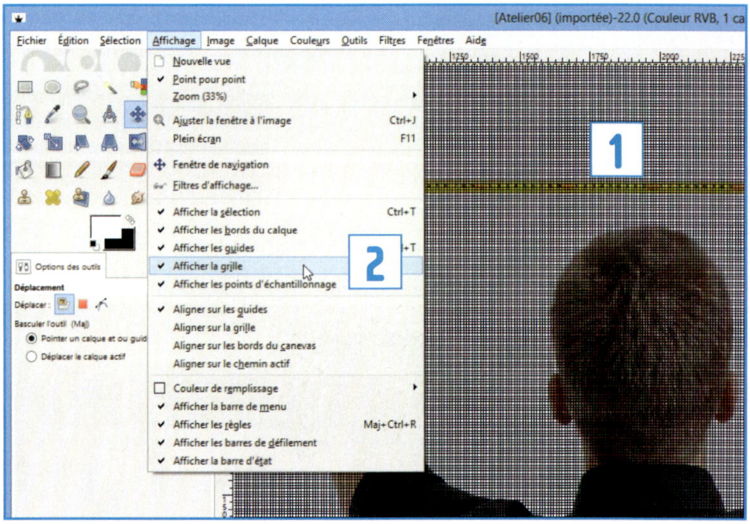

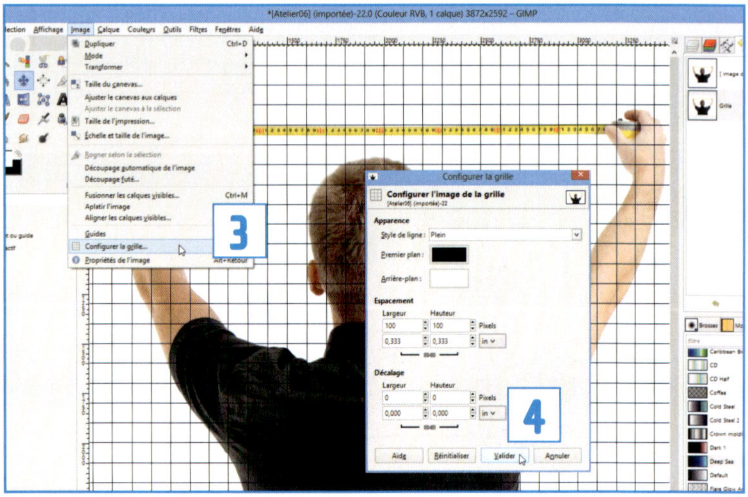

Affichage → **Afficher la grille**

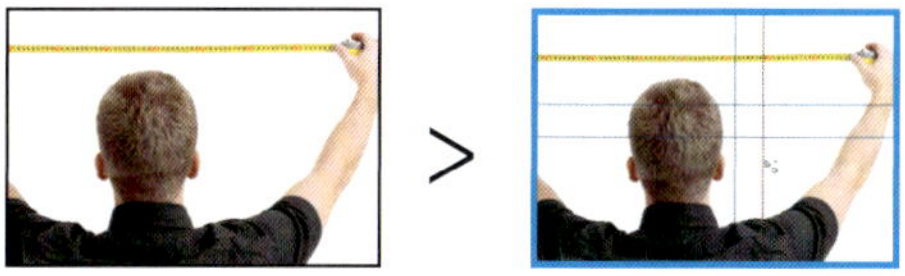

atelier

06

CHOISISSEZ VOTRE UNITÉ DE MESURE JUDICIEUSEMENT en fonction de ce que vous souhaitez réaliser : un faire-part de naissance ? Choisissez les millimètres. Une bannière pour votre site web ? Dans ce cas, préférez les pixels.

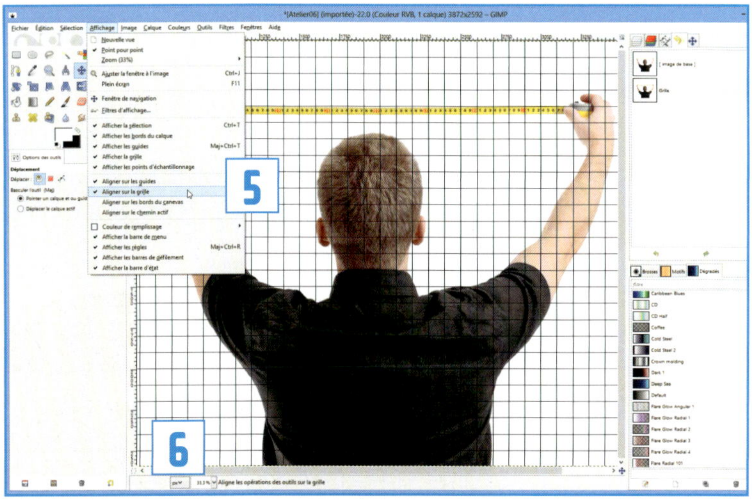

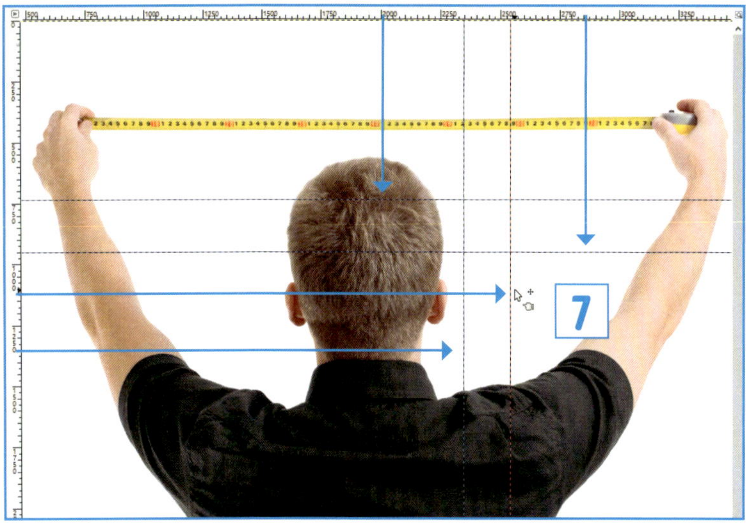

5/ Aligner sur la grille

Au-delà du simple repère visuel que la grille peut vous apporter, vous êtes libre d'y accrocher les éléments que vous pourriez être amené à ajouter dans les différents calques. L'alignement devient alors un jeu d'enfant. Pour cela, cliquez sur Affichage/ Aligner sur la grille.

6/ Unité de mesure des règles

Les règles se trouvent au-dessus et à gauche de votre image. Vous pouvez définir l'unité de mesure utilisée en bas de la page. Par défaut il s'agit de pixel (px).

Lorsque vous déplacez le pointeur dans la page, des flèches vous indiquent la position en temps réel sur les règles.

7/ Placer des guides

Vous pouvez placer des repères personnalisés appelés guides. Pour placer un guide horizontal, cliquez sur la règle supérieure et, tout en maintenant le bouton de la souris enfoncé, déplacez le guide à l'endroit souhaité. Pour un guide vertical, cliquez sur la règle de gauche. Supprimez un guide en le déplaçant en dehors de l'espace de travail.

ENREGISTRER UNE IMAGE

0h10

Une fois votre travail terminé l'enregistrement sera toujours la dernière étape. Choisissez bien vos paramètres car dans certains cas, ils sont irréversibles et vous ne pourrez plus revenir sur certains changements de votre image.

1/ Ouvrir la photographie

Ouvrez la photographie [Atelier07.jpg].

2/ Enregistrer au format GIMP

Le seul format de fichier qui conserve toutes les informations de GIMP telles que les calques, groupes de calques, textes éditables est le format XCF. Si vous souhaitez éditer de nouveau votre image avec un maximum de possibilités, enregistrez-la dans ce format. Attention toutefois car ce format de fichier n'est lisible qu'avec GIMP.

Cliquez sur Fichier/Enregistrer sous.

3/ Choisir l'emplacement

Dans la fenêtre Enregistrer l'image, choisissez l'emplacement de sauvegarde de votre fichier.

4/ Donner un nom au fichier

Dans le champ Nom, indiquez mon_image01 et cliquez sur Sélectionner le type de fichier puis sur Image GIMP XCF.

5/ Enregistrer l'image

Cliquez sur Enregistrer. Votre document dans GIMP prend alors le nom donné au fichier.

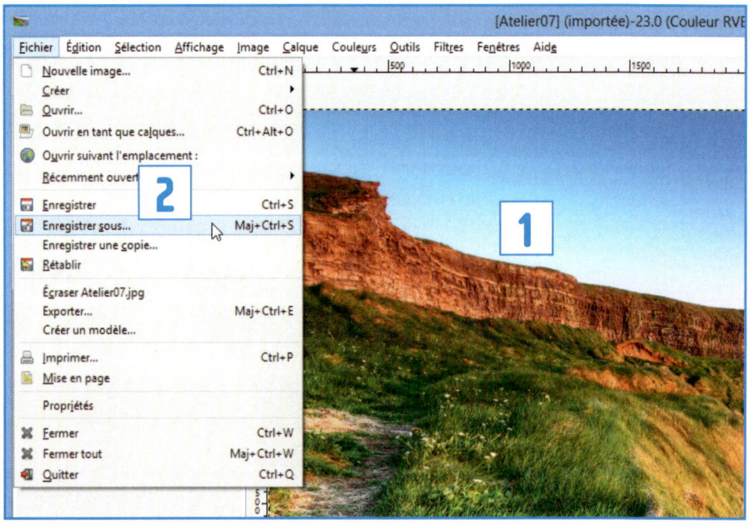

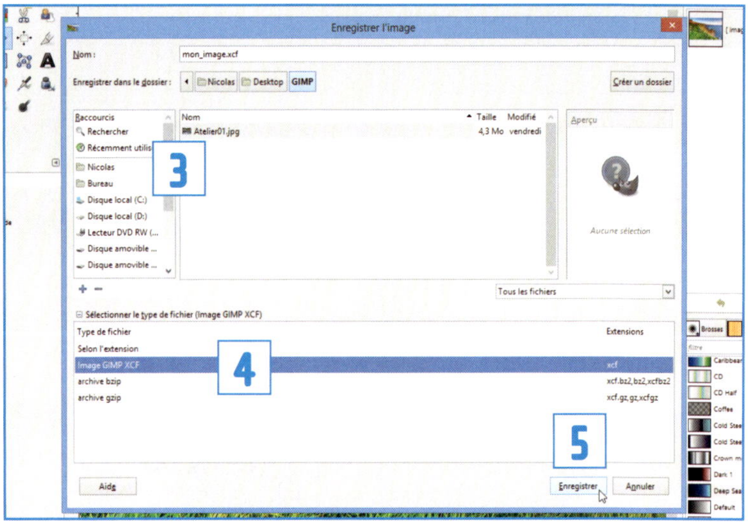

Fichier → Enregistrer sous

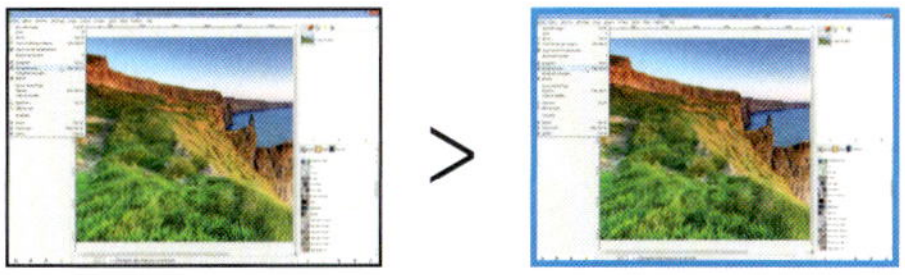

ENREGISTREZ RÉGULIÈREMENT VOTRE TRAVAIL dans un fichier au format GIMP XCF conservant toutes les informations de votre image. Une fois la sauvegarde initiale effectuée, utilisez le raccourci clavier Ctrl+S pour enregistrer régulièrement, idéalement après chaque manipulation. En cas de coupure de courant ou de panne informatique, vous n'aurez rien perdu !

atelier

07

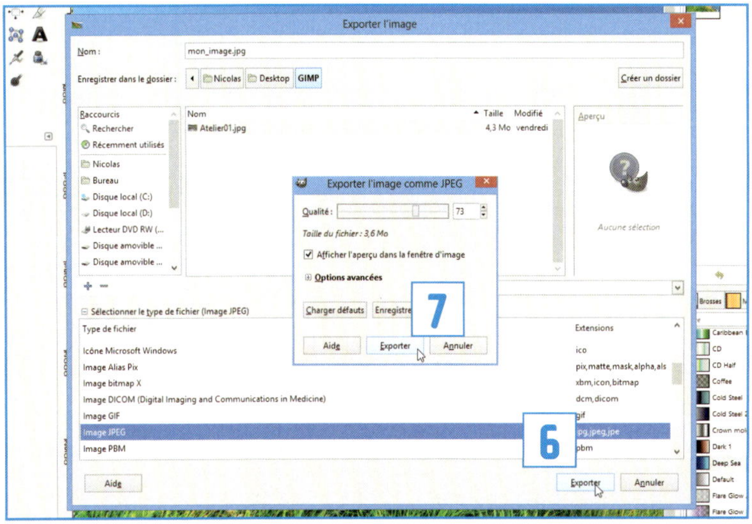

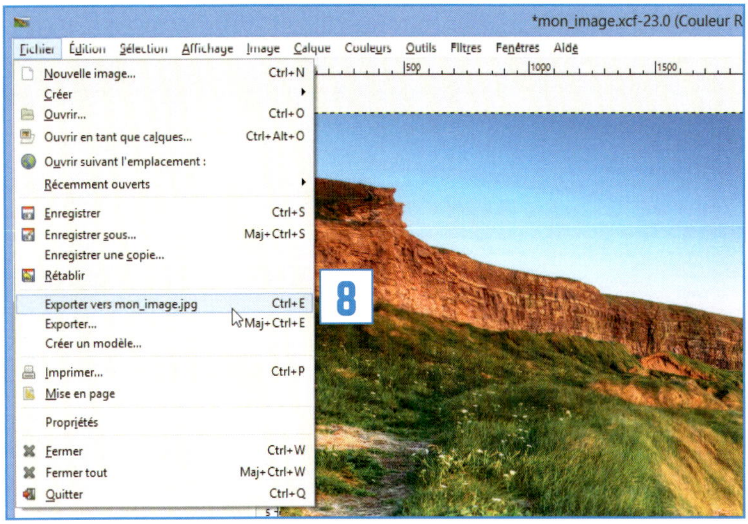

6/ Exporter au format JPEG

GIMP vous permet d'exporter vos images dans un grand nombre de formats de fichiers. Les plus utilisés étant JPEG, GIF, PNG et PDF. Cliquez sur Fichier/Exporter. Comme pour l'enregistrement, choisissez un dossier, un nom et sous Sélectionner le type de fichier, choisissez Image JPEG. Cliquez sur Exporter.

7/ Paramètres JPEG

Définissez la qualité de l'image. Plus vous baissez cette valeur, plus le poids du fichier sera réduit mais plus l'image sera dégradée. Descendez cette valeur à 80 pour obtenir un bon compromis entre le poids du fichier et la qualité de l'image. Cochez Afficher l'aperçu dans la fenêtre d'image pour voir le résultat en temps réel.

Cliquez sur Exporter pour confirmer les paramètres et exporter l'image.

8/ Exporter les nouvelles versions

Si vous souhaitez mettre à jour ce fichier JPEG avec les derniers changements effectués dans GIMP et les mêmes réglages, cliquez sur Fichier/Exporter vers mon_image.jpg.

2

RETOUCHER DES PHOTOGRAPHIES

Raviver les couleurs d'une photographie, améliorer le contraste et la luminosité, corriger les défauts de certains clichés, toutes ces fonctionnalités vous sont offertes par GIMP et sont exploitables sans connaissances approfondies de la retouche photo.
Dans les ateliers suivants, vous allez voir comment utiliser ces outils pour des retouches quasi professionnelles et des résultats remarquables.

RAVIVER LES COULEURS D'UNE PHOTOGRAPHIE

0h20

Il arrive parfois que les couleurs d'une photographie soient ternes et que le cliché ne corresponde pas au rendu souhaité. Grâce à GIMP, vous allez voir comment modifier la teinte et la saturation des couleurs et raviver votre photo.

1/ Ouvrir la photographie

Ouvrez la photographie [Atelier08_01.jpg]. Celle-ci s'affiche dans l'interface de GIMP.

2/ Raviver les couleurs ternes

La photo, certes jolie, est un peu terne. La porte bleue mérite d'être ravivée. Cliquez sur Couleurs / Teinte-Saturation.

3/ Modifier la teinte

La fenêtre Teinte-Saturation apparaît à l'écran. Vous pouvez soit modifier la teinte et la saturation de l'ensemble de l'image, soit celles d'une couleur en particulier.

4/ Sélectionner le bleu

Sélectionnez la couleur Bleu.

5/ Modifier la saturation

Faites glisser le curseur Saturation vers la droite pour raviver cette couleur dans l'image. Le résultat est immédiatement visible en arrière-plan.

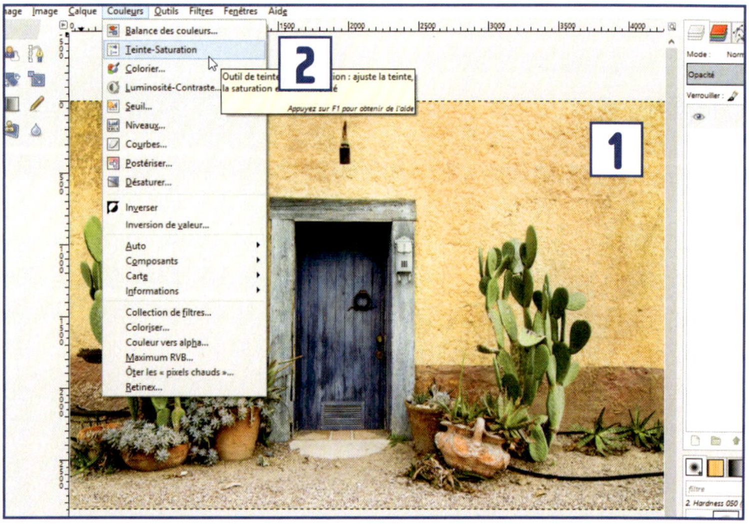

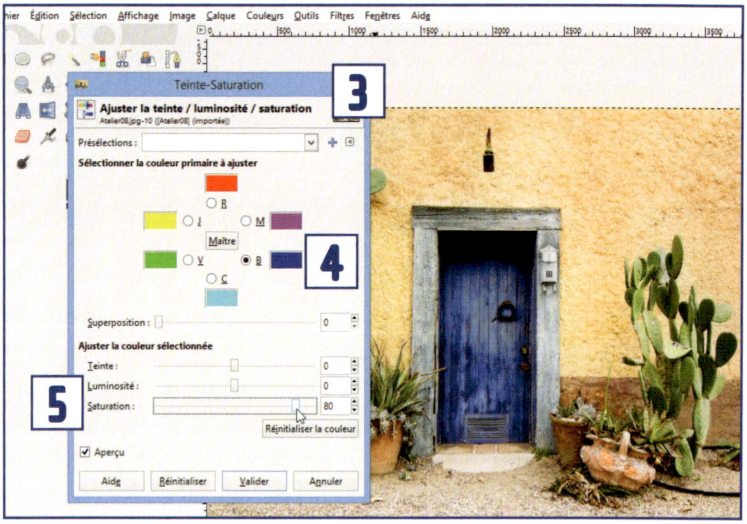

Couleurs → **Teinte-Saturation**

atelier **08**

MODIFIER LA TEINTE D'UNE COULEUR permet de la faire tendre vers une nuance plus foncée ou plus claire. Par exemple, en modifiant la teinte du cyan, vous pourrez obtenir du bleu foncé, du mauve ou encore du vert !

6/ Modifier la teinte

Comme vous pouvez le voir, le contour de la porte tend plus vers le cyan que vers le bleu. Vous allez corriger ce point. Sélectionnez Cyan dans la fenêtre.

7/ Modifier

Modifiez la teinte de cette couleur en faisant glisser le curseur vers la droite, pour qu'elle se rapproche plus du bleu. Ici, nous optons pour la valeur 60.

8/ Corriger la luminosité

Vous allez assombrir le contour de porte en modifiant la luminosité de la couleur Cyan. Pour cela, faites glisser le curseur Luminosité vers la gauche.

9/ Choisir le paramètre Maître

Maintenant que la porte est ravivée, vous allez passer à l'ensemble des couleurs de la photo en choisissant Maître dans la fenêtre. Déplacez alors le curseur Saturation vers la droite pour raviver l'ensemble de l'image. Il ne reste plus qu'à Valider votre travail !

AMÉLIORER LE CONTRASTE ET LA LUMINOSITÉ

0h15

Certaines photographies peuvent paraître claires et sans relief. Afin de remédier à ce problème souvent rencontré par les photographes amateurs, GIMP vous permet de modifier la luminosité d'une photographie, et surtout, son contraste.

1/ Ouvrir la photographie

Ouvrez la photographie [Atelier09_01.jpg] en passant par le menu Fichier / Ouvrir.

2/ Fichier ouvert

La photographie de Rome s'affiche sur votre écran. Premier constat : elle manque beaucoup de relief et nous avons l'impression que tous les éléments sont sur un même plan. La fontaine ne ressort absolument pas vis-à-vis du bâtiment situé en arrière-plan.

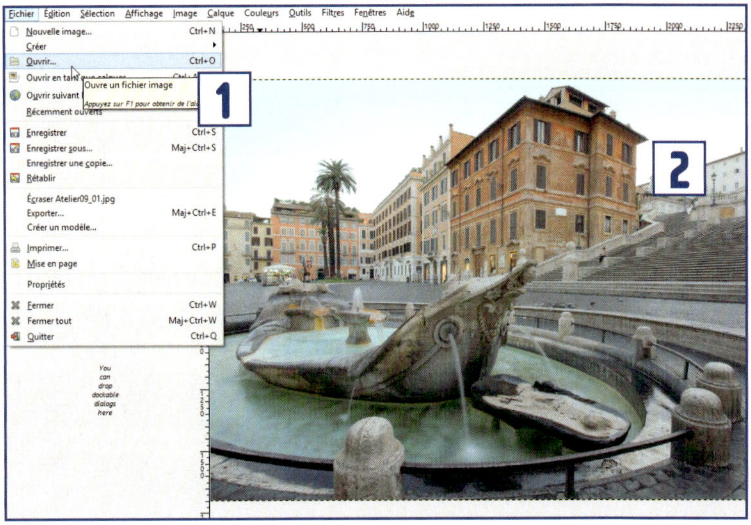

3/ Corriger la luminosité

Dans le menu Couleurs, cliquez sur Luminosité-Contraste. À partir de la fenêtre qui va s'ouvrir, vous allez pouvoir modifier le contraste de manière à accentuer les teintes sombres et ainsi ajouter du relief à la photo.

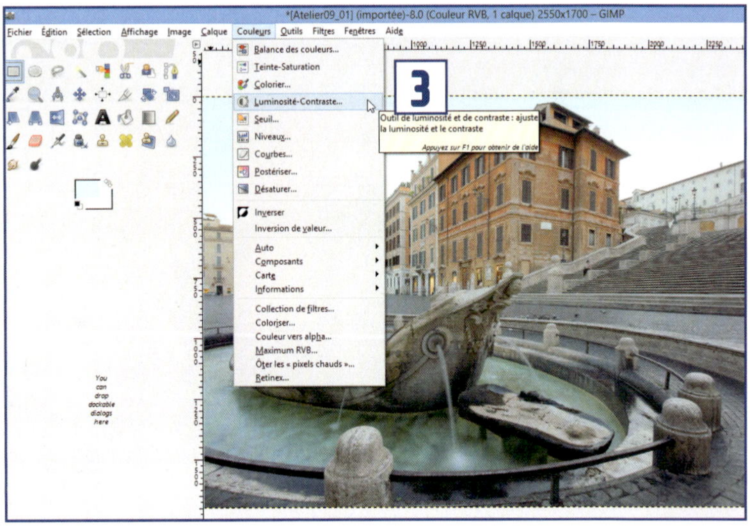

>

Couleurs → **Luminosité-Contraste**

atelier **09**

LE CONTRASTE D'UNE PHOTOGRAPHIE correspond à l'écart de densité entre ses teintes les plus sombres et ses teintes les plus claires. Plus cet écart est faible, plus la photographie paraîtra sans relief et méritera d'être retouchée.

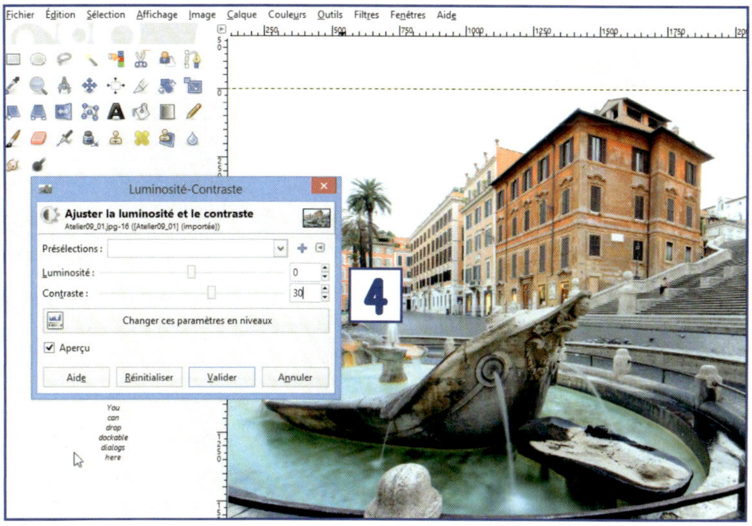

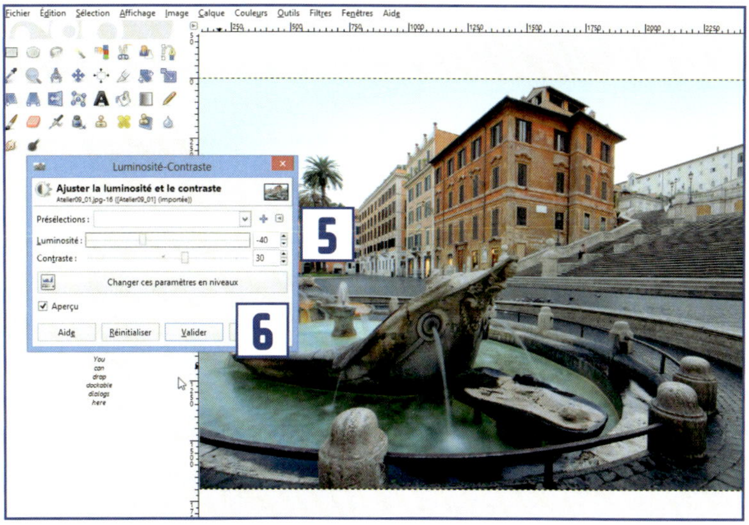

4/ Augmenter le contraste

Dans la fenêtre Luminosité-Contraste, faites glisser le curseur Contraste vers la droite pour l'augmenter. Ici, nous avons opté pour une valeur de 30, qui nous semble parfaite pour cette photographie.

5/ Diminuer la luminosité

Malheureusement, en augmentant le contraste, vous avez augmenté l'écart de densité entre les teintes sombres et les teintes claires, ce qui a provoqué, entre autres, l'éclaircissement du ciel, qui apparaît désormais blanc. Pour corriger cela, vous allez diminuer la luminosité de l'image en faisant glisser le curseur vers la gauche, ou en saisissant la valeur -40.

6/ Valider le travail

Votre travail est désormais achevé. Il ne vous reste plus qu'à cliquer sur Valider.

PASSER UNE PHOTOGRAPHIE EN NOIR ET BLANC

0h10

Passer une photographie en noir et blanc peut sembler simple, en utilisant l'option Désaturer de Gimp. Cependant, cette transformation automatique ne donne pas toujours les résultats que l'on attend. Il est alors préférable de passer par une méthode manuelle.

1/ Ouvrir la photographie

Ouvrez la photographie [Atelier10_01.jpg] qui va vous servir tout au long de cet atelier.

2/ Dominante bleue

Comme vous le voyez, la photographie a une forte dominante bleue, couleur principale de la Vespa. En passant par le mixeur de canaux, vous allez pouvoir maîtriser la conversion de cette couleur en niveaux de gris.

3/ Mixeur de canaux

Depuis le menu Couleurs, cliquez sur Composants, puis sur Mixeur de canaux.

4/ Affichage de la fenêtre

La fenêtre Mixeur de canaux s'affiche à l'écran.

5/ Monochrome et luminosité

Cochez les deux options Monochrome et Préserver la luminosité.

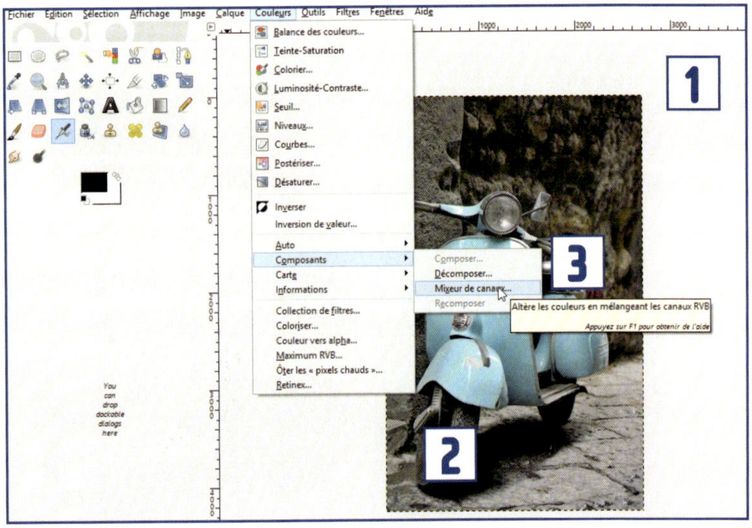

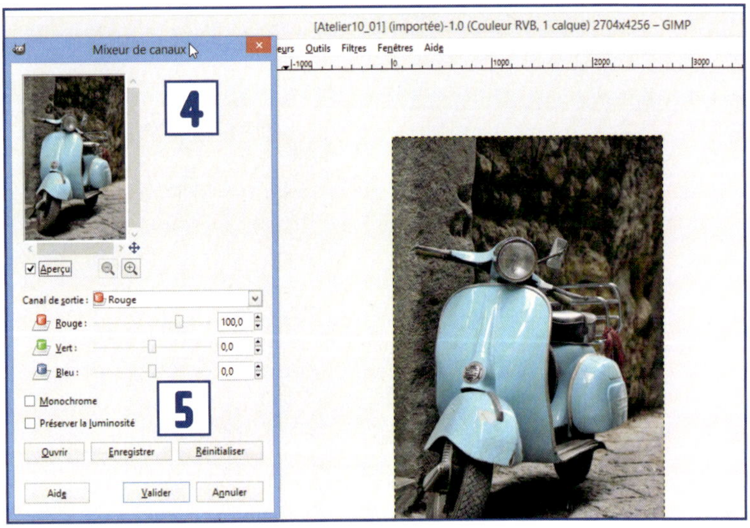

Composants → **Mixeur de canaux**

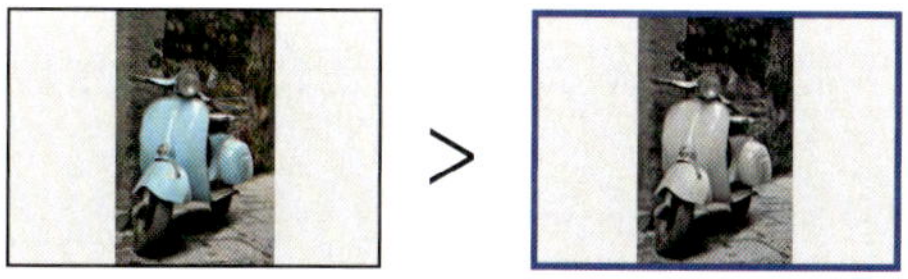

atelier **10**

DÉSATURER UNE PHOTOGRAPHIE signifie convertir les couleurs en plusieurs niveaux de gris, ce qu'on appelle communément le noir et blanc.

6/ Modifier le bleu

Comme vous le voyez sur l'aperçu, la couleur bleue de la Vespa a été convertie en nuances assez foncées de gris. Vous allez modifier cela en déplaçant le curseur du canal Bleu vers la droite. Ici, nous avons choisi une valeur égale à 150.

7/ Le canal Vert

La photographie étant composée de très peu de vert et de rouge, il est préférable de ne pas toucher à ces deux canaux.

8/ Valider

Si le résultat visible dans l'aperçu vous convient, il ne vous reste plus qu'à cliquer sur le bouton Valider. Sinon, libre à vous de déplacer le curseur Bleu pour ajuster la photo comme vous le souhaitez.

9/ Noir et blanc

La photographie retouchée apparaît alors en noir et blanc dans l'interface de GIMP.

RECADRER UNE PHOTOGRAPHIE

0h10

Pour les photographes, le fait de recadrer ou de réorienter un cliché peut lui apporter une tout autre dimension, une tout autre signification. Vous allez voir cela dans cet atelier en transformant en mode Portrait une prise de vue en mode Paysage.

1/ Ouvrir la photographie

Ouvrez la photographie [Atelier11_01.jpg].

2/ Outil de découpage

Dans la barre d'outils, sélectionnez l'outil de Découpage.

3/ Options de l'outil

Dans les options de l'outil, cochez Fixé et assurez-vous que l'option Proportions est sélectionnée dans le menu déroulant situé juste à côté. Saisissez alors dans le champ en dessous 15:10, le format classique des photos numériques (en 24 x 36).

4/ Mise en évidence

Cochez la case Mise en évidence, de façon que GIMP mette en évidence le recadrage.

5/ Règle des tiers

Enfin, sélectionnez Règle des tiers dans le menu déroulant en dessous.

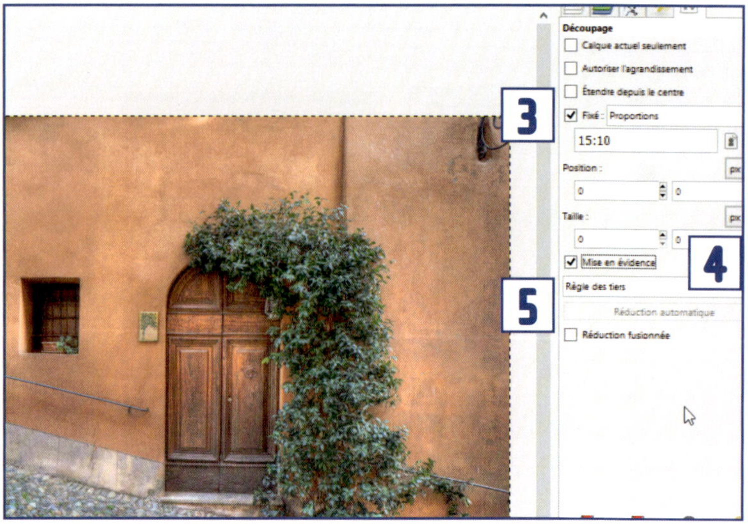

Outil de Découpage

>

atelier **11**

EN PHOTOGRAPHIE, LA RÈGLE DES TIERS consiste à placer les éléments importants d'une photo sur les lignes verticales et horizontales qui coupent l'image aux tiers, l'idéal étant de les placer à leur intersection. Une photo respectant cette règle sera beaucoup plus dynamique. Vous allez voir dans cet atelier comment appliquer cette règle lors d'un recadrage.

6/ Recadrer

Avec votre souris, tracez maintenant le cadre sur votre photo. Ne vous inquiétez pas, une fois relâché le bouton de votre souris, vous pourrez l'ajuster.

7/ Ajuster le cadre

Ajustez maintenant le cadre de telle sorte que la porte se positionne sur la première ligne verticale en partant de la droite. Pour cela, placez votre souris dans les angles du cadre et déplacez-les.

8/ Valider

Une fois la porte parfaitement positionnée, appuyez sur la touche Entrée de votre clavier pour valider le recadrage. L'image recadrée s'affiche alors dans l'interface de GIMP. Celle-ci, respectant maintenant la règle des tiers, est plus dynamique.

EFFACER UN ÉLÉMENT DU DÉCOR

0h40

Il est des sites touristiques quasi impossibles à prendre en photo sans qu'une personne passe devant l'objectif au moment d'appuyer sur le déclencheur. Heureusement, GIMP est à vos côtés pour effacer ces éléments perturbateurs.

1/ Ouvrir la photographie

Ouvrez la photographie [Atelier12_01.jpg] qui va vous servir de base pour apprendre à effacer un élément.

2/ Élément perturbateur

Comme vous vous en doutez, c'est le personnage central que vous allez effacer.

3/ Zoom

Pour plus de précisions dans votre travail, augmentez le zoom de l'image grâce à la touche [+] de votre clavier.

4/ L'outil de clonage

Activez maintenant l'outil de Clonage dans la barre d'outils.

5/ Réglage de l'outil

Dans les options de l'outil, choisissez le mode Normal, une brosse Hardness 100. Pour l'instant, optez pour une taille de 10. Vous pourrez toujours ajuster selon les résultats obtenus.

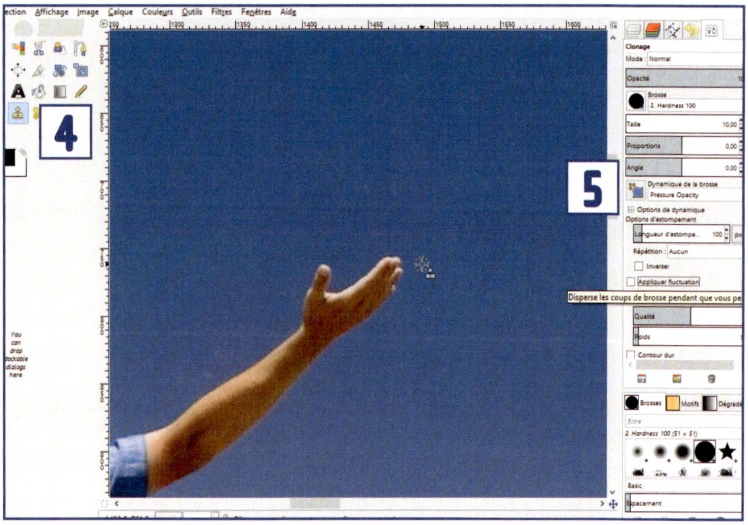

Outil de Clonage

atelier **12**

BIEN QUE LES OUTILS MIS EN ŒUVRE ICI soient faciles à utiliser, il vous faudra dans certains cas beaucoup de patience et de doigté pour que l'élément soit complètement effacé et que le trucage passe totalement inaperçu.

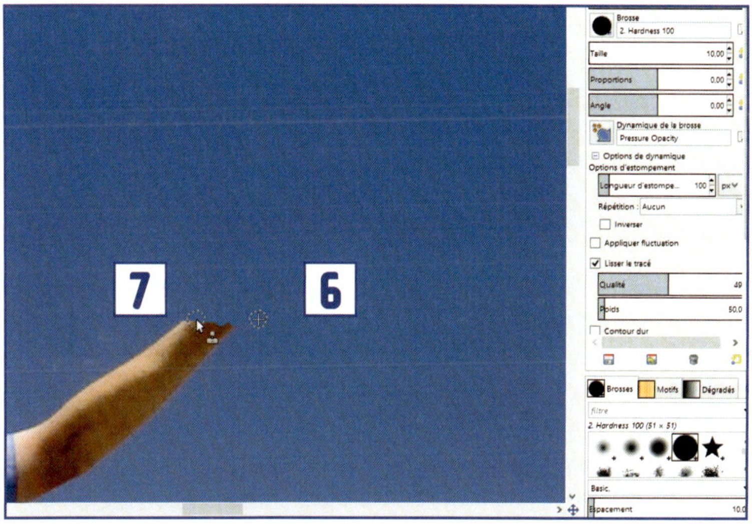

6/ Placer le tampon

Placez maintenant votre souris sur une zone du ciel à proximité de la main du personnage. Appuyez alors sur la touche Ctrl de votre clavier à l'endroit choisi, et sur le bouton gauche de votre souris. La source du clonage est alors sélectionnée.

7/ Effacer

Placez le pointeur de votre souris sur la main du personnage et tout en laissant votre doigt enfoncé sur le bouton gauche, déplacez-vous le long de la main et du poignet. Poursuivez votre travail en déplaçant régulièrement la source du clonage, afin d'avoir un résultat irréprochable.

8/ Détails

Lorsque vous atteindrez les mollets et les pieds du personnage, n'hésitez pas à modifier la taille de la brosse afin de travailler avec précision. Nous vous l'avions dit, c'est un travail tout en finesse !

CLONER UN OBJET

0h15

L'un des principaux atouts de l'outil de clonage est qu'il permet d'une part d'effacer un élément du décor, et d'autre part de cloner un objet sur un cliché. C'est le but de cet atelier, qui va vous apprendre à dupliquer une fenêtre sur la toiture d'une maison.

1/ Ouvrir la photographie

Ouvrez la photographie [Atelier13_01.jpg]. Vous allez ici cloner le velux pour en placer un deuxième sur la toiture.

2/ Zoom

Augmentez le zoom de l'image grâce à la touche + de votre clavier, et déplacez les barres de défilement de GIMP de manière à placer le velux existant à gauche, tout en laissant assez d'espace à droite pour le cloner.

3/ L'outil de clonage

Dans la barre d'outils, sélectionnez l'outil de Clonage aussi appelé Tampon, du fait de son icône.

4/ Réglage de l'outil

Dans les options de l'outil, choisissez le mode Normal, une brosse Hardness 100 et indiquez une taille de 30. Choisissez Aligné dans le menu déroulant Alignement.

Outil de Clonage

>

atelier

13

CONTRAINTEMENT À CE QUE L'ON POURRAIT PENSER, il est plus facile de cloner un élément déjà présent sur une photographie, que de l'effacer. Jugez par vous-même.

5/ Placer le tampon

Placez maintenant votre souris à proximité du coin supérieur gauche du velux. Appuyez alors sur la touche Ctrl de votre clavier et sur le bouton gauche de votre souris. La source du clonage est sélectionnée.

6/ Cloner

Placez alors le pointeur de votre souris à l'endroit où vous souhaitez installer un nouveau velux. Afin d'avoir un résultat de qualité, placez le pointeur sur un même niveau de tuile que la source du clonage.

7/ Débuter le clonage

Déplacez le pointeur sur le velux jusqu'à le cloner entièrement.

CORRIGER LA PERSPECTIVE D'UNE PHOTO

0h20

L'idéal pour photographier un monument historique est de se placer à mi-hauteur, pour que la perspective soit correcte. Résultat : le bâtiment semble penché.

1/ Ouvrir la photographie

Ouvrez la photographie [Atelier14_01.jpg]. Vous pouvez constater que le château semble penché en arrière. Les murs gauche et droit ne sont notamment pas parallèles au bord de la photo.

2/ Outil Perspective

Dans la barre d'outils, sélectionnez l'outil Perspective.

3/ Options de l'outil

Dans les options de l'outil situées dans le panneau Options des outils, choisissez l'option Calque pour le paramètre Transformer, Corrective pour le paramètre Direction, Rogner pour le paramètre Rognage, et enfin, choisissez 20 pour le nombre de lignes.

4/ Appliquer l'outil sur la photo

Cliquez maintenant sur la photographie. Les 20 lignes apparaissent. Elles vont vous permettre de redresser le château.

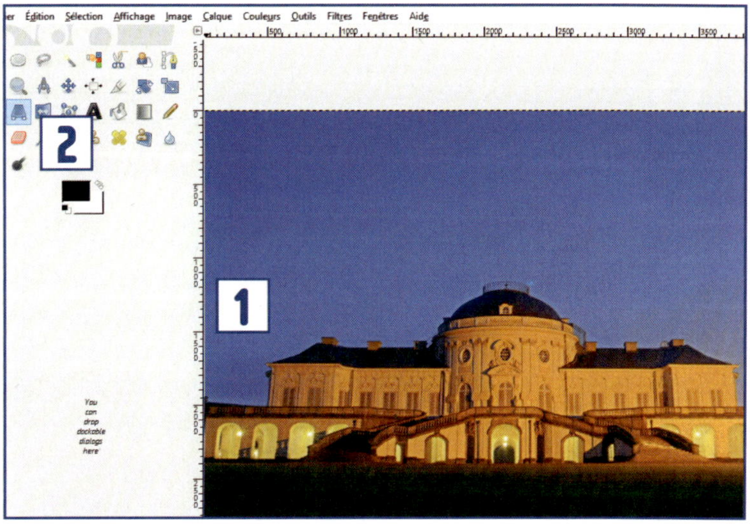

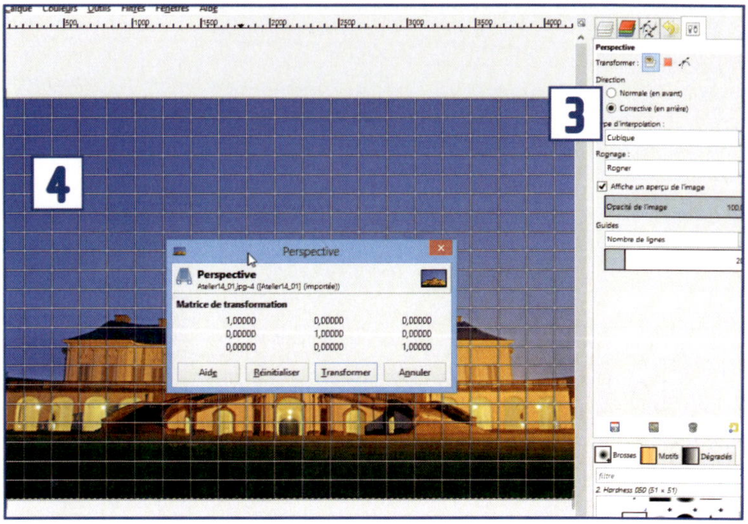

Outil Perspective

Image → **Ajuster le canevas aux calques**

>

atelier
14

L'OUTIL PERSPECTIVE de GIMP va vous permettre de corriger l'effet penché du bâtiment présent sur la photographie de cet atelier. Les résultats sont surprenants.

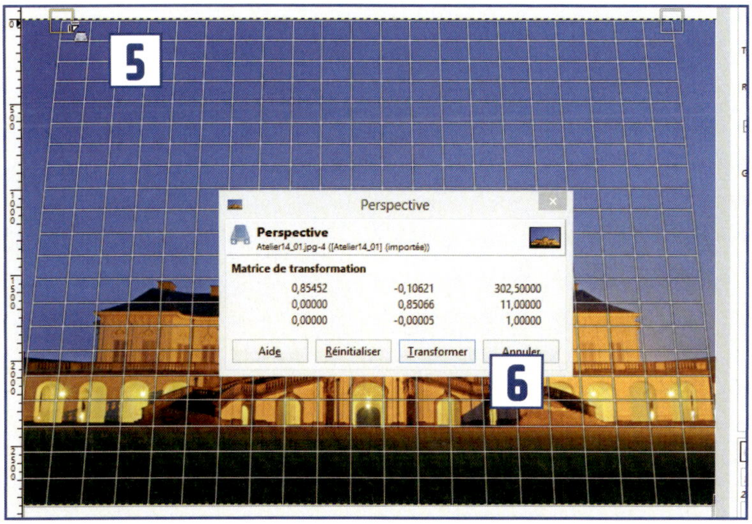

5/ Déplacer les lignes

Déplacez les coins supérieurs de la grille, sur un axe horizontal, de manière que les murs du château leur soient parallèles. Assurez-vous à ce que les lignes horizontales restent bien droites afin de ne pas réduire la hauteur de la grille.

6/ Transformer

Cliquez sur le bouton Transformer de la fenêtre Perspective. La transformation de l'image peut prendre quelques secondes.

7/ Ajuster le canevas

En sélectionnant Rognage pour le paramètre Rogner dans les options de l'outil, vous avez demandé à GIMP de diminuer la taille de l'image. Pour ajuster le canevas aux nouvelles dimensions de l'image, cliquez sur Ajuster le canevas aux calques dans le menu Image.

MODIFIER LA TEMPÉRATURE D'UNE PHOTOGRAPHIE

0h10

Avec les appareils photo numériques, il est assez fréquent d'obtenir un cliché ne représentant pas parfaitement l'ambiance de la scène photographiée. Un paysage neigeux ressortira souvent jauni. Avec GIMP, vous pouvez corriger cela grâce à la fonction color-temperature.

1/ Ouvrir la photographie

Ouvrez la photographie [Atelier15_01.jpg]. La photo de ce chalet et de ce paysage enneigés semble très blanche, avec même des reflets rosés. Vous allez ici renforcer son ambiance glaciale en la bleutant légèrement.

2/ Action GEGL

Depuis le menu Outils, cliquez sur Action GEGL.

3/ Action GEGL (suite)

La fenêtre du même nom s'affiche dans l'interface de GIMP.

4/ Color-temperature

Dans le menu déroulant Action, sélectionnez color-temperature. Les paramètres de cette action apparaissent alors : Original temperature, Intended temperature.

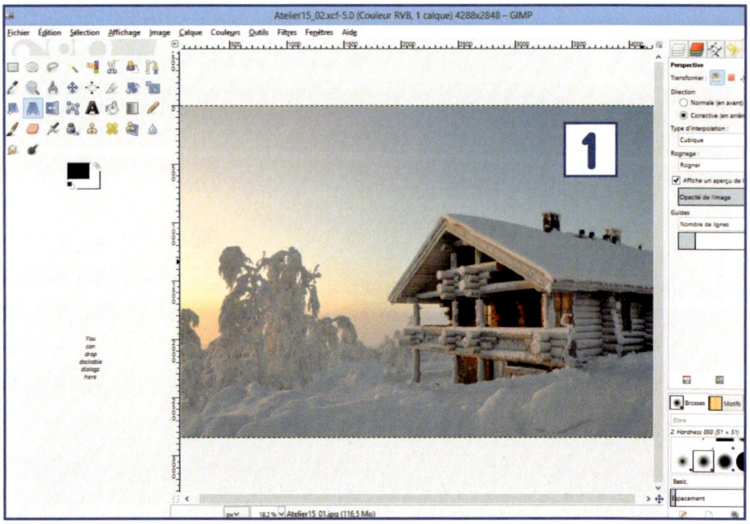

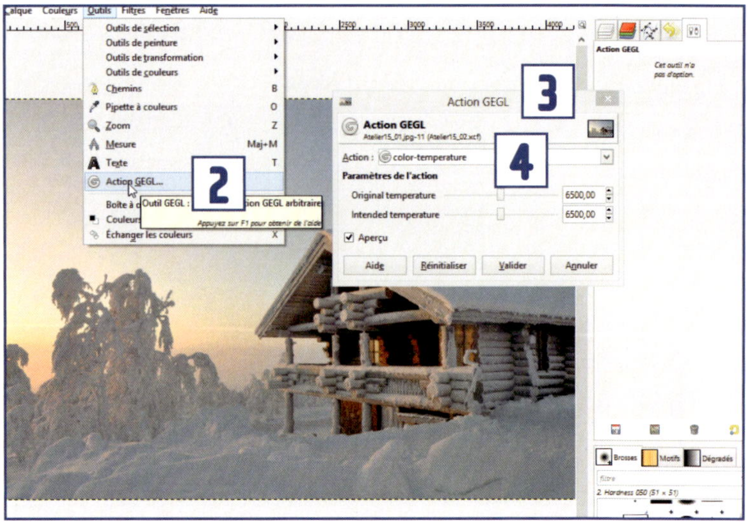

Outils → **Action GEGL**

atelier **15**

L'EXEMPLE CONCERNE ICI UN PAYSAGE NEIGEUX mais vous pourrez rencontrer ce phénomène avec des paysages désertiques. Le sable par exemple sera jaune pastel, alors que l'ambiance voudrait qu'il soit plus ocre. Vous pourrez corriger cela avec la même fonction.

5/ Original temperature

Nul besoin de modifier la valeur du paramètre Original temperature dans la fenêtre Action GEGL.

6/ Intended temperature

C'est sur ce paramètre que vous allez travailler. Diminuez sa valeur jusqu'à atteindre une couleur de neige et de ciel satisfaisante.

7/ Aperçu

Vérifiez bien que la case Aperçu est cochée, de manière à pouvoir contrôler votre travail.

8/ Valider le travail

Ici, en optant pour une valeur de 5600, vous obtiendrez une photographie satisfaisante. Une fois le travail validé, vous constatez les modifications effectuées et une ambiance générale de la photographie beaucoup plus glaciale.

AMÉLIORER LA NETTETÉ D'UNE PHOTOGRAPHIE

0h20

Lorsque vous prenez en photo un sujet en mouvement, il est primordial d'augmenter la vitesse de prise de vue de votre appareil, sinon, c'est le flou assuré. Cela peut également se produire lorsque vous prenez un sujet dans un décor peu lumineux.

1/ Ouvrir la photographie

Ouvrez la photographie [Atelier16_01.jpg]. Les cerises prises en photo ici sont légèrement floues. Leur contour n'est pas net.

2/ Renforcer la netteté

Sélectionnez Amélioration/Renforcer la netteté dans le menu Filtres.

3/ Fenêtre Renforcer la netteté

Une nouvelle fenêtre apparaît à l'écran.

4/ Déplacer l'aperçu

Cliquez sur l'icône en forme de croix située en bas à droite de l'aperçu et déplacez-vous dans l'image pour afficher une partie des détails, ici le contour de l'une des cerises.

5/ Modifier la quantité

Augmentez la quantité à 2,97. L'aperçu montre bien des contours plus nets.

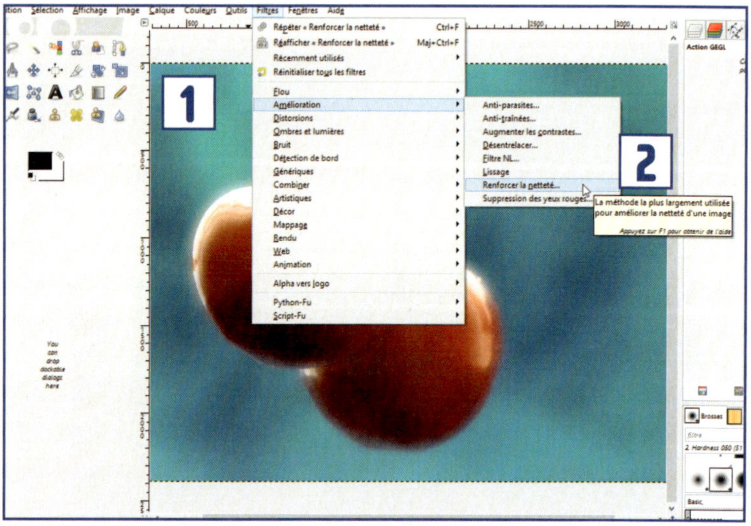

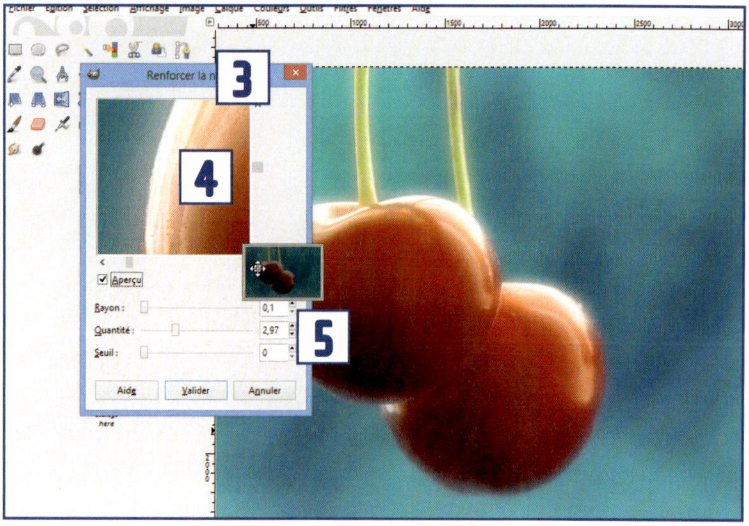

Filtres → **Amélioration**

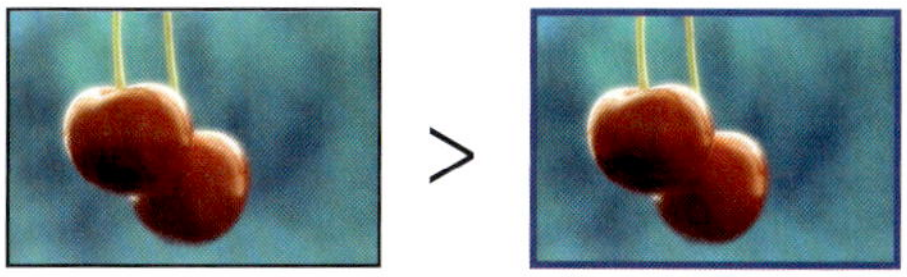

atelier **16**

UNE PHOTO PRISE EN FAIBLE LUMINOSITÉ nécessite un temps d'ouverture plus long. Or, plus ce temps d'ouverture sera long, plus grand sera le risque de bouger pendant la prise de vue, et donc d'obtenir une photo floue. Heureusement, GIMP vous permet d'améliorer la netteté de ces photos.

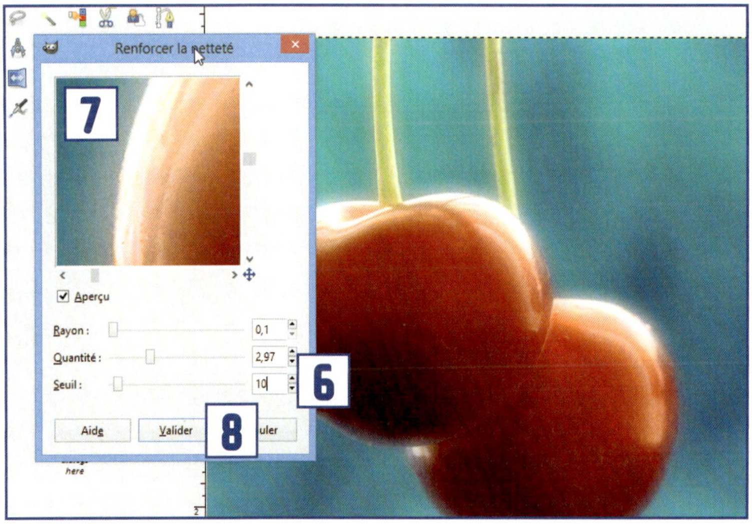

6/ Seuil

Malheureusement, en augmentant la quantité, vous avez également augmenté le bruit de l'image. Pour corriger cela, passez la valeur du paramètre Seuil à 10.

7/ Moins de bruit

Vous constatez immédiatement que le bruit présent a quasiment disparu de l'aperçu.

8/ Valider l'amélioration

Une fois que la netteté de l'image vous semble satisfaisante, validez votre travail.

9/ Netteté

L'application de ces nouveaux paramètres à l'image originale peut prendre quelques secondes. Une fois l'opération terminée, vous constatez alors que l'image est tout de suite plus nette.

AJOUTER UN CADRE À UNE PHOTOGRAPHIE

0h15

Il arrive parfois qu'un simple cadre autour d'une photo lui donne beaucoup plus de profondeur. GIMP permet cela. C'est le but de cet atelier où vous allez encadrer une photographie nocturne de Florence d'un filet blanc et noir.

1/ Ouvrir la photographie

Ouvrez la photographie [Atelier17_01.jpg]. Cette représentation nocturne du Dôme de Florence mérite d'être mise en valeur.

2/ Ajouter une bordure

Depuis le menu Filtres, cliquez sur Décor, puis sur Ajouter une bordure.

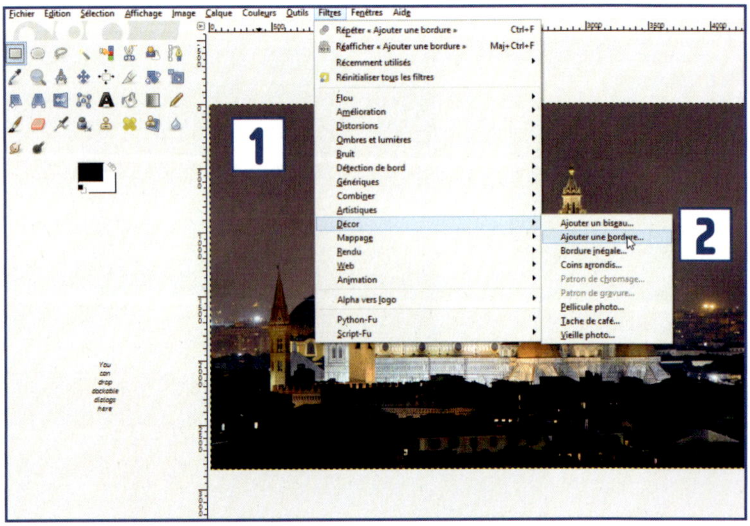

3/ Ajouter une bordure (suite)

Une fenêtre du même nom s'affiche à l'écran. Plusieurs paramètres sont disponibles : Taille de la bordure en X (bordures horizontales), Taille de la bordure en Y (bordures verticales), Couleur de la bordure et Valeur de différence de couleur. Ce dernier paramètre permet de colorer les différents côtés avec des teintes différentes. Cela peut par exemple donner un effet 3D.

4/ Tailles de la bordure

Saisissez une valeur de 10 pour chacune des tailles. Choisissez une couleur blanche et enfin, une valeur de 1 pour la différence de couleur. Validez.

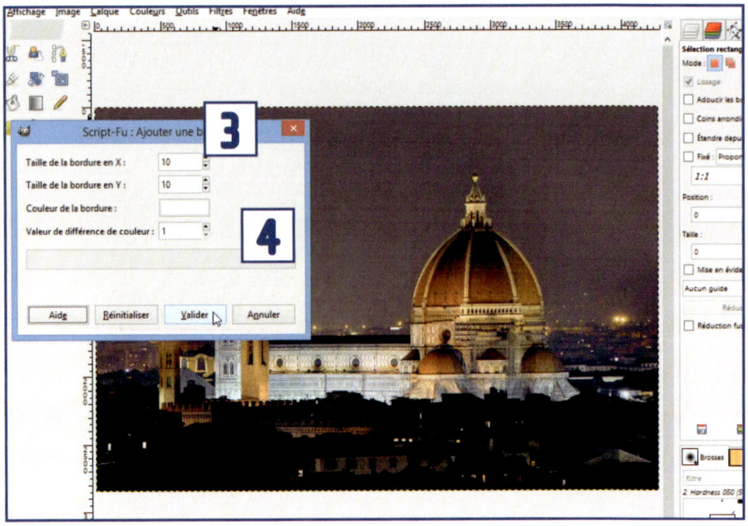

Filtres → **Décor/Ajouter une bordure**

atelier

17

LE FILTRE DÉCOR DE GIMP vous permet d'ajouter toutes sortes de bordures. Vous pouvez en effet personnaliser la couleur et la taille (bordures horizontales et bordures verticales).

5/ Première bordure

Une première bordure blanche vient alors s'ajouter tout autour de la photographie. Ajoutez maintenant la seconde, plus épaisse.

6/ Ajouter une bordure

Comme précédemment, cliquez sur Filtres/Décor/Ajouter une bordure. Indiquez alors une valeur de 30 pour les tailles des bordures, choisissez une couleur noire, et enfin, gardez la valeur 1 pour le paramètre Valeur de différence de couleur.

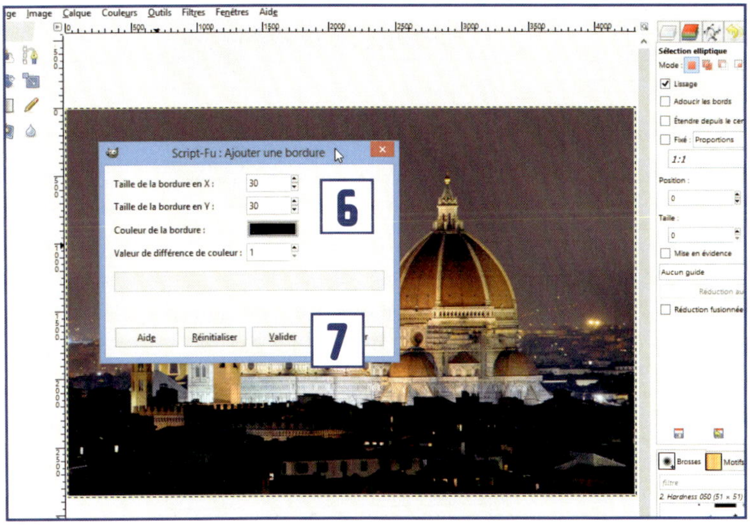

7/ Valider

Il ne vous reste plus qu'à valider votre travail pour constater le résultat. La photo ressort beaucoup plus et gagne en qualité.

AJOUTER DE LA PROFONDEUR DE CHAMP

0h45

Pour mettre en avant un sujet sur une photographie, il est conseillé de réduire la profondeur de champ directement sur votre appareil afin de rendre l'arrière-plan flou. Si lors de la prise de vue, vous n'y avez pas pensé, sachez que GIMP peut remédier à ce problème.

1/ Ouvrir la photographie

Depuis le menu Fichier/Ouvrir, ouvrez la photographie [Atelier18_01.jpg]. Comme vous pouvez le constater, le perroquet ne ressort pas suffisamment par rapport à l'arrière-plan, qui est relativement net. Pour le mettre davantage en valeur, puisqu'il s'agit ici du sujet principal de la photo, vous allez flouter le décor dans son dos, et ainsi ajouter de la profondeur de champ.

2/ Ajuster le zoom

Pour afficher la photographie en plus grand dans votre espace de travail, cliquez depuis le menu Affichage sur Zoom/Ajuster l'image dans la fenêtre.

3/ Ajuster le zoom (suite)

La photographie du perroquet occupe désormais toute la partie centrale de l'interface de GIMP.

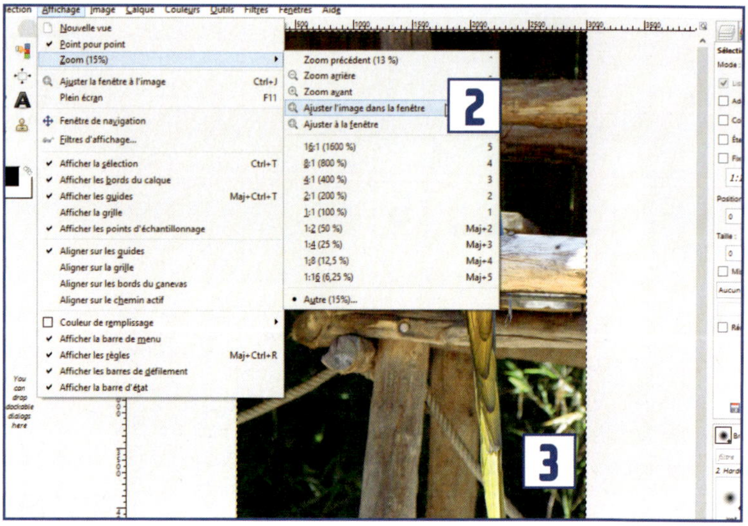

 Outil Zoom

 Outil Ciseaux intelligents

Zoom → **Ajuster l'image dans la fenêtre**

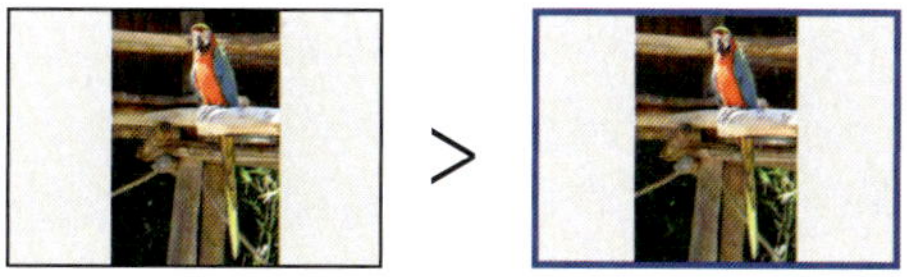

atelier **18**

LA DÉMARCHE EST RELATIVEMENT SIMPLE pour ajouter de la profondeur de champ à une photographie : isoler le premier plan en le détourant et flouter l'arrière-plan.

4/ Zoomer

Il s'agit pour commencer de détourer le perroquet. Deux méthodes existent : les chemins et les ciseaux intelligents, que vous allez utiliser ici. Tout d'abord, sélectionnez l'outil Zoom dans la barre d'outils et cliquez sur la photographie jusqu'à obtenir un zoom suffisant pour travailler avec précision.

5/ Ciseaux intelligents

Sélectionnez l'outil Ciseaux intelligents dans la barre d'outils de GIMP.

6/ Commencer le détourage

Une fois l'outil sélectionné, cliquez avec votre souris sur le sommet du perroquet pour fixer un premier point. Puis, descendez le long de sa tête, de son bec, tout en ajoutant régulièrement des points. Plus il y aura de points, plus votre travail sera précis. Comme vous le constatez, GIMP détecte automatiquement les bords de l'animal.

POUR VOUS DÉPLACER DANS L'IMAGE une fois que vous avez zoomé, vous pouvez utiliser les barres de défilement de GIMP, situées à droite et en bas de son interface.

UNE FOIS QU'UN POINT EST PLACÉ SUR UNE IMAGE, vous pouvez modifier son emplacement en cliquant dessus, et en le déplaçant tout en maintenant le bouton gauche enfoncé.

7/ Terminer le détourage

Poursuivez le détourage en ajoutant régulièrement des points le long de l'animal. Arrivé au perchoir, incluez-le dans la sélection, ainsi que la queue du perroquet.

8/ Terminer le détourage (suite)

Une fois l'animal et son perchoir sélectionnés, il faut terminer le détourage en revenant au point initial. En passant le pointeur de la souris sur ce point, vous pouvez constater que l'icône de l'outil Ciseaux intelligents change : à la place du + situé juste au-dessus, une boucle est maintenant représentée. Cliquez alors dessus.

9/ Transformer en sélection

Cliquez au centre du détourage. La sélection apparaît à l'écran. Il faut maintenant flouter tout ce qui est en dehors de celle-ci.

Sélection → **Enregistrer dans un canal**

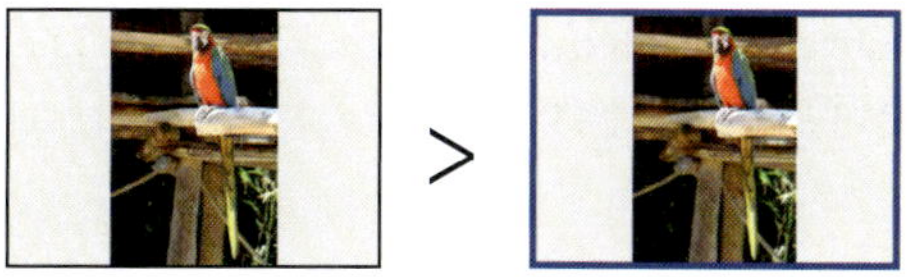

atelier **18**

LE FAIT D'ENREGISTRER LA SÉLECTION DANS UN CANAL est un moyen de mémoriser la sélection dans GIMP et de pouvoir y revenir plus tard, sans perdre son travail.

10/ Enregistrer dans un canal

Cliquez sur Enregistrer dans un canal dans le menu Sélection.

11/ Canal enregistré

Dans la fenêtre ancrable à droite de l'interface de GIMP, le canal apparaît bien et représente votre sélection. Pour l'instant, tout est parfait !

12/ Aperçu de la sélection

À côté du canal Copie de masque de sélection, cliquez sur le premier carré. Un oeil s'affiche.

13/ Sélection

GIMP met alors la sélection en avant en obscurcissant le fond de la photographie. Vous pouvez alors admirer votre travail de détourage ! Cliquez de nouveau sur le premier carré pour annuler l'aperçu et revenir à votre image originale.

DANS CETTE PARTIE DE L'ATELIER, vous allez flouter le fond de l'image, c'est-à-dire tout ce qui ne se trouve pas dans la sélection que vous venez d'enregistrer. C'est la partie la moins fastidieuse.

VOUS POUVEZ RENOMMER UN CANAL en double-cliquant sur son nom dans la fenêtre et en en saisissant un nouveau. Exemple : Perroquet et perchoir.

14/ Remplacer la sélection

Dans la fenêtre à droite de l'écran, sélectionnez le canal Copie de masque de sélection en cliquant dessus.

15/ Remplacer la sélection (2)

Cliquez alors sur le petit carré rouge situé en bas de la fenêtre pour remplacer la sélection par le canal et afficher le détourage du perroquet.

16/ Afficher les calques

Cliquez maintenant sur l'onglet Calques pour afficher les calques de l'image puis sélectionnez le calque Atelier18_01.jpg.

17/ Dupliquer le calque

Depuis le menu Calque, sélectionnez Dupliquer le calque.

atelier 18

Flou → Flou gaussien

>

LE FLOU GAUSSIEN EST L'UN DES FILTRES les plus utilisés dans le milieu de la retouche photo. Ses résultats sont toujours remarquables et beaucoup de photographes professionnels l'emploient.

18/ Calque dupliqué

Le calque est alors dupliqué.

19/ Ajouter un masque

Ajoutez un masque à ce calque en passant par le menu Calque, puis Masque/Ajouter un masque de calque. Dans la boîte de dialogue apparue à l'écran choisissez Sélection, puis validez en cliquant sur Ajouter.

20/ Sélectionner le calque

Tout d'abord, supprimez la sélection grâce au menu Sélection/Aucune. Sélectionnez ensuite le calque Atelier18_01.jpg dans la fenêtre à droite en cliquant dessus.

21/ Flou gaussien

Cliquez sur Flou/Flou gaussien à partir du menu Filtres. Fixez le rayon du flou à 15 pour les deux valeurs (Horizontal et Vertical) et validez votre travail ! Le flou est alors perceptible à l'arrière-plan, sans affecter le perroquet et son perchoir.

RÉDUIRE UNE DOMINANTE DE COULEUR

0h20

Vous avez déjà sans doute remarqué que certains de vos clichés ont une couleur dominante. Cela est généralement dû aux réglages usine dont bénéficient les appareils photo numériques et qui dénaturent souvent les couleurs et la balance des blancs.

1/ Ouvrir la photographie

Depuis le menu Fichier/Ouvrir, ouvrez la photographie [Atelier19_01.jpg]. Comme vous le voyez, le bleu domine l'ambiance générale de la photographie.

2/ Manuel / Automatique

Il existe deux façons de corriger la balance des blancs et donc de réduire une dominante de couleur : manuellement et automatiquement. Les résultats obtenus avec la méthode automatique n'étant pas convaincants, vous allez utiliser ici la méthode manuelle. Cliquez tout d'abord sur Niveaux dans le menu Couleurs.

3/ Niveaux

La fenêtre Niveaux s'affiche à l'écran.

4/ Canal Rouge

Affichez le canal Rouge dans le menu déroulant Canal. L'intensité du rouge est élevée dans les tons foncés (gauche) mais faible dans les tons faibles (droite), ce qui est normal. Le Vert adopte la même courbe.

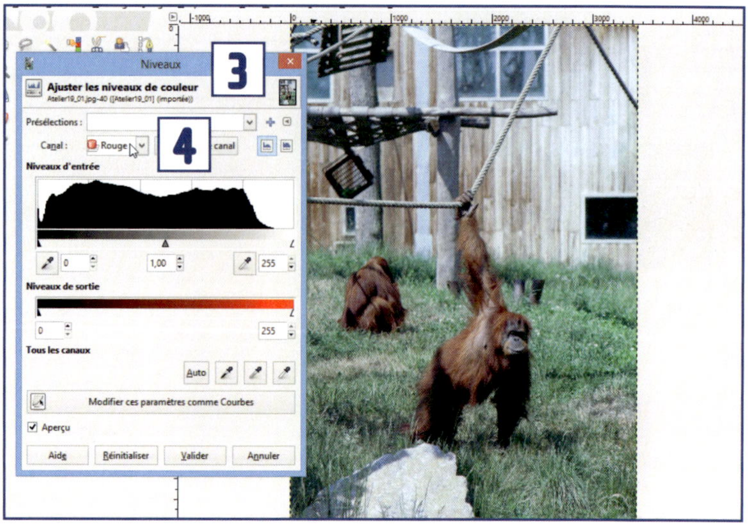

Couleurs → Niveaux

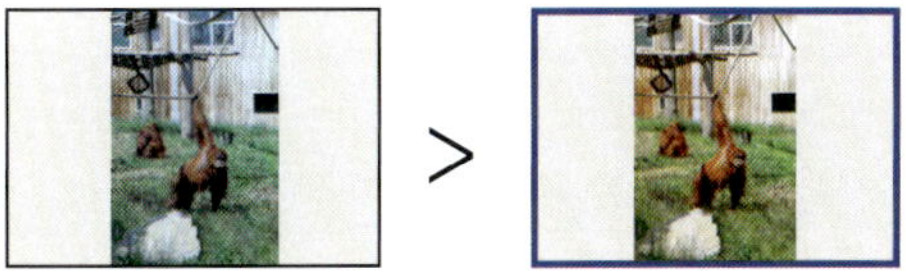

atelier 19

SI VOTRE APPAREIL PHOTO LE PERMET, réglez la balance des blancs avant chaque séance de photos, de manière à éviter ce phénomène. Cela prend quelques minutes et mais vous en fera gagner de nombreuses en post-traitement.

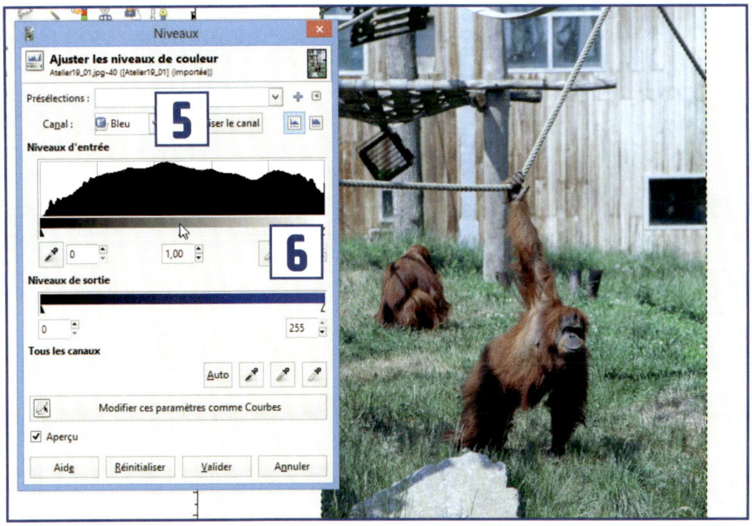

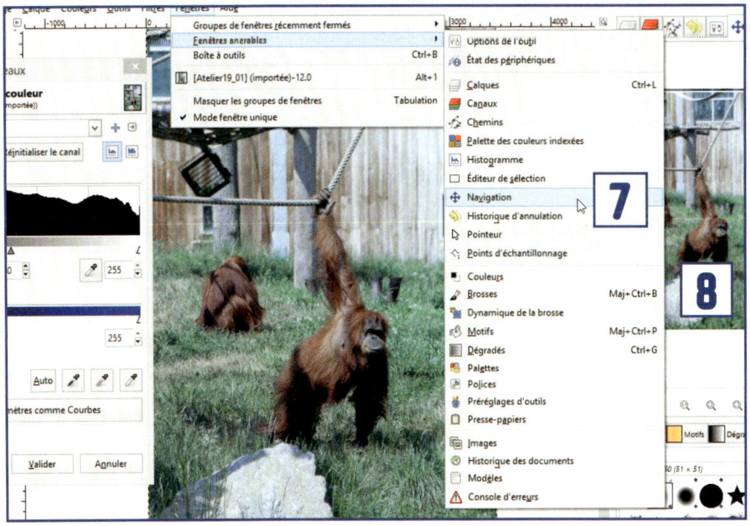

5/ Canal Bleu

Choisissez maintenant le canal Bleu dans le menu Canal.

6/ Canal Bleu (suite)

Il apparaît clairement que la couleur est persistante dans les tons clairs, alors que ces derniers sont censés représentés le blanc. Il faut donc modifier cela.

7/ Navigation

Pour travailler avec précision, affichez la fenêtre Navigation en passant par le menu Fenêtres/Fenêtres ancrables.

8/ Navigation (suite)

La fenêtre est bien ancrée à droite de votre écran.

GIMP VOUS PERMET DE DÉFINIR PLUSIEURS POINTS : noir, gris et blanc. Vous obtiendrez ainsi des résultats beaucoup plus précis et plus justes.

LORSQUE VOUS CHERCHEZ À SÉLECTIONNER LE POINT BLANC AVEC VOTRE PIPETTE, il peut être fastidieux de cliquer de nombreuses fois sur différentes parties de l'image. Pour éviter cela, laissez votre doigt enfoncé sur le bouton gauche de votre souris, et parcourez l'image en regardant toujours la valeur du point dans la fenêtre Niveaux. Une fois la valeur souhaitée atteinte, relâchez votre doigt.

9/ Augmenter le zoom

Depuis la fenêtre Navigation, augmentez le zoom en le passant à 200%.

10/ Se déplacer dans l'image

Déplacez-vous dans l'image pour afficher en gros plan le caillou présent sur la photographie. C'est à partir de celui-ci que vous allez définir la couleur blanche de la photo.

11/ Sélectionner la pipette

Sélectionnez alors la dernière pipette située en dessous de Tous les canaux.

12/ Cliquez sur le point blanc

Une fois la pipette sélectionnée, cliquez sur le caillou dans la photographie à l'endroit où celui-ci devrait être blanc.

13/ Valeur du canal Bleu

L'idéal ici est de se rapprocher au maximum de la valeur 255 pour le canal Bleu. En l'occurrence, nous avons 251.

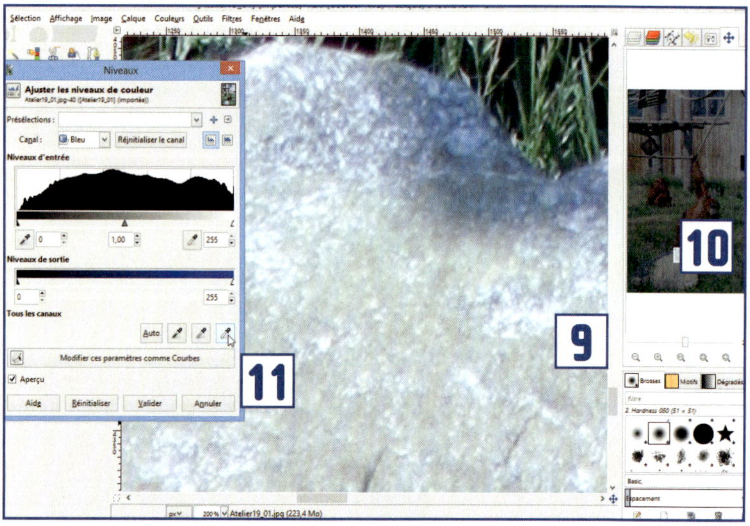

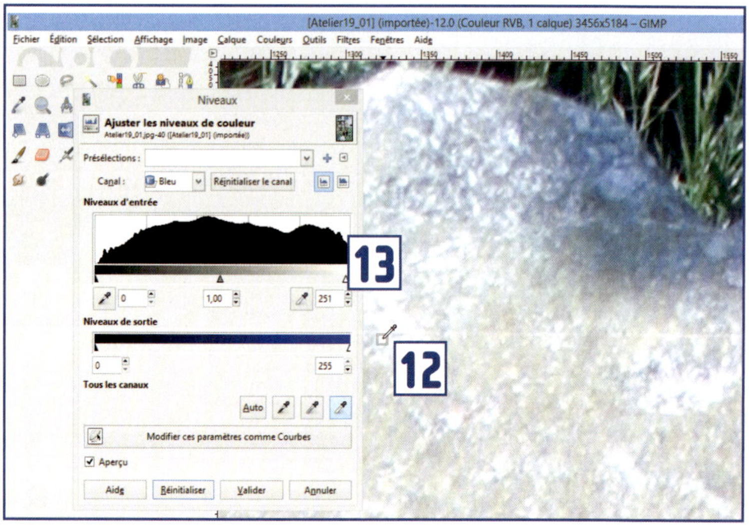

Zoom → **Ajuster l'image dans la fenêtre**

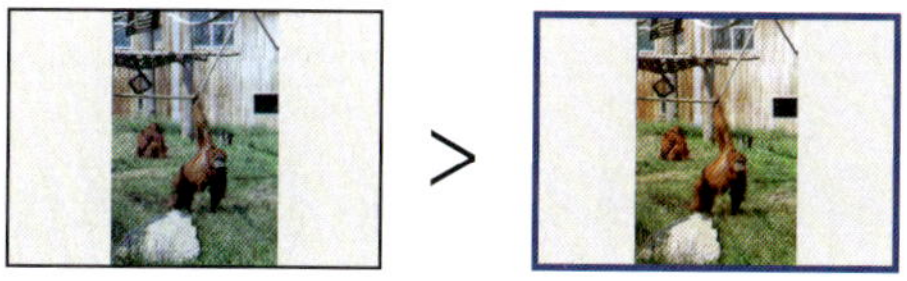

atelier **19**

DANS LE CAS OÙ LA DOMINANTE SERAIT LE ROUGE OU LE VERT, procédez comme suit, mais en travaillant à partir du canal en question (Rouge ou Vert) et non à partir du canal Bleu.

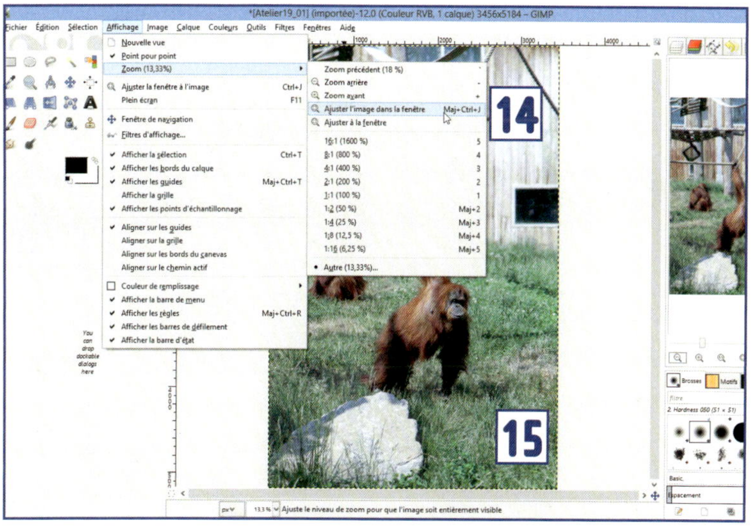

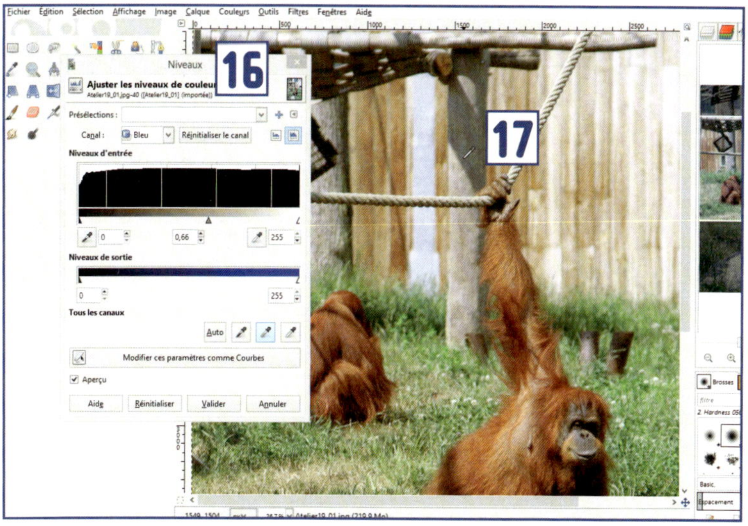

14/ Dézoomer

Une fois la valeur en question définie, validez votre travail et affichez l'image en entier pour vérifier la balance des blancs. Pour cela, utilisez le menu Affichage, puis Zoom/Ajuster l'image dans la fenêtre.

15/ Résultat

L'image est beaucoup moins bleutée que précédemment. Vous pouvez encore l'améliorer en ajustant les gris.

16/ Niveaux

Pour cela, affichez de nouveau la fenêtre Niveaux (par le menu Couleurs/Niveaux).

17/ Point gris

Sélectionnez la deuxième pipette sous Tous les canaux. Comme précédemment, zoomez sur l'image et cliquez sur le point gris (sur le poteau derrière le singe). L'idéal étant ici de se rapprocher de la valeur 0,55. Vous pouvez alors valider votre travail et apprécier la nouvelle photographie !

RÉALISER UN EFFET DE MAQUETTE

0h40

S'il est un effet très à la mode de nos jours, c'est l'effet maquette, généralement appliqué à une photographie aérienne, montrant un sujet lointain. Le sujet donne alors l'impression d'être un décor à échelle réduite photographié à quelques dizaines de centimètres

1/ Ouvrir la photographie

Ouvrez la photographie [Atelier20_01.jpg] représentant la place Saint-Pierre de Rome. Comme vous le constatez, la profondeur de champ est très faible (la photo est nette dans son ensemble), et il s'agit d'une vue aérienne. Cette photographie est donc idéale pour créer un effet maquette.

2/ Teinte-Saturation

La première chose que vous allez faire est de saturer les couleurs de l'image, ce qui accentuera l'effet souhaité. Cliquez sur le menu Couleurs/Teinte-Saturation.

3/ Teinte-Saturation (suite)

La fenêtre Teinte-Saturation apparaît à l'écran. Assurez-vous l'option Maître est sélectionnée, puis augmentez la saturation à 70. Validez.

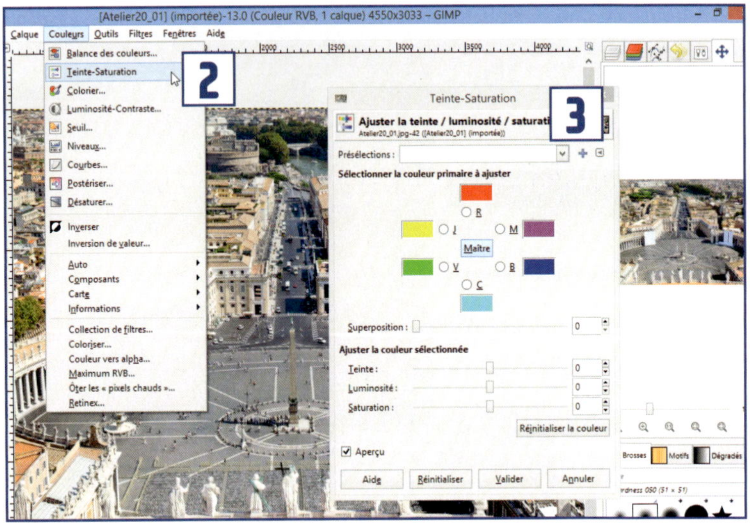

Calque → **Dupliquer le calque**

atelier **20**

POUR RÉUSSIR UN TEL EFFET, deux éléments essentiels sont à prendre en compte : il faut travailler sur une prise de vue aérienne avec une très faible profondeur de champ. C'est le cas de la photographie de cet atelier.

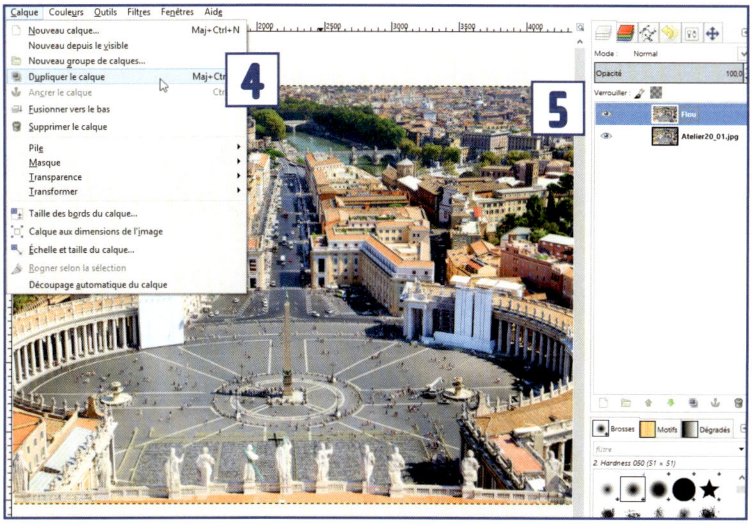

4/ Dupliquer le calque

Une fois les couleurs saturées, vous allez dupliquer le calque afin de créer sur le nouveau calque un flou gaussien, simulant une photographie prise en mode macro. Pour cela, cliquez sur Dupliquer le calque depuis le menu Calque de GIMP.

5/ Renommer le nouveau calque

Dans l'onglet Calques à droite de l'interface de GIMP, double-cliquez sur le nouveau calque et renommez-le Flou.

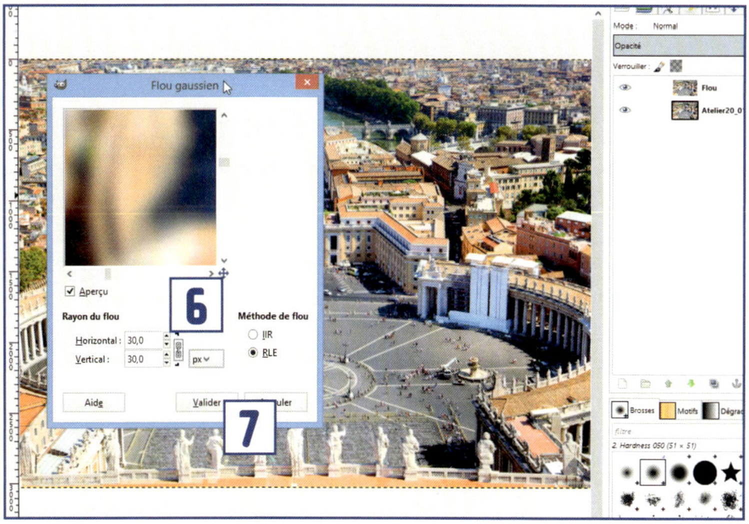

6/ Flou gaussien

Vous allez appliquer maintenant un flou gaussien à l'ensemble de ce nouveau calque. Cliquez sur Filtres dans le menu de GIMP, puis Flou/Flou gaussien. Dans la boîte de dialogue apparue, indiquez des valeurs de 30 pour chacun des champs (Horizontal et Vertical).

7/ Valider

Validez en cliquant sur le bouton du même nom en bas de la fenêtre.

LE FLOU QUE VOUS VENEZ D'AJOUTER est appliqué à l'intégralité de la photographie. Vous allez dans cette partie de l'atelier ne l'appliquer qu'à certaines parties du cliché, en utilisant les calques de fusion.

L'AVANTAGE D'APPLIQUER UN DÉGRADÉ AU MASQUE DE CALQUE est que le flou gaussien ne sera pas seulement appliqué à ce qui est blanc ou noir, mais aussi à tout ce qui est entre les deux, en fonction de l'intensité du noir.

8/ Masque de calque

Le flou est appliqué à l'ensemble de l'image. Pour corriger cela et ne l'appliquer que sur les extrémités horizontales de l'image, vous allez créer un masque de calque. Depuis le menu Calque, cliquez sur Masque/Ajouter un masque de calque.

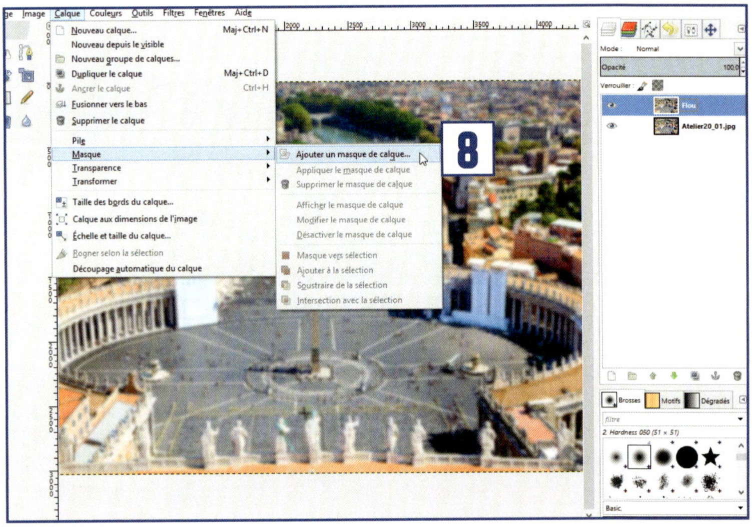

9/ Initialiser le calque

Dans la fenêtre Ajouter un masque de calque, sélectionnez Noir (transparence totale) sous Initialiser le masque de calque. Cela va permettre au masque de devenir transparent. Le flou ne sera donc plus visible pour l'instant. Pour afficher de nouveau le flou mais sur certaines zones seulement, il suffira de créer un dégradé blanc sur ce masque.

10/ Ajouter

Cliquez sur le bouton Ajouter. Vous constatez alors que le flou n'apparaît plus sur la photographie.

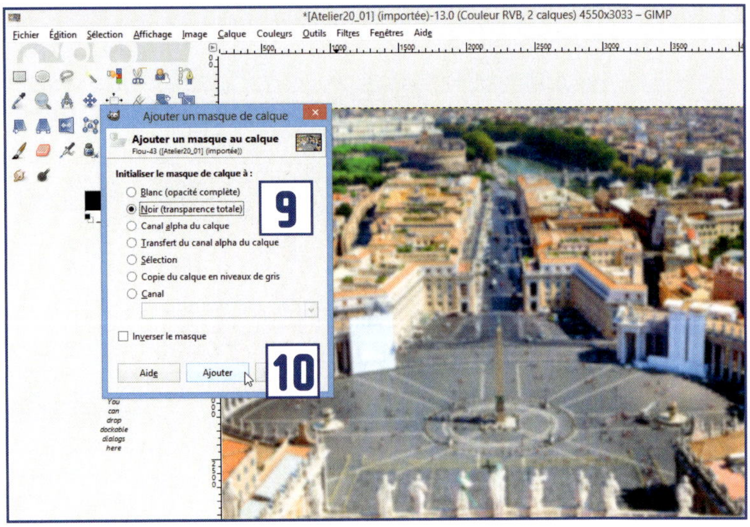

 > 

Masque → Ajuster un masque de calque

atelier **20**

LE MASQUE DE CALQUE est un outil indispensable dans l'utilisation de GIMP. Comme vous le verrez, il permet notamment de définir des parties d'une image qui resteront visibles ou non.

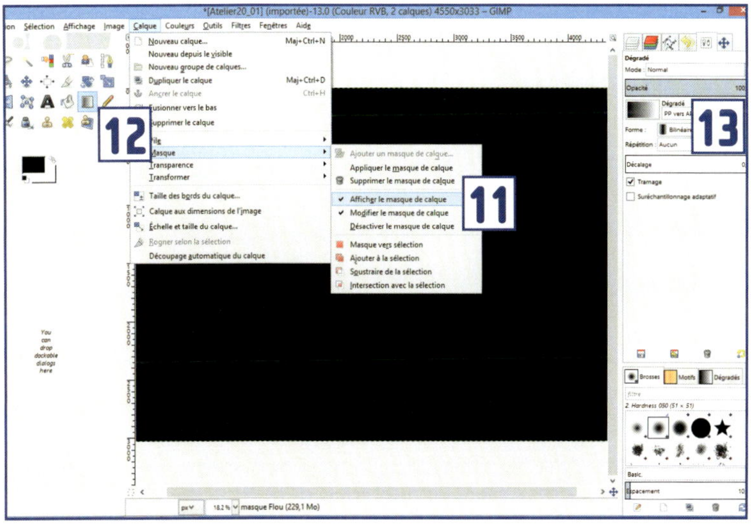

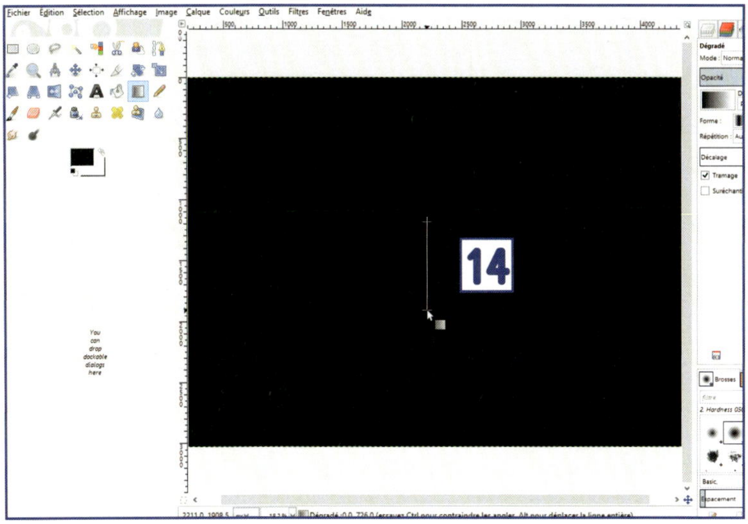

11/ Afficher le masque

Affichez le masque de calque en passant par le menu Calque de GIMP, puis Masque/Afficher le masque de calque. L'image devient entièrement noire.

12/ Outil dégradé

Sélectionnez maintenant l'outil Dégradé dans la barre d'outils de GIMP et vérifiez bien que les couleurs sélectionnées sont le noir et le blanc.

13/ Forme bilinéaire

Choisissez la forme Bilinéaire dans le menu Forme. Cela va créer un dégradé en trois parties : Blanc/Noir/Blanc.

14/ Appliquer le dégradé

Cliquez alors sur l'image et tracez un trait vertical en son centre. Pour vous assurer d'avoir un dégradé vertical, maintenez enfoncée la touche Ctrl de votre clavier en même temps que vous le tracez.

POUR OBTENIR UN RÉSULTAT ENCORE PLUS RÉALISTE, vous allez ajouter ici du contraste à votre photo, de manière à accentuer le relief des bâtiments.

LE DÉGRADÉ BILINÉAIRE permet de créer deux dégradés horizontaux en un seul clic de souris. En choisissant par exemple les couleurs noire et blanche, le dégradé débutera du blanc, pour aller vers le noir, en finissant de nouveau vers le blanc.

15/ Dégradé

Une fois le bouton de votre souris relâché, le dégradé bilinéaire apparaît à l'écran. Toutes les parties blanches du dégradé seront visibles, ce qui signifie que le flou gaussien appliqué précédemment sera visible sur ces parties, et uniquement sur ces parties.

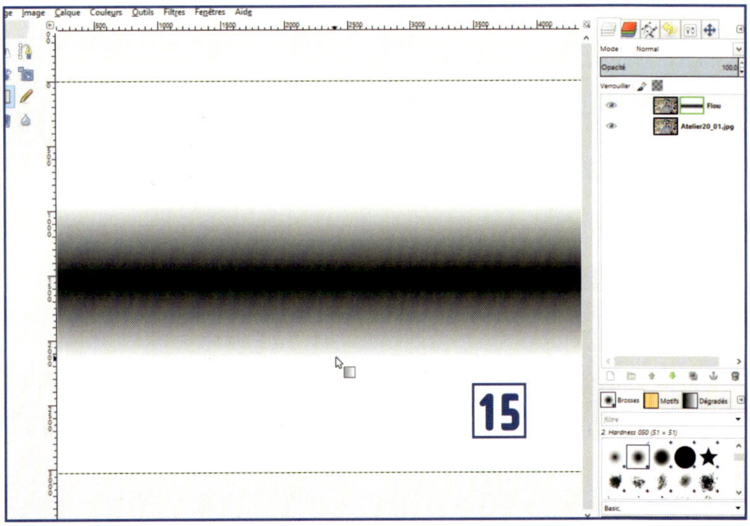

16/ Masquer le masque

Pour vérifier cela, cliquez sur le menu Calque de GIMP, puis sur Masque/Afficher le masque de calque pour désactiver son affichage.

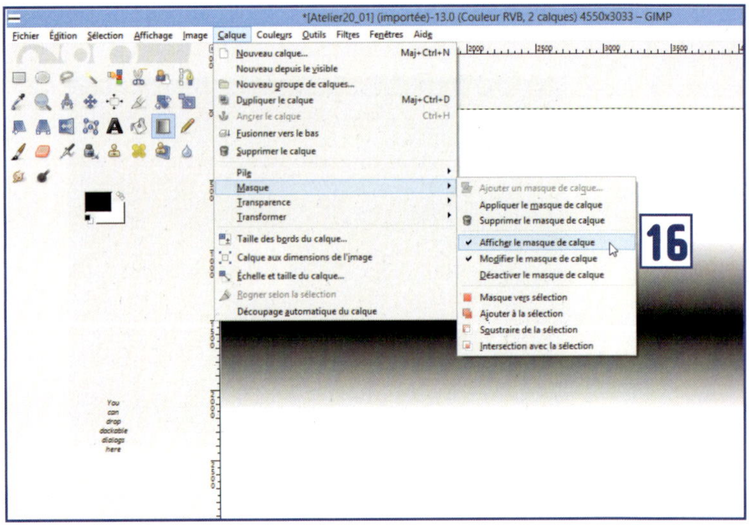

Couleurs → **Luminosité-Contraste**

>

atelier

20

EN FONCTION DE VOS PRÉFÉRENCES, vous pouvez modifier le dégradé appliqué au masque de calque. Plus le dégradé sera long dans le sens vertical, moins le flou gaussien sera visible.

17/ Accentuer le contraste

La photographie telle qu'elle apparaît dans l'interface de GIMP manque de contraste. Vous allez corriger cela en cliquant sur le menu Couleurs, puis sur Luminosité-Contraste.

18/ Luminosité-Contraste

Dans la fenêtre qui est apparue à l'écran, saisissez la valeur 50 pour le paramètre Contraste. Si la case Aperçu est cochée, vous verrez immédiatement le résultat.

19/ Valider

Si le résultat vous convient, cliquez sur Valider pour terminer votre travail.

20/ Travail achevé

La photographie apparaît alors à l'écran dans son état final. L'effet maquette est parfaitement représenté !

INTENSIFIER LE REGARD D'UN MODÈLE

0h45

SUR UN PORTRAIT, LE REGARD EST UN ÉLÉMENT FONDAMENTAL. Négliger son intensité est une erreur de débutant. C'est pourquoi, il est quasi indispensable de le travailler en post-traitement pour lui apporter plus de brillance, plus de force.

1/ Ouvrir la photographie

Ouvrez la photographie [Atelier21_01.jpg].

2/ Zoom

Afin de travailler avec précision, activez l'onglet Navigation, et zoomez sur l'œil droit du modèle.

3/ Nouveau calque

Depuis l'onglet Calque, à droite de l'interface de GIMP, créez un nouveau calque que vous nommerez Yeux pétillants.

4/ Outil Pinceau

Sélectionnez l'outil Pinceau dans la boîte d'outils de GIMP.

5/ Options de l'outil

Choisissez une brosse Hardness 075.

6/ Dessiner des points blancs

Choisissez une couleur de premier plan blanche et cliquez dans la pupille de l'œil pour y ajouter deux points blancs.

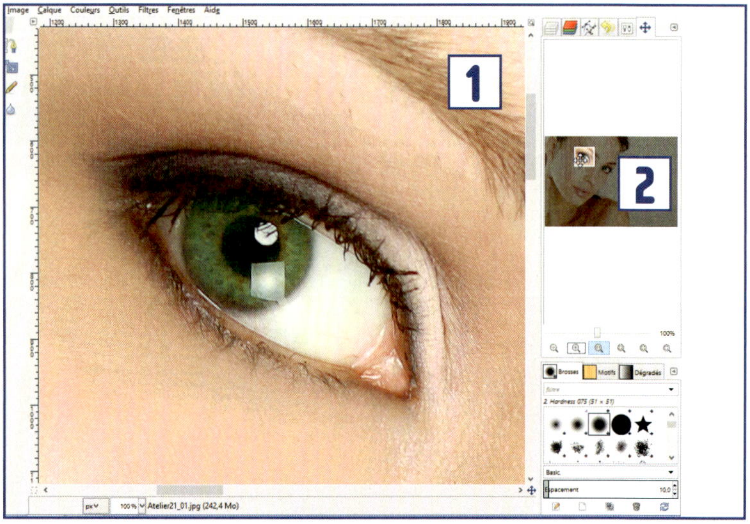

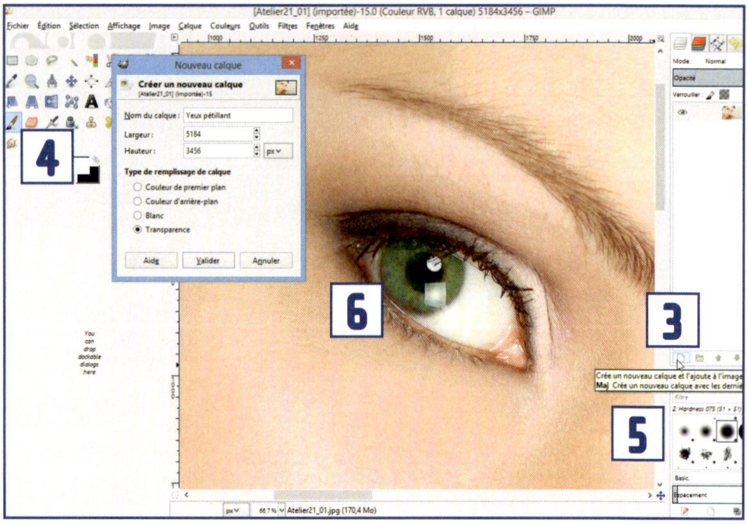

Outil Pinceau

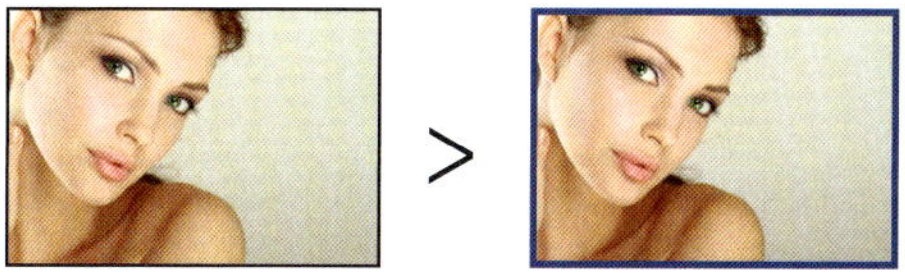

atelier **21**

LA PREMIÈRE PARTIE DE CET ATELIER va consister à modifier la brillance du regard du modèle. Pour cela, il existe une astuce simple, consistant à ajouter des points blancs dans la pupille de l'œil.

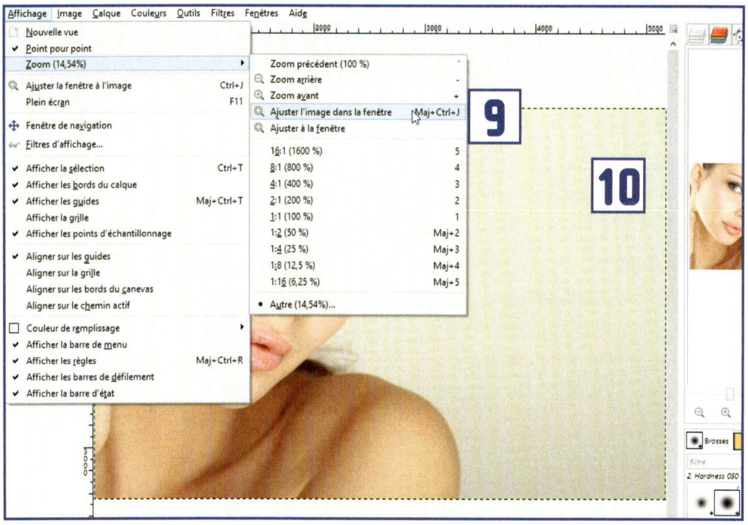

7/ Se déplacer dans l'image

Depuis la fenêtre Navigation, déplacez-vous au niveau de l'œil gauche du modèle.

8/ Dessiner un point blanc

Ajoutez cette fois un seul point blanc, pour plus de réalisme. Si vous le souhaitez, vous pouvez modifier la taille de la brosse.

9/ Ajuster l'image dans la fenêtre

Affichez l'intégralité de l'image en passant par le menu Affichage, puis Zoom (100%)/ Ajuster l'image dans la fenêtre.

10/ Regard pétillant

L'image apparaît en entier dans l'interface de GIMP. Vous pouvez d'ores et déjà constater que le modèle bénéficie maintenant d'un regard plus pétillant.

LA DEUXIÈME PARTIE DE CET ATELIER consiste à modifier la couleur des yeux du modèle, en jouant sur la saturation et la teinte.

POUR RÉALISER CELA, vous allez faire appel une nouvelle fois aux masques de calque en ne sélectionnant que les pupilles du modèle. Lorsque nous vous disions qu'il s'agissait là d'un outil indispensable, nous n'avions pas tort, la preuve !

11/ Dupliquer le calque

Tout d'abord, dupliquez le calque Atelier21_01.jpg en le sélectionnant, puis en cliquant sur Calque/Dupliquer le calque dans le menu de GIMP.

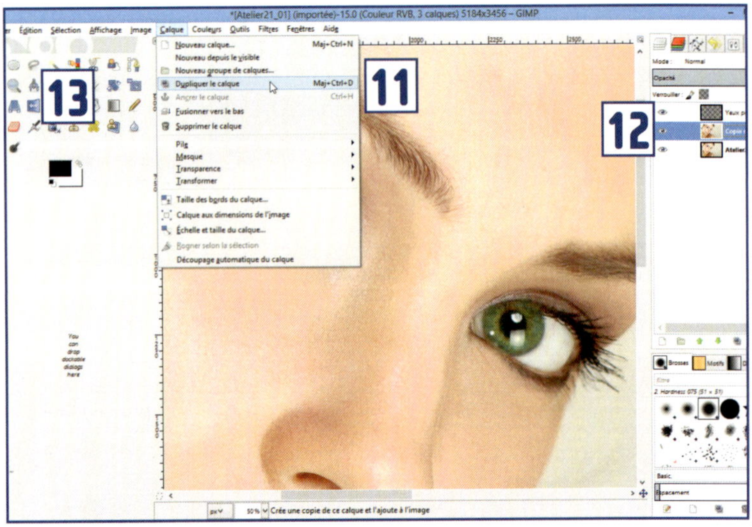

12/ Sélectionner le calque

Sélectionnez ce nouveau calque en cliquant une fois dessus dans la fenêtre de droite.

13/ Détourer les pupilles

Comme vous l'avez vu précédemment, vous allez maintenant détourer les pupilles du modèle. Pour cela, sélectionnez l'outil Sélection elliptique.

14/ Détourer les pupilles (suite)

Placez votre souris au centre de la pupille droite du modèle, puis en maintenant les touches Ctrl et Maj enfoncées, tracez un cercle l'entourant.

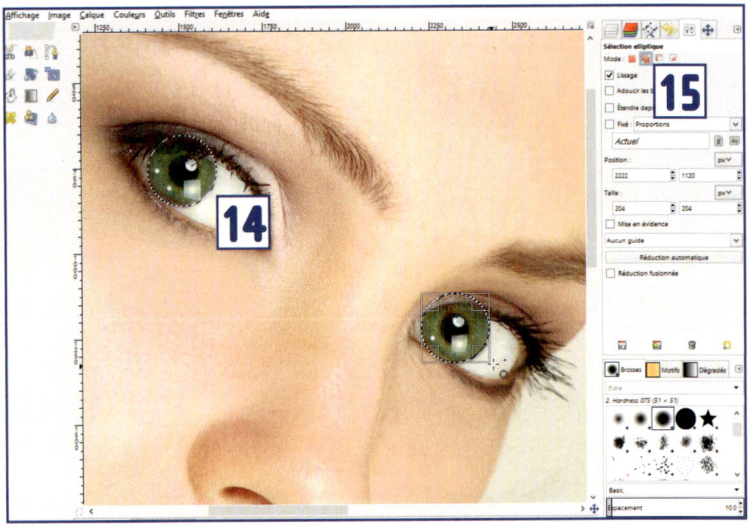

15/ Détourer les pupilles (fin)

Recommencez l'opération avec la pupille gauche en vérifiant bien que le mode Ajouter à la sélection actuelle est coché.

Outil de Sélection elliptique

Calque → **Dupliquer le calque**

>

atelier 21

IL EST POSSIBLE de déplacer une sélection une fois que vous avez relâché le bouton gauche de votre souris. Pour cela, placez le pointeur de la souris dessus : il se transforme en flèche. Déplacez-la alors où bon vous semble.

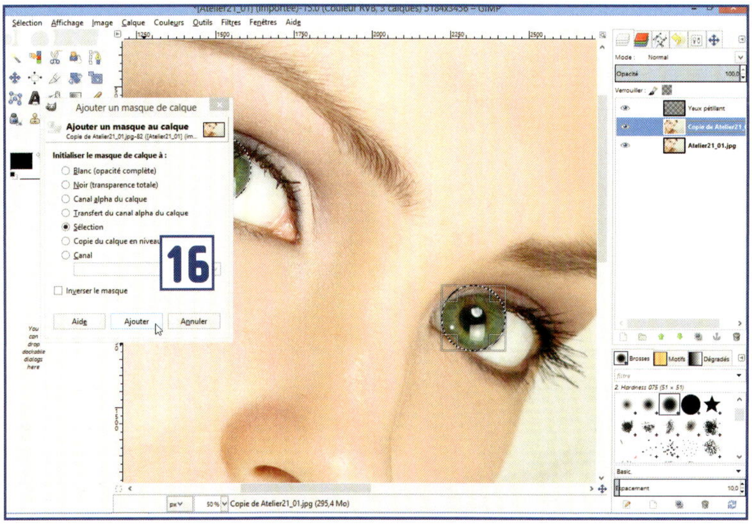

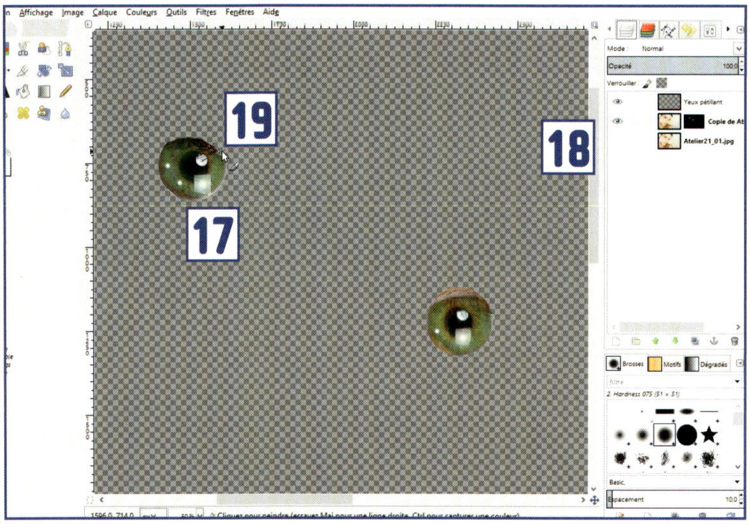

16/ Masque de calque

Ajoutez un masque de calque depuis le menu Calque, puis Masque/Ajouter un masque de calque. Dans la fenêtre apparue, choisissez Sélection puis cliquez sur Ajouter.

17/ Aucune sélection

Supprimez la sélection actuelle grâce au raccourci clavier Maj + Ctrl + A. La sélection disparaît.

18/ Masquer un calque

Masquez le calque d'arrière-plan Atelier21_01.jpg. Cela va vous permettre d'affiner le masque de calque.

19/ Corriger la sélection

Sélectionnez maintenant l'outil Pinceau et passez-le sur les pupilles de manière à enlever l'extrémité des paupières encore visibles.

Une fois le travail terminé, vous pouvez réafficher le calque d'arrière-plan.

LA TROISIÈME PARTIE DE CET ATELIER consiste à intensifier davantage le regard en jouant notamment sur le contraste et la luminosité des pupilles du modèle. En effet, en augmentant le contraste, vous rendrez le noir de l'iris beaucoup plus profond.

ATTENTION À NE PAS DÉNATURER LE MODÈLE en augmentant trop certains paramètres. Cela provoquerait un effet surnaturel !

20/ Sélectionner un calque

Maintenant que les pupilles sont parfaitement détourées dans le masque de calque, il s'agit de travailler sur la saturation des couleurs. Pour cela, sélectionnez tout d'abord le calque Copie de Atelier21_01.jpg.

21/ Teinte-Saturation

Cliquez sur le menu Couleurs/ Teinte-Saturation.

22/ Teinte-Saturation (suite)

Dans la fenêtre Teinte-Saturation, choisissez de modifier la couleur Verte (V), et indiquez les valeurs -15 pour Teinte, 5 pour Luminosité et 80 pour Saturation.

23/ Aperçu

Le résultat de ces modifications est immédiatement visible en arrière-plan.

24/ Valider

Validez en cliquant sur le bouton du même nom.

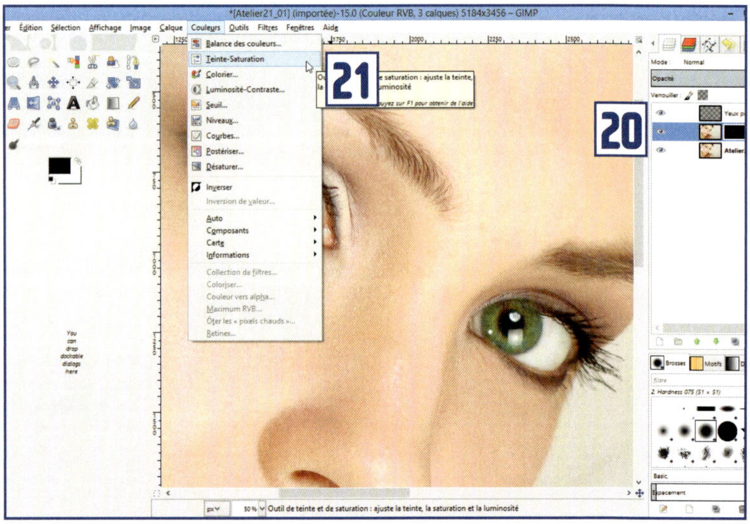

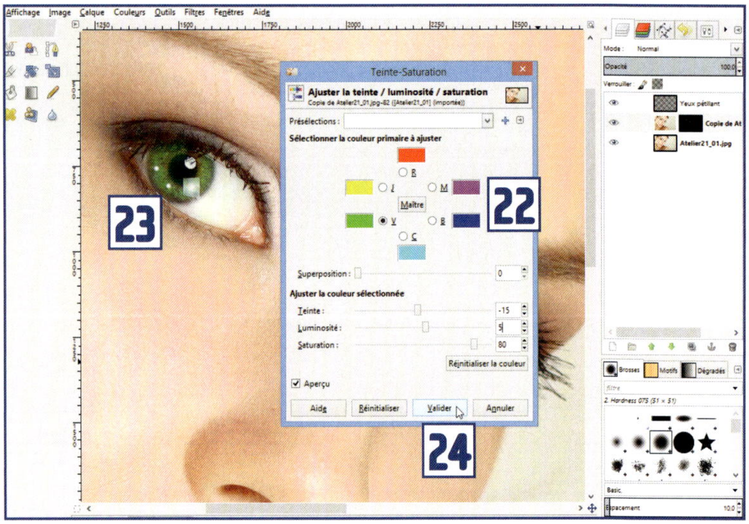

Couleurs → **Luminosité-Contraste**

>

atelier 21

LORSQUE L'IRIS SE PRÊTE À CETTE MODIFICATION, il est possible d'ajouter un contour noir tout autour en utilisant par exemple un dégradé radial. Notre modèle n'a pas besoin de cette retouche, ses iris se démarquent parfaitement de la pupille et du blanc des yeux.

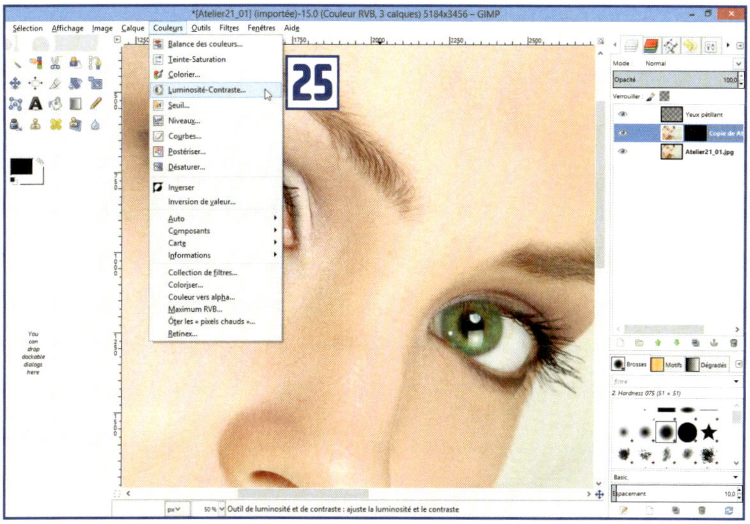

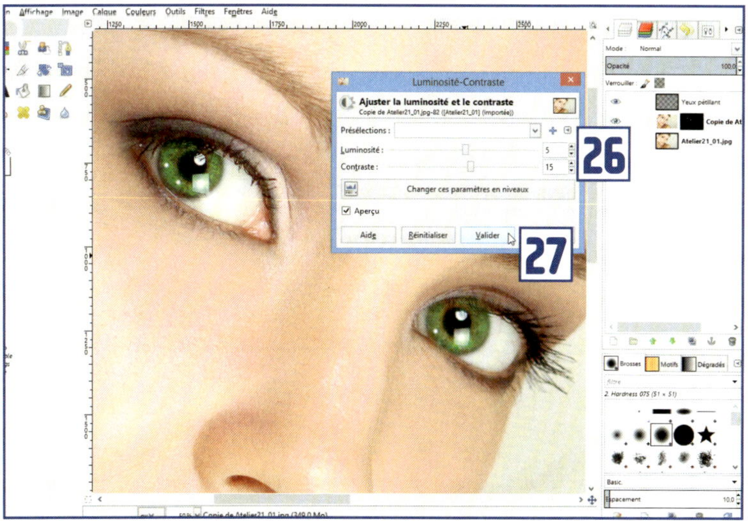

25/ Luminosité-Contraste

Afin d'intensifier encore le regard, vous allez modifier maintenant le contraste de la pupille, de manière à rendre le noir de l'iris encore plus noir. Cliquez Couleurs/ Luminosité-Contraste.

26/ Luminosité-Contraste (suite)

Dans la fenêtre apparue, indiquez la valeur 15 pour Contraste, et la valeur 5 pour Luminosité. En modifiant la luminosité, vous ajouterez plus d'éclat dans le regard.

27/ Valider

Vous pouvez alors valider et admirer votre travail. Le résultat est très convaincant : le regard est plus lumineux, plus pétillant. À vous de jouer maintenant avec des portraits de vos enfants par exemple !

PASSER UNE PHOTOGRAPHIE EN BICHROMIE

0h20

La bichromie est une technique permettant de représenter une photographie avec seulement deux couleurs. La sépia en est un parfait exemple, avec ses deux couleurs : noir et orange. La bichromie peut apporter un effet tout à fait particulier à une photo.

1/ Ouvrir la photographie

Ouvrez la photographie [Atelier22_01.jpg]. La première opération consiste à désaturer la photographie.

2/ Désaturer

Dans la barre d'outils, cliquez sur Couleurs, puis Désaturer.

3/ Désaturer (suite)

Dans la fenêtre Désaturer, choisissez l'option Luminosité sous Choisir la nuance de gris basée sur :.

4/ Valider

Cliquez sur Valider. La photographie apparaît alors en nuances de gris. Vous allez maintenant modifier ses couleurs et la passer en bichromie.

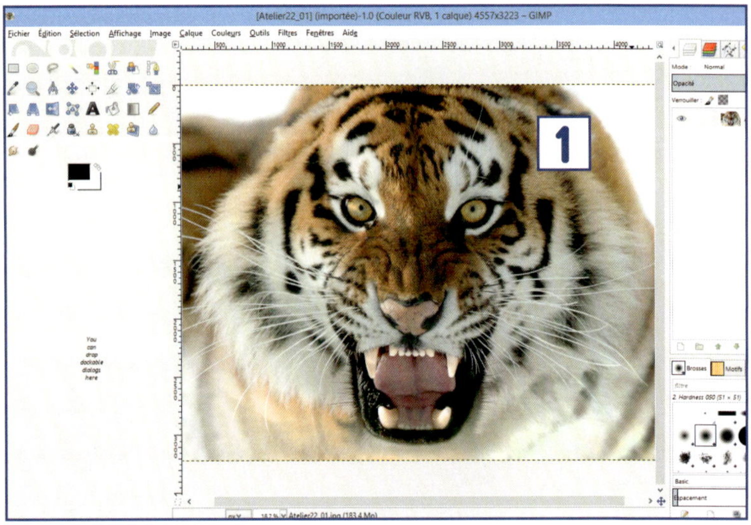

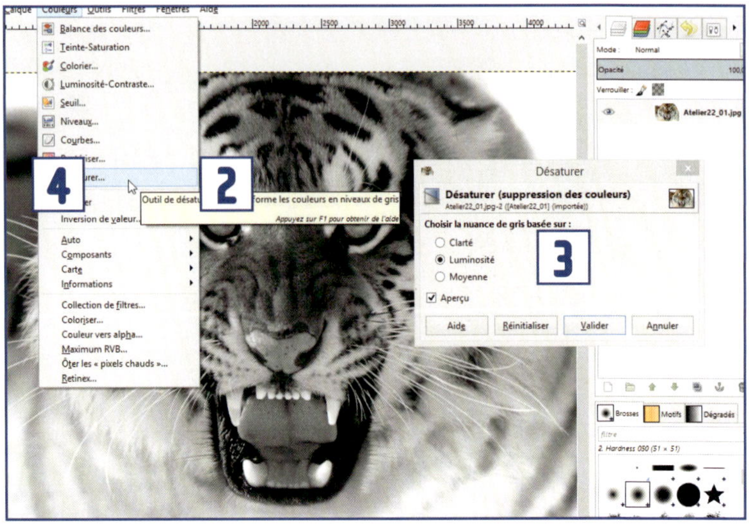

Couleurs → Balance des couleurs

>

atelier

22

L'IDÉAL POUR OBTENIR UNE BELLE PHOTOGRAPHIE EN BICHROMIE est de prendre comme base une photo en noir et blanc. C'est pourquoi nous allons dans cet atelier passer tout d'abord la photographie du tigre en noir et blanc, puis en bichromie en modifiant les couleurs.

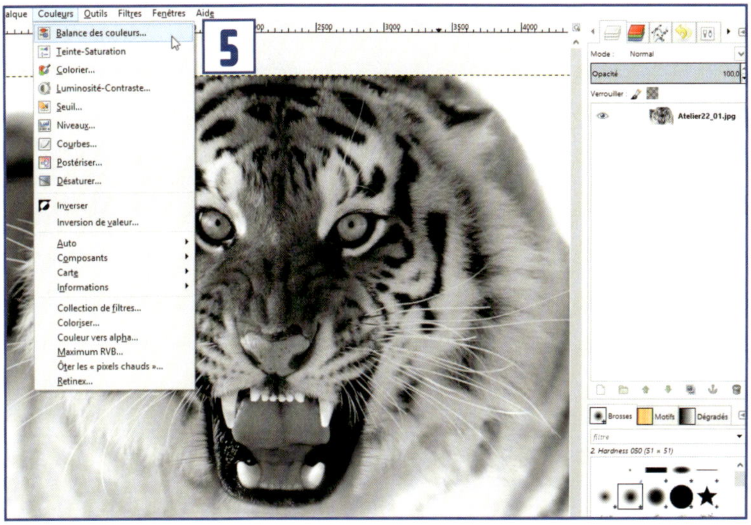

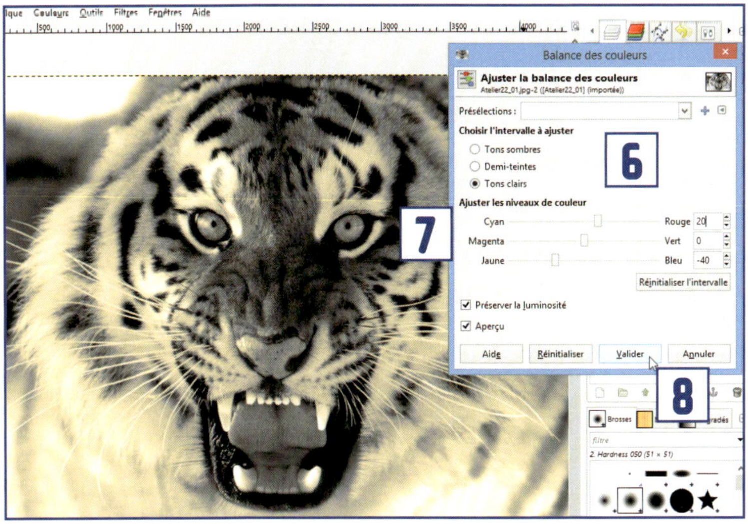

5/ Balance des couleurs

Cliquez sur le menu Couleurs/Balance des couleurs. La fenêtre du même nom s'affiche dans l'interface de GIMP.

6/ Intervalle à ajuster

Commencez par choisir Tons clairs sous Choisir l'intervalle à ajuster. C'est en effet sur ces tons que vous allez travailler.

7/ Niveaux de couleurs

Pour obtenir une bichromie orangée, vous allez ajouter à la photo du jaune et du rouge. Pour cela, saisissez les valeurs 20 pour Rouge, et -40 pour Jaune. La photographie apparaît alors dans une teinte orangée, ce que nous recherchions.

8/ Valider

Validez alors votre travail en cliquant sur le bouton du même nom.

CORRIGER LES IMPERFECTIONS D'UN VISAGE

0h20

Lorsqu'on réalise un portrait, il faut parfois « s'accomoder » de quelques imperfections sur le visage du modèle. Avec GIMP, vous allez pouvoir les corriger, sans pour autant donner au cliché un aspect plastique, comme c'est souvent le cas dans certains magazines de mode.

1/ Ouvrir la photographie

Ouvrez la photographie [Atelier23_01.jpg].

2/ Zoomer

Depuis l'onglet Navigation à droite de l'interface, zoomez sur le bouton situé à côté de l'œil gauche.

3/ Correcteur

Sélectionnez l'outil Correcteur depuis la barre d'outils de GIMP.

4/ Options de l'outil

Dans les options de l'outil, indiquez une taille de 30, cochez l'option Lisser le tracé et choisissez Aligné pour le paramètre Alignement.

5/ Source de la correction

En maintenant la touche Ctrl de votre clavier enfoncée, cliquez sur une zone à proximité de l'œil où la peau est parfaite. Une fois la source sélectionnée, dessinez sur le bouton jusqu'à sa quasi totale disparition.

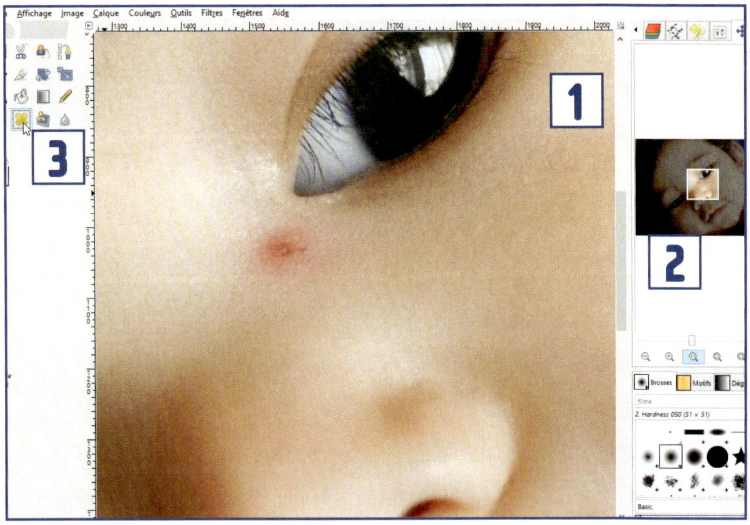

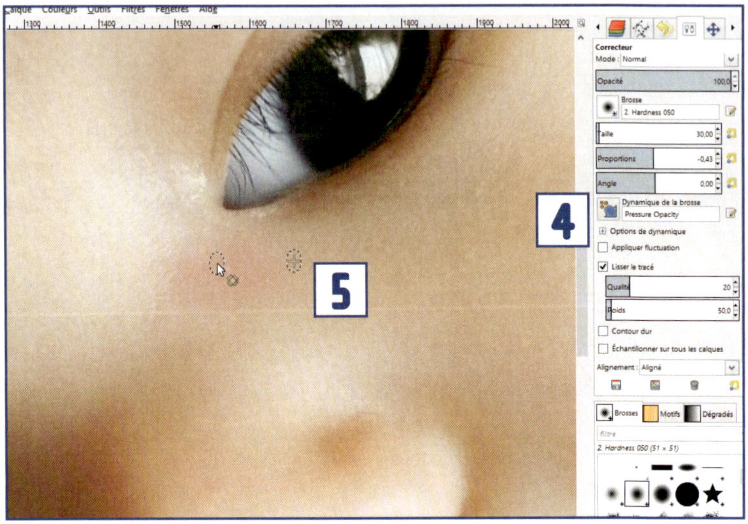

Outil Correcteur

Outil d'éclaircissement

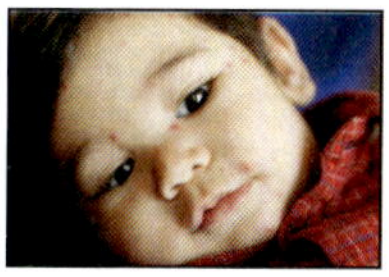
>

atelier **23**

DANS CET ATELIER, vous allez travailler sur le visage d'un enfant que la varicelle n'a malheureusement pas épargné. Vous verrez comment masquer un seul bouton en utilisant différents outils de GIMP. Il s'agira ensuite d'appliquer cette technique sur les autres parties du visage.

6/ Éclaircir

Comme vous pouvez le constater, le bouton a quasiment disparu. Il reste cependant une légère teinte rosée à son emplacement. Vous allez éclaircir cette zone. Pour cela, sélectionnez l'outil Éclaircissement et assombrissement dans la barre d'outils.

7/ Éclaircir (suite)

Dans les options de l'outil, choisissez Éclaircir sous Type, et Tons sombres sous Intervalle.

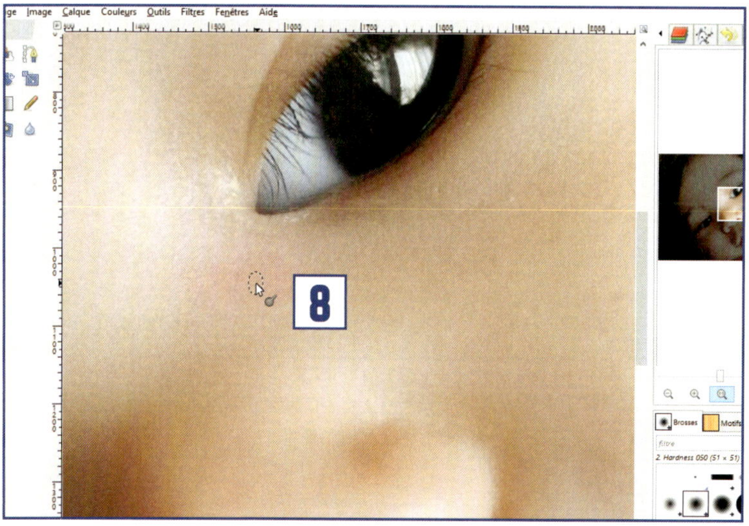

8/ Éclaircir (fin)

Avec votre souris, éclaircissez la zone où le bouton se trouvait, pour que la peau adopte la même teinte sur l'ensemble du visage. Il ne vous reste alors plus qu'à appliquer cette technique sur les autres boutons pour obtenir un résultat parfait. Vous pouvez consulter la photographie [Atelier23_02.jpg] pour voir le résultat obtenu.

3

RÉALISER DES COMPOSITIONS

GIMP ne vous permet pas seulement de retoucher des photographies, il vous offre également la possibilité de créer toutes sortes de documents pour vos loisirs, votre vie associative ou professionnelle.

Dans les ateliers qui suivent vous verrez comment créer différentes sortes de documents utiles au quotidien ainsi que des montages photographiques avancés grâce aux différents outils de GIMP.

Vous réaliserez des compositions uniques et originales à l'aide de plusieurs photographies. Vous verrez également comment y insérer du texte et le manipuler.

INSÉRER ET MANIPULER DU TEXTE

0h25

De nombreuses manipulations de texte sont possibles avec GIMP pour rendre vos compositions uniques. Vous allez voir ici comment adapter votre texte pour donner l'illusion que celui-ci a été rédigé sur un support photographié, ici un parchemin.

1/ Rechercher une police

Pour cette composition, vous aurez besoin d'une police manuscrite en lien direct avec l'esprit du parchemin que vous allez utiliser. Connectez-vous au site www.dafont.com et recherchez la police The King & Queen font qui sera parfaite dans ce rôle.

2/ Télécharger la police

Cliquez sur Télécharger.

3/ Installer la police

Pour installer une police, double-cliquez sur le fichier ZIP téléchargé puis double-cliquez cette fois sur le fichier the_King__26_Queen_font.ttf.

Un aperçu des différents caractères s'affiche. Cliquez sur Installer en haut de cette fenêtre.

4/ Charger la police dans GIMP

Si GIMP est lancé, redémarrez-le afin qu'il puisse charger cette nouvelle police de caractères.

5/ Ouvrir l'image

Ouvrez l'image [Atelier24_01.jpg].

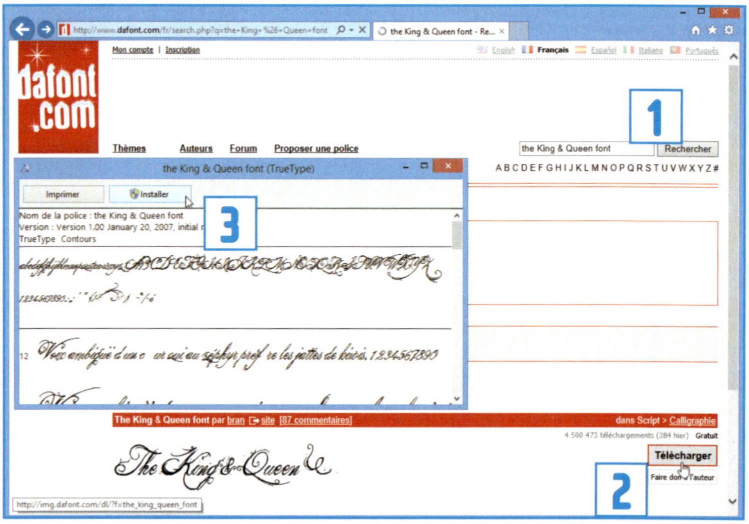

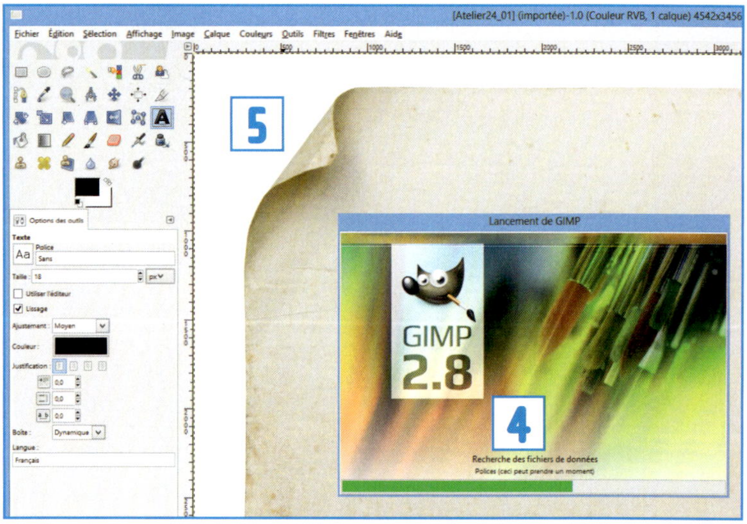

Aa Choisir la police

Affichage en liste

Outil texte → T

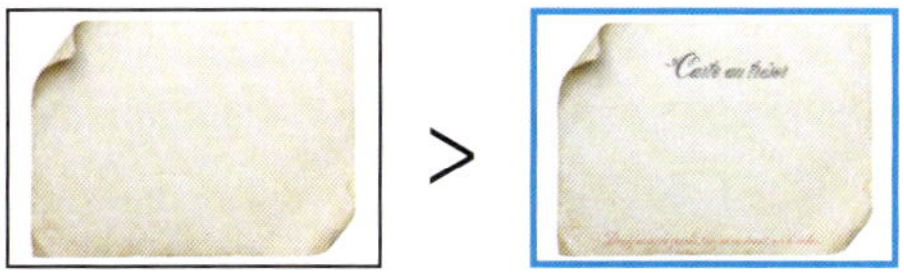

atelier

24

DANS UNE COMPOSITION ORIGINALE la police de caractères que vous choisirez aura une très grande importance sur le résultat final.

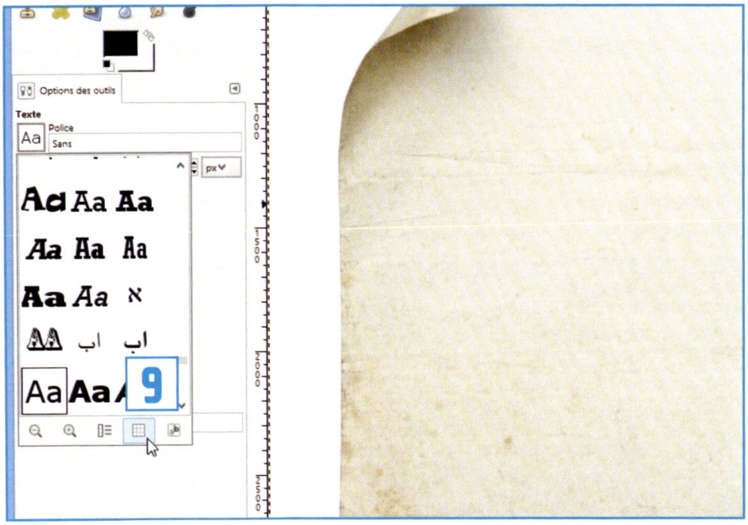

6/ Outil Texte

Cliquez sur l'outil Texte (T) pour le sélectionner.

7/ Trouver une police

Dans la fenêtre Options des outils, cliquez sur Aa pour faire apparaître la fenêtre de sélection de police. Pour trouver celle qui vous intéresse et si vous connaissez son nom, cliquez dans le champ de texte situé en bas puis saisissez les premiers caractères du nom de la police. Ne saisissez pas d'espace si le nom en contient car cela validerait votre saisie. Vous risquez alors de sélectionner une mauvaise police.

8/ Aperçu de la police

Avant de sélectionner la police, vous pouvez voir son aperçu dans une petite vignette à gauche de son nom. Vous avez la possibilité de l'agrandir en cliquant sur 🔍.

9/ Afficher en mode grille

En cliquant sur ▦ vous masquez les noms et n'affichez que les aperçus. Ce mode est idéal si vous ne savez pas quelle police choisir.

LE TEXTE NE SE COMPORTE PAS COMME UNE PHOTOGRAPHIE. Il n'est pas dessiné avec des pixels mais calculé avec une formule mathématique : c'est un objet vectoriel. Cela signifie que quelle que soit votre manipulation, sa forme sera recalculée et le texte restera d'une grande qualité visuelle, avec des lignes bien lisses, sans escalier ni flou.

LES POLICES DE CARACTÈRES sont visibles sur votre ordinateur dans le dossier C:/Windows/Fonts sur PC ou dans le livre des polices sur Mac. Par défaut, vous disposez de plusieurs centaines de polices, certaines venant s'ajouter lorsque vous installez un nouveau logiciel sur votre ordinateur. Attention toutefois à ne pas installer trop de polices car cela peut ralentir le démarrage de votre ordinateur mais aussi le chargement de logiciels tels que GIMP.

10/ Sélectionner la police

Choisissez la police que vous venez d'installer en cliquant sur Aa puis sur ▯☰. Plutôt que de faire défiler la liste de toutes les polices installées sur votre ordinateur, ce qui peut être très long, cliquez dans le champ de texte situé en bas puis saisissez les premiers caractères du nom de la police, the. Comme dit précédemment, ne saisissez pas l'espace qui suit car cela validerait votre saisie et vous risqueriez de sélectionner une mauvaise police. Appuyez sur Entrée pour valider votre choix.

11/ Définir une zone de texte

Avant d'aller plus loin dans le réglage de votre police d'écriture, vous allez saisir un texte. De cette façon, vous pourrez visualiser les modifications apportées en temps réel. Pour cela, cliquez près du coin supérieur gauche de l'image et, tout en maintenant le bouton de la souris enfoncé, déplacez votre pointeur vers la droite pour définir une zone de titre assez grande et centrée en haut de la page. Vous pouvez ensuite relâcher le bouton. Vous avez ainsi défini la zone de texte de votre image.

Options des outils

Options des outils → **Texte**

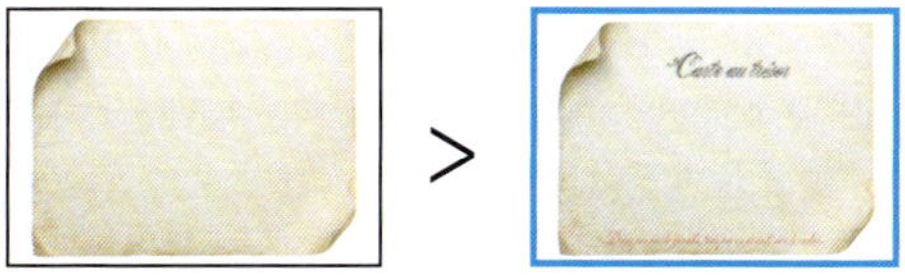

atelier 24

DES POLICES GRATUITES sont disponibles en grand nombre sur le site www.dafont.com mais aussi sur www.google.com/webfonts.

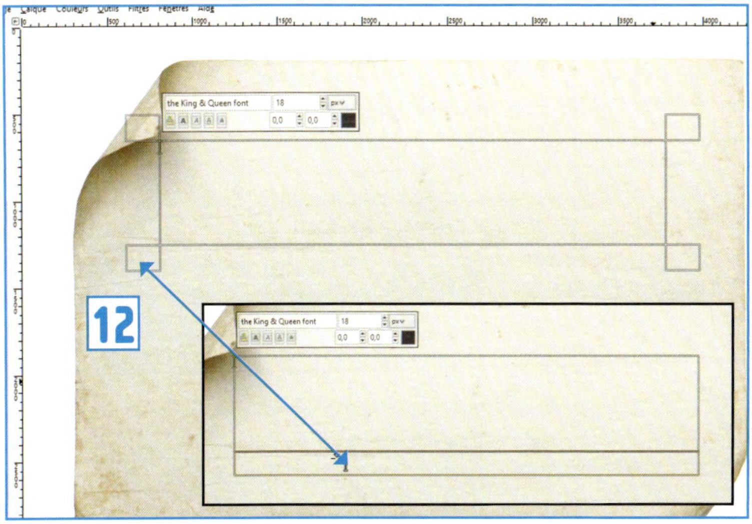

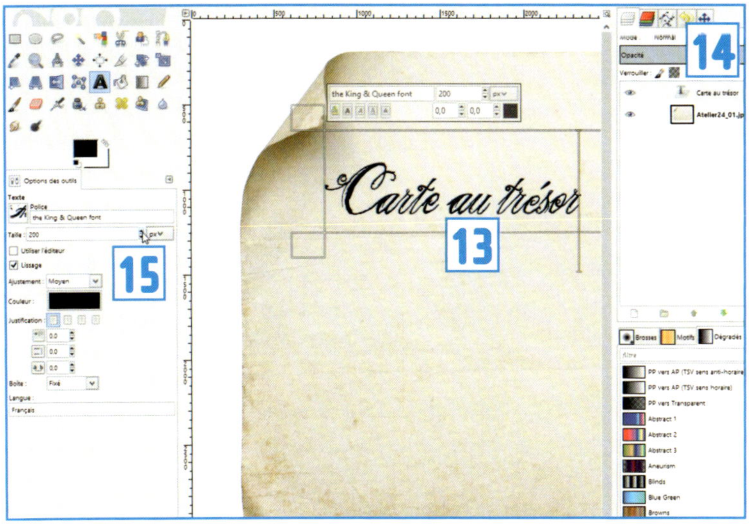

12/ Déplacer la zone de texte

Si vous souhaitez modifier la zone de texte, il vous suffit de cliquer dans un des carrés situés à un angle de la zone pour ensuite le tirer dans la direction souhaitée.
Vous pouvez également placer votre pointeur de souris au-dessus, en dessous, à gauche ou à droite de la zone pour faire apparaître d'autres zones cliquables vous permettant d'étirer ou de réduire la zone de texte verticalement et horizontalement.

13/ Saisir un texte

Cliquez dans la zone de texte et saisissez le titre de votre composition : Carte au trésor.

14/ Nom du calque

Vous pouvez remarquer que le calque de texte prend ce nom dans la fenêtre Calques.

15/ Ajuster la taille de la police

Pour l'instant, le texte est très petit et donc illisible. Pour augmenter sa taille, rendez-vous dans la fenêtre Options des outils et à droite de Taille, indiquez 200 px. Vous pouvez saisir directement la valeur en cliquant dans le champ. Ou bien cliquez sur ▲ pour augmenter la valeur.

CHANGEZ DE POLICE si vous n'êtes pas convaincu par votre choix. Vous ne perdrez aucun des réglages effectués sur votre texte. Seule la police changera. De la même façon, vous pouvez modifier la taille et les autres paramètres de la fenêtre Options des outils à tout moment.

LES CALQUES DE TEXTE sont symbolisés par mais vous pouvez toutefois manipuler ces calques comme n'importe quel autre calque. Ils vous proposent simplement des options supplémentaires liées au texte.

16/ Centrer le texte

Dans la fenêtre Options des outils, à côté de Justification, cliquez sur pour centrer le texte.

permet d'aligner le texte à gauche. C'est ce qui est appliqué par défaut lors de la création d'un nouveau calque de texte.

permet d'aligner le texte à droite.

permet de justifier le texte afin de remplir le cadre de texte, la dernière ligne d'un paragraphe étant toujours alignée à gauche.

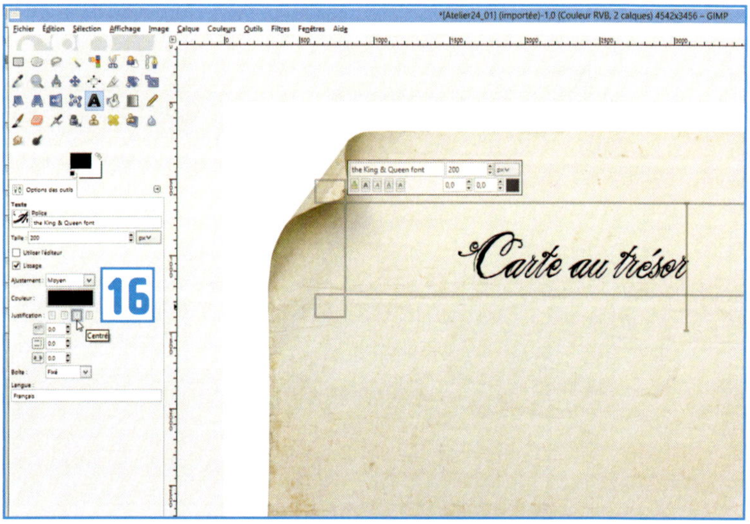

17/ Ajouter une boîte dynamique

Vous serez parfois amené à saisir du texte sans pour autant en connaître la quantité. La boîte de texte dynamique va vous permettre de définir un point de départ pour votre texte et elle s'ajustera en fonction de son contenu. Vous pouvez changer à tout moment le type de boîte en fonction de vos besoins via le menu déroulant Boîte de la fenêtre Options des outils.

Pour ajouter une boîte dynamique, effectuez un simple clic avec le bouton gauche de la souris en bas de la page, à l'endroit où débutera votre texte.

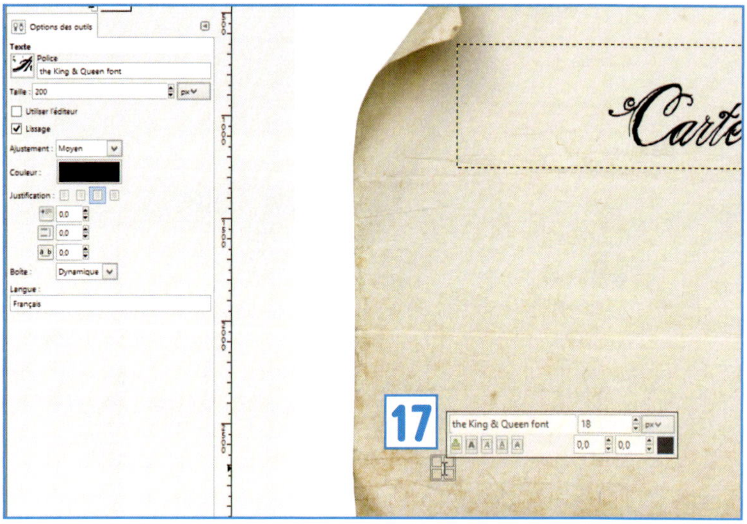

Options des outils
Outil Texte

>

atelier
24

L'UNITÉ DE MESURE STANDARD UTILISÉE POUR LES POLICES est le pixel dans la plupart des logiciels, qu'il s'agisse d'un éditeur de texte ou même sur Internet.

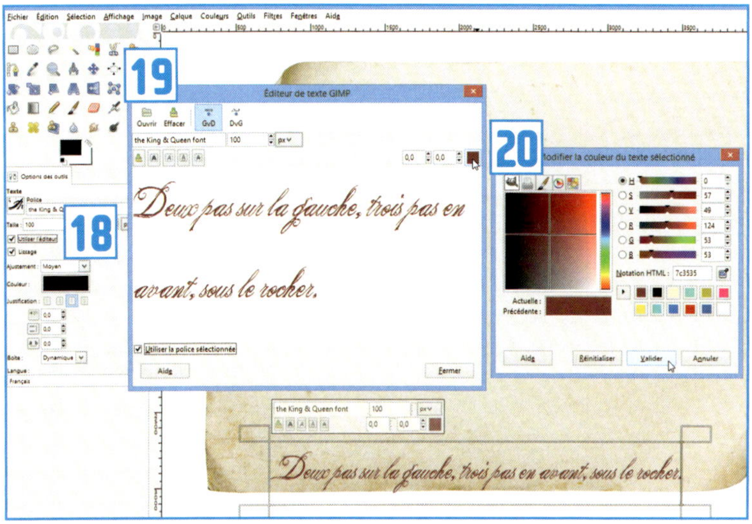

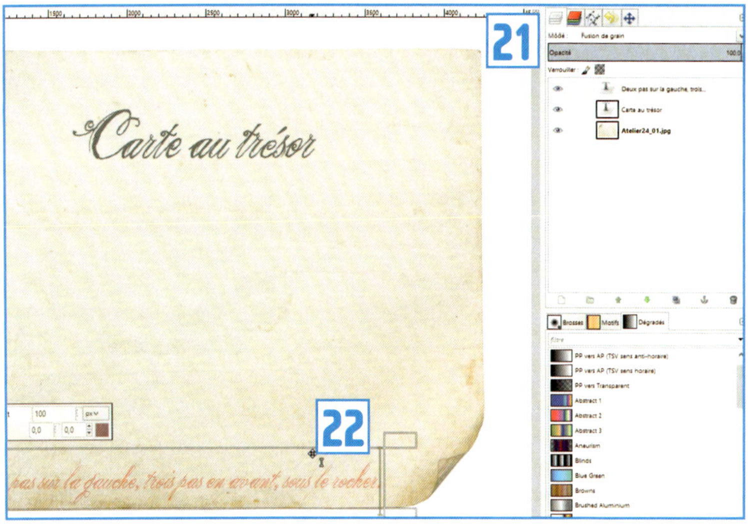

18/ Utiliser l'éditeur de texte

Pour utiliser l'éditeur dans une boîte dynamique, vous devez tout d'abord saisir au moins un caractère. Saisissez un caractère et cochez la case Utiliser l'éditeur de la fenêtre Options des outils.

19/ Importer du texte

Vous pouvez saisir le texte de votre choix dans la fenêtre de l'éditeur. Ou bien cliquez sur Ouvrir et sélectionnez le fichier texte.txt.

20/ Changer la couleur du texte

Sélectionnez le texte et cliquez sur le rectangle de couleur, soit de l'éditeur, soit à droite de Couleur dans la fenêtre Options des outils. Et à côté de Notation HTML, saisissez le code couleur 7c3535 puis cliquez sur Valider. Choisissez une taille de 100.

21/ Changer le mode de calque

Dans la fenêtre Calques, dans le menu déroulant Mode, choisissez Fusion de grain pour les deux calques de texte.

22/ Déplacer les zones de texte

Placez le pointeur dans une zone de texte, appuyez sur Alt. Le pointeur change. Vous pouvez alors déplacer la zone.

DÉTOURER UN OBJET À L'AIDE DES CHEMINS

1h00

L'outil Chemins permet d'effectuer un tracé vectoriel. L'avantage de ce type de tracé est que vous pouvez revenir sur n'importe quel point afin de le modifier pour l'améliorer ou le corriger.

1/ Ouvrir la photographie

Ouvrez la photographie [Atelier25 _01.jpg]. Vous allez détourer ce stylo-plume antique pour l'insérer sur l'image du parchemin créée précédemment.

2/ Outil de zoom

Avant de débuter le tracé, vous allez positionner l'espace de travail à son point de départ qui sera l'extrémité de la plume. Sélectionnez l'outil de Zoom (Z).

3/ Zoomer

Vous pouvez cliquer sur la pointe de la plume pour zoomer d'un niveau.

4/ Agrandir une zone

Il existe une technique plus rapide pour zoomer à un endroit précis. Toujours avec l'outil de Zoom, cliquez un peu au-dessus de la pointe de la plume et tout en maintenant le bouton de la souris enfoncé, délimitez un rectangle jusqu'au début du manche. Le zoom sera donc effectué pour que la zone ainsi délimitée occupe tout l'espace.

5/ Outil chemins

Sélectionnez l'outil Chemins (B).

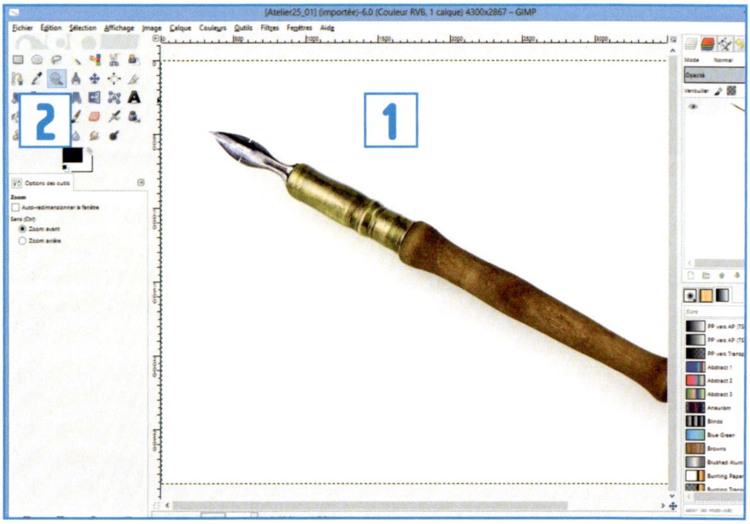

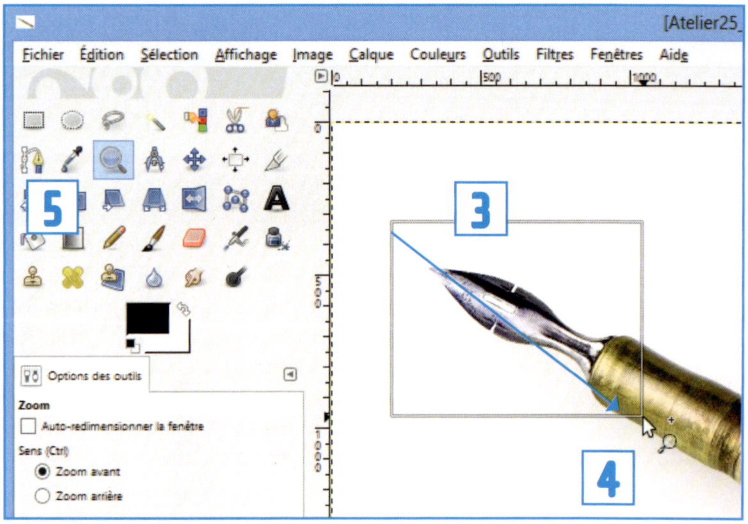

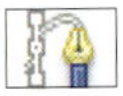 Outil Chemins (B)

 Outil de Zoom (Z)

 > 

atelier **25**

CE QU'ON APPELLE CHEMINS dans GIMP, ce sont en réalité des courbes de Bézier. Derrière ce nom se cache un outil que vous apprendrez à maîtriser et qui vous permettra de tracer des formes complexes avec précision et simplicité.

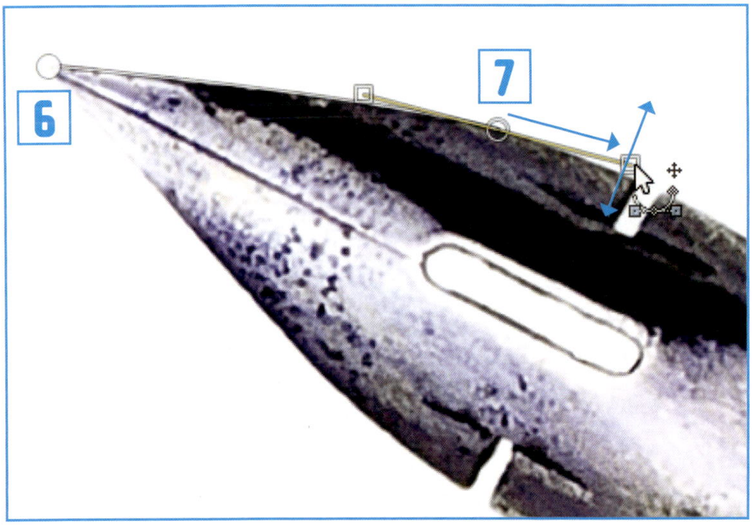

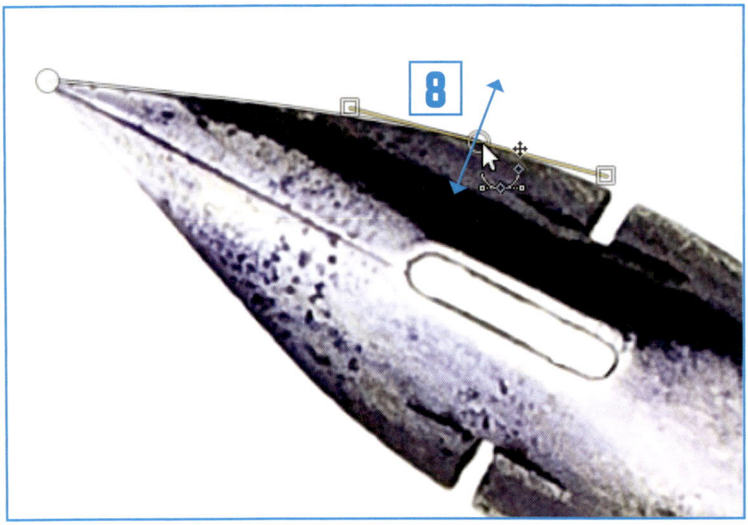

6/ Placer un premier point

Cliquez sur la pointe de la plume, sans bouger la souris pendant le clic. Vous placez ainsi un simple point, ce qui signifie qu'à ce niveau du tracé, il n'y aura pas de courbure. C'est donc la solution idéale pour une pointe.

7/ Tracer une courbe

Placez un second point au milieu de la courbure de la plume et, tout en maintenant le bouton de la souris enfoncé, déplacez-la. Vous pouvez voir une courbe se tracer ainsi qu'une tangente à cette courbe. Lorsque vous déplacez le pointeur de votre souris, vous pouvez modifier l'inclinaison de la tangente mais aussi sa longueur, ce qui va modifier la courbe. Faites en sorte d'épouser au mieux la forme de la plume et relâchez la souris lorsque c'est le cas.

8/ Déplacer un point

Vous pouvez déplacer un point de votre tracé pour ajuster au mieux la courbe en cliquant dessus et en le déplaçant. Pour cela, cliquez dans son cercle et déplacez-le.

LES CHEMINS peuvent avoir deux utilités. Dans cet atelier vous utilisez un chemin pour tracer une sélection mais vous verrez également qu'il est possible de vous en servir pour tracer un objet que vous utiliserez dans vos images.

SI VOUS SOUHAITEZ DÉTOURER UNE FORME GÉOMÉTRIQUE sans courbe, cochez Polygonal dans la fenêtre Options des outils. Ainsi vous ne pourrez placer que des points et aucune courbe ne sera tracée.

9/ Tracer un angle

Cliquez sans bouger la souris, comme vous l'avez fait pour la pointe, afin de suivre le petit cran de la plume. Pour que votre détourage soit réussi, votre chemin doit se trouver de préférence à un ou deux pixels à l'intérieur de la forme plutôt qu'à l'extérieur.

10/ Modifier la tangente

Vous pouvez casser la tangente en deux parties au niveau du point, si par exemple la courbe change d'orientation comme c'est le cas ici avant d'arriver au cran.
Cliquez sur le point précédent pour afficher de nouveau sa tangente et cliquez sur le carré présent sur son extrémité droite. Déplacez ce carré vers la gauche puis vers le bas afin d'ajuster la partie droite de la courbe, qui vient alors épouser parfaitement le contour de la plume.

11/ Reprendre le tracé

Cliquez sur le dernier point de votre tracé puis placez le point suivant pour continuer à détourer la forme.
Continuez ainsi jusqu'à votre point de départ.

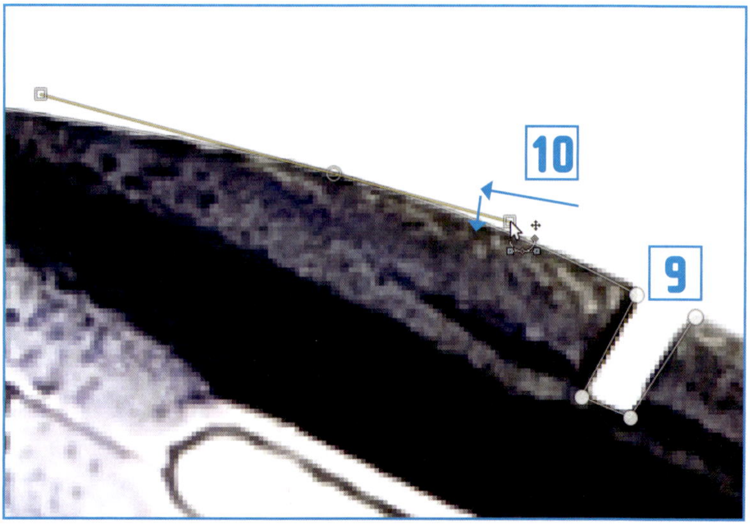

Options des outils → **Modifier**

atelier 25

UTILISEZ LE ZOOM pour travailler avec précision et suivre le contour de l'objet que vous souhaitez détourer à la perfection.

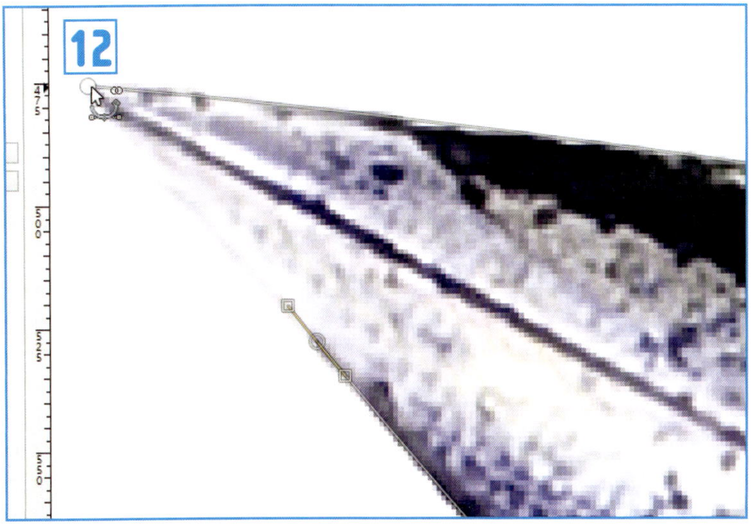

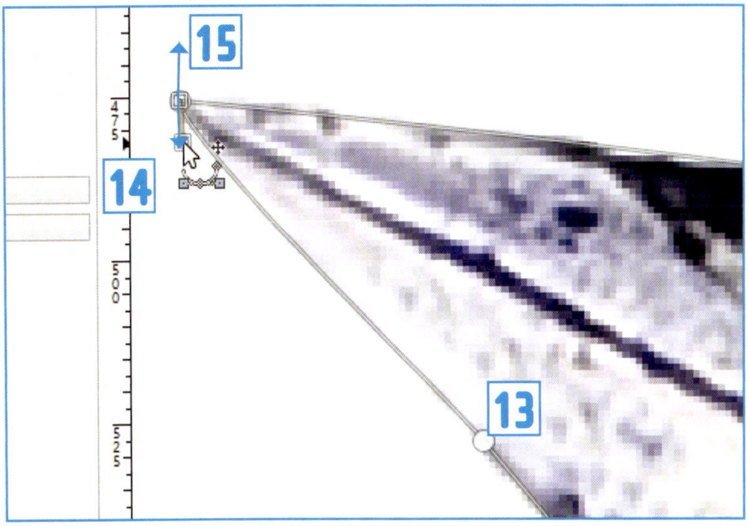

12/ Fermer le tracé

Une fois arrivé au dernier point et pour terminer votre tracé, vous devez le refermer. Pour cela, maintenez enfoncée la touche Ctrl et cliquez sur le premier point du tracé.

13/ Modifier un point

Sélectionnez un point de votre chemin que vous souhaitez repositionner. Vous pouvez utiliser les touches fléchées de votre clavier pour déplacer le point pixel par pixel.

14/ Modifier un point (suite)

Si vous avez placé un point sans courbe, c'est-à-dire si les extrémités de la tangente se trouvent exactement au même niveau que ledit point, vous pouvez à tout moment le transformer. Pour cela, cliquez sur le carré présent au niveau du point en maintenant la touche Ctrl appuyée puis déplacez-le.

15/ Modifier un point (suite)

Faites de même avec l'autre carré et cette fois-ci, maintenez la touche Maj enfoncée tandis que vous cliquez. Les deux parties de la courbe vont ainsi s'aligner.

UN NOMBRE DE POINTS IMPORTANT n'est pas toujours nécessaire. Jouez avec les courbures des lignes pour bien épouser la forme et éviter les effets escalier disgracieux.

N'OUBLIEZ PAS l'intérieur des objets qui comportent parfois des trous, comme ici le trou au milieu de la plume. Sinon une fois l'objet inséré dans votre image, le trucage se verra immédiatement.

16/ Supprimer un point

Pour supprimer un point du tracé, placez le pointeur dessus. Appuyez sur Ctrl+Maj et cliquez en même temps sur le point. Il est supprimé et les points suivant et précédent sont reliés automatiquement.

17/ Afficher les chemins

Vous pouvez voir les chemins que vous avez tracés dans la fenêtre Chemins qui se trouve à côté de la fenêtre Calques.

18/ Sélection depuis le chemin

Dans la fenêtre Options des outils, cliquez sur Sélection depuis le chemin. Vous pouvez voir la sélection se faire en suivant le chemin que vous venez de tracer.

19/ Ouvrir le parchemin

Cliquez sur Fichier/Ouvrir et choisissez le montage réalisé dans l'atelier précédent. Vous pouvez ouvrir l'image [Atelier24_02.jpg], elle s'affiche dans un nouvel onglet. Cliquez sur l'onglet du stylo-plume pour y revenir.

20/ Découper l'objet sélectionné

Appuyez sur les touches Ctrl+C de votre clavier pour copier l'objet détouré.

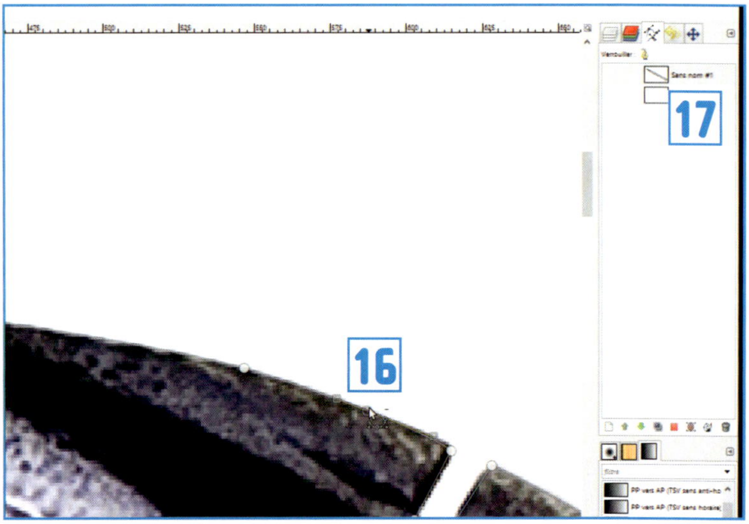

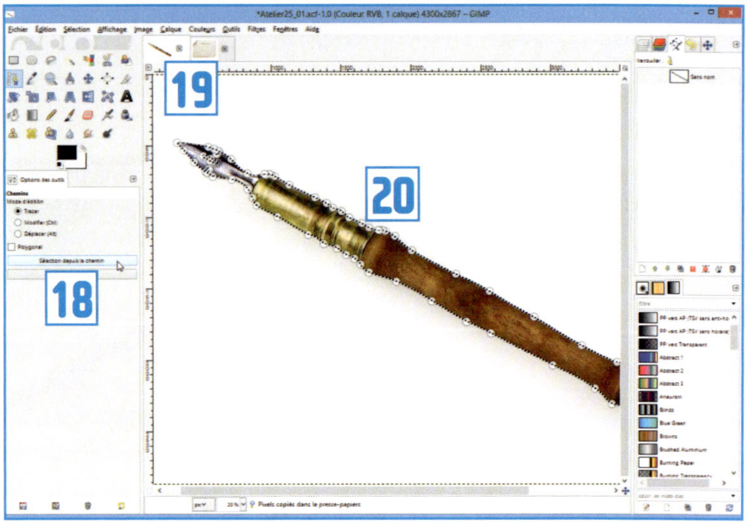

Outil de Déplacement

Outil de Mise à l'échelle

>

atelier 25

POUR SIMPLIFIER VOTRE TRACÉ placez les points de vos courbes au milieu des courbes de votre objet. Par exemple pour un U, placez votre point au milieu en bas pour tracer la courbure en un seul point, elle sera ainsi plus fluide.

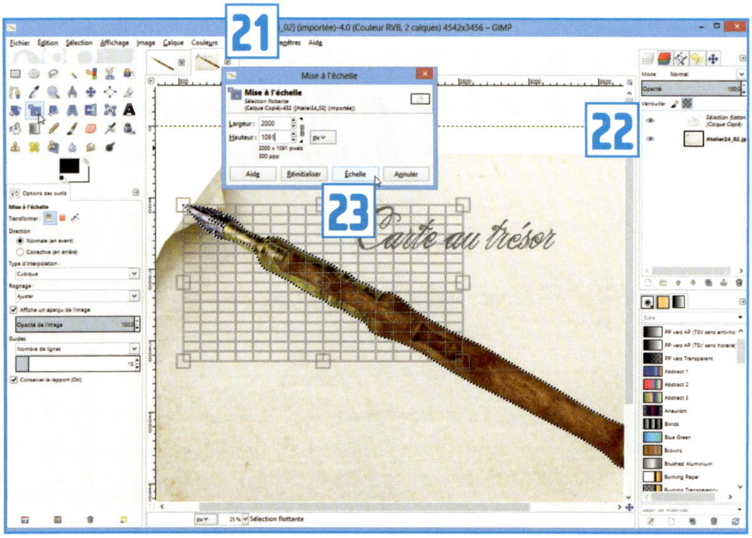

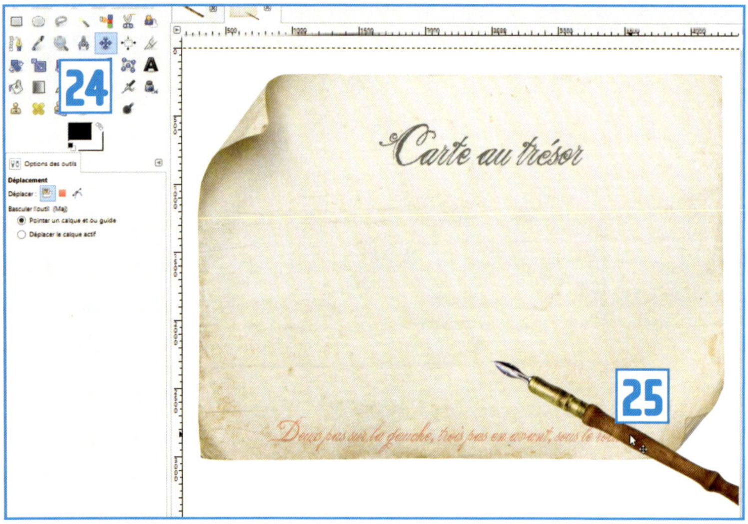

21/ Dans le parchemin

Revenez sur l'image du parchemin en cliquant sur son onglet.

22/ Coller l'objet détouré

Appuyez sur les touches Ctrl+V de votre clavier pour coller le stylo-plume sur votre parchemin. Celui-ci vient alors s'ajouter dans un nouveau calque, au-dessus du parchemin.

23/ Réduire la taille

Le stylo-plume est trop grand. Pour le réduire, sélectionnez l'outil de Mise à l'échelle (Maj+T). Dans la fenêtre qui s'ouvre, cliquez sur pour conserver les proportions et diminuez la largeur à 2000 px puis cliquez sur Échelle.

24/ Outil de déplacement

Sélectionnez l'outil de Déplacement (M).

25/ Positionner le stylo-plume

Déplacez le stylo-plume en bas à droite de l'image. Vous pouvez voir le résultat dans l'image [Atelier25_02.jpg].

DÉTOURER DES CHEVEUX

0h35

Certaines formes ne peuvent pas être détourées avec l'outil Chemins car elles sont trop complexes. C'est le cas des cheveux qui nécessitent donc un traitement particulier. Plusieurs techniques existent, en voici une très efficace.

1/ Ouvrir la photographie

Ouvrez la photographie [Atelier38_01.jpg]. Une femme se promène dans la rue. Vous allez la détourer pour l'intégrer à une autre scène, sans abîmer ses cheveux !

2/ Dupliquer le calque

Cliquez sur Calques/Dupliquer le calque afin de créer une copie de l'image. Vous allez créer une sorte de pochoir avec cette seconde image qui va venir masquer toute la scène à l'exception du personnage central.

3/ Régler les niveaux

Pour préparer ce pochoir, vous devez obtenir une image bicolore avec une zone blanche pour le personnage et le reste en noir pour ne pas le prendre en compte. Pour cela, commencez par vous rendre dans le menu Couleur/Niveaux.

4/ Ajuster le point blanc

Déplacez le curseur blanc afin de faire ressortir au mieux le personnage et de faire disparaître le fond en surexposant l'image. Attention à ne pas faire disparaître ses cheveux ! Ici un réglage de 180 est idéal. Cliquez sur Valider.

Dupliquer le calque

Calque → **Dupliquer le calque**

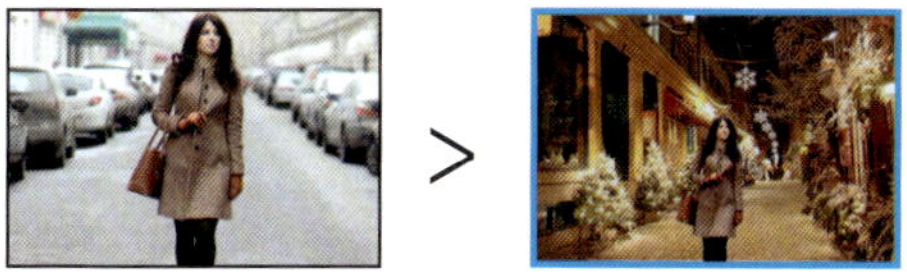

atelier **26**

CETTE TECHNIQUE EST PARTICULIÈREMENT EFFICACE sur un fond relativement uni, sans trop de détails. S'il y a trop de couleurs différentes, le personnage et notamment ses cheveux ne ressortiront pas assez lors de la création du masque, qui n'aura donc pas l'effet escompté.

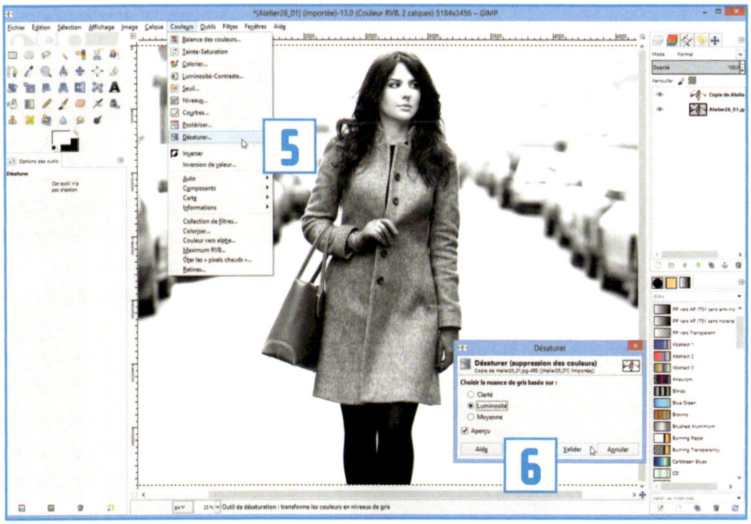

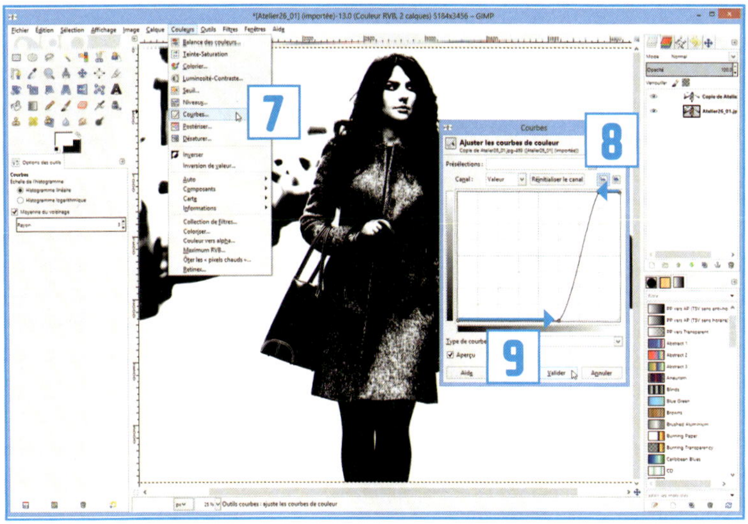

5/ Passer l'image en noir et blanc

Passez à présent l'image en noir et blanc en cliquant sur Couleurs/Désaturer.

6/ Régler la nuance de gris

Dans la fenêtre Désaturer, choisissez Luminosité afin d'obtenir un contraste plus important et cliquez sur Valider.

7/ Courbes de couleur

Rendez-vous dans le menu Couleurs/Courbes.

8/ Accentuer le contraste

Déplacez vers la gauche le point situé en haut à droite en direction de l'avant-dernier trait, cela en restant sur la ligne la plus haute.

9/ Accentuer le contraste (suite)

Déplacez ensuite le point situé en bas à gauche au niveau du troisième trait en partant de la gauche, en bas.
Ainsi l'image qui se composait de niveaux de gris n'est presque plus composée que de noir et de blanc. Votre pochoir commence à prendre forme. Cliquez sur Valider.

LES RÉGLAGES PEUVENT DIFFÉRER d'une image à une autre. N'hésitez pas à jouer sur les curseurs de réglage pour obtenir un résultat optimal sur d'autres photographies.

FAITES AU MIEUX en vous focalisant sur les cheveux car il s'agit de la partie la plus complexe à détourer. Pour le reste du corps, vous pourrez toujours faire des ajustements par la suite, cela sera plus aisé.

10/ Inverser les couleurs

Cliquez sur Couleurs/Inverser afin que votre personnage soit blanc et que le fond soit majoritairement noir.

11/ Choisir la couleur noire

Choisissez le noir comme couleur de premier plan (dans le rectangle en haut à gauche).

12/ Sélectionner l'outil Pinceau

Appuyez sur P pour sélectionner l'outil Pinceau qui va vous servir à peindre toutes les zones que vous ne souhaitez pas conserver en noir. C'est-à-dire tout sauf votre personnage.

13/ Choisir une brosse pleine

Pour vous faciliter la tâche, prenez par exemple la brosse 2. Hardness 100 qui a une forme ronde, simple et sans dégradé.

14/ Augmenter la taille

Pour les grandes zones du fond de l'image, utilisez une taille de 500.

15/ Peindre le fond de l'image

Peignez à présent toutes les zones du fond de l'image pour les couvrir de noir.

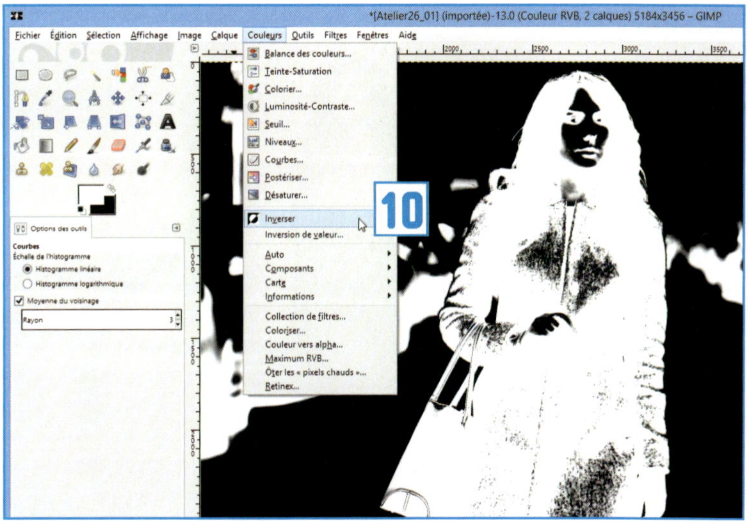

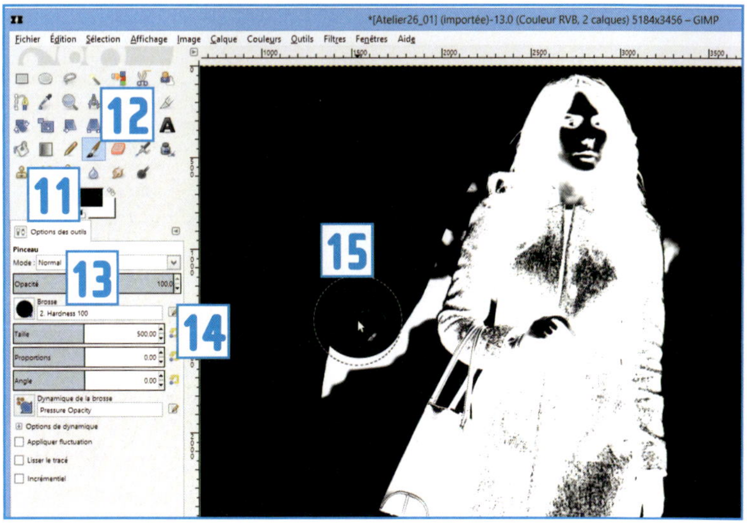

Outil Pinceau (P)

>

atelier 26

DÉTOURER PARFAITEMENT UN OBJET OU UNE PERSONNE NE SUFFIT PAS, vous devez prendre également en considération, entre autres choses, la teinte et l'échelle de la photographie de destination. L'éclairage et la distance des prises de vue sont rarement similaires ! Par exemple ici, la photographie de départ est une scène de jour, alors que celle d'arrivée est une scène de nuit.

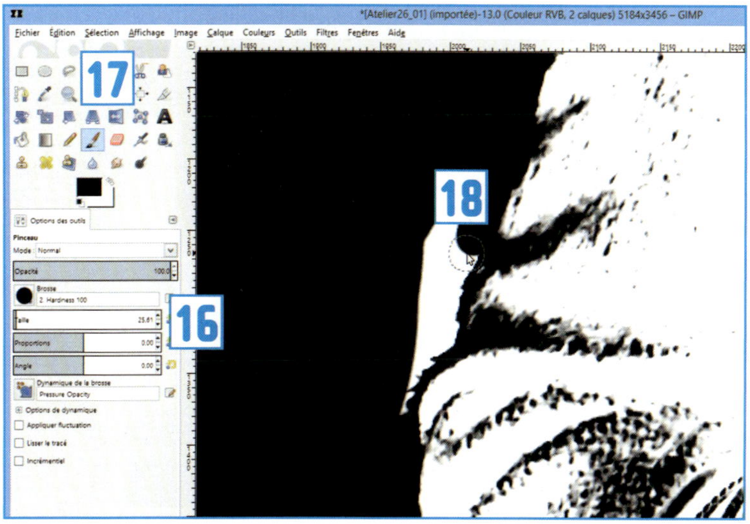

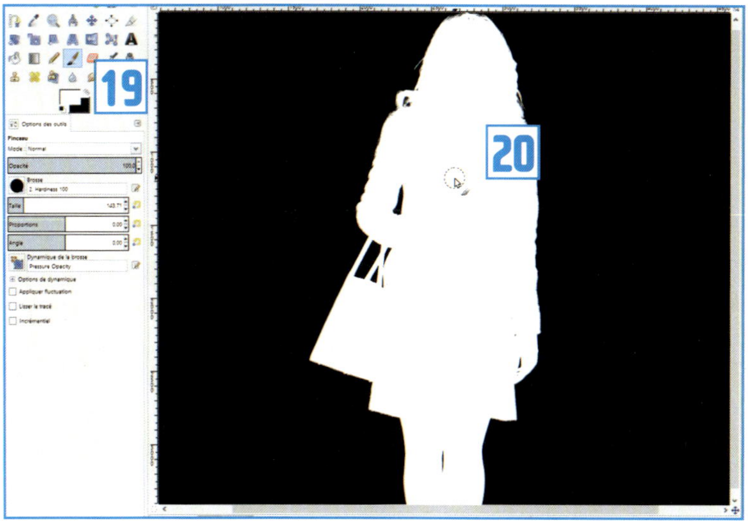

16/ Diminuer la taille du pinceau

Pour les zones proches du corps, diminuez la taille du pinceau afin de ne surtout pas noircir la forme à détourer.

17/ Zoomer sur les zones

N'hésitez pas à zoomer sur les dernières petites zones à noircir.

18/ Terminer la zone noire

Avec le zoom et le pinceau, finissez de recouvrir de noir les zones proches du corps. N'oubliez pas la zone située sous le bras. Cela fait, vous pouvez voir que des zones noires sont présentes dans le corps, or selon le principe du pochoir, ces zones sont perdues : il faut à présent recouvrir d'un blanc uniforme les zones à conserver.

19/ Choisir la couleur blanche

Si vous avez du blanc en couleur secondaire, cliquez sur pour permuter les couleurs.

20/ Peindre en blanc

Peignez à présent en blanc cette femme que vous souhaitez détourer. Il ne doit plus rester de points noirs ni de taches.

LORSQUE VOUS AJOUTEZ UN OBJET DANS UNE NOUVELLE IMAGE prenez garde aux proportions. Dans le cas présent vous pouvez ajuster la taille de cette femme par rapport aux portes que vous pouvez voir sur les côtés de la route.

ICI NOTRE PERSONNAGE SE DIRIGE DANS LE BON SENS. Mais si ce n'était pas le cas, vous pourriez utiliser le menu Calques/Transformer/Miroir horizontal pour changer sa direction.

21/ Copier le pochoir

Cliquez sur Édition/Copier afin de copier le contenu de ce calque.

22/ Ajouter un masque

Cliquez sur l'image de départ dans la fenêtre Calques avec le bouton droit de votre souris et choisissez Ajouter un masque de calque.

23/ Paramétrer le masque

Laissez le choix Blanc par défaut et cliquez sur Ajouter.

24/ Coller le pochoir

Vous pouvez à présent coller votre calque. Pour cela appuyez sur Ctrl+V. Une sélection flottante apparaît dans la liste des calques.

25/ Ancrer la sélection flottante

Cliquez avec le bouton droit sur la sélection flottante et choisissez Ancrer le calque. Votre sélection vient s'appliquer en tant que masque sur votre photographie.

26/ Masquer le calque

Vous pouvez à présent masquer le calque de travail en cliquant sur 👁 pour voir le résultat du détourage.

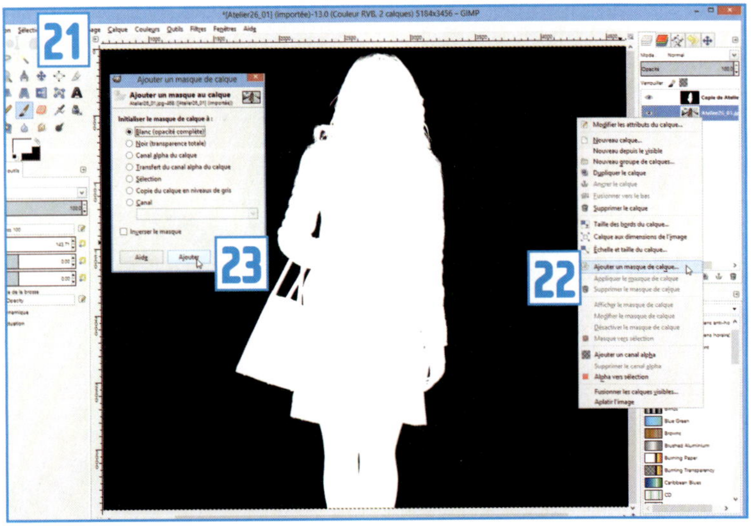

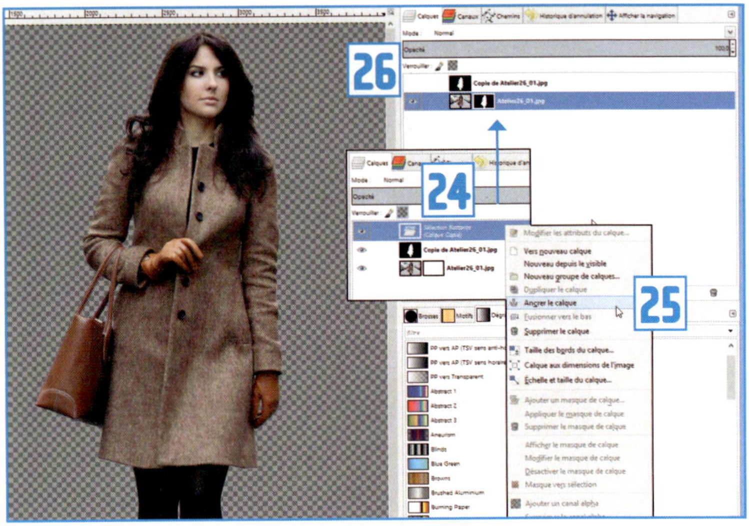

Édition → **Copier visible**

atelier 26

POUR VOUS EXERCER vous pouvez par exemple ajouter des passants dans cette rue déserte !

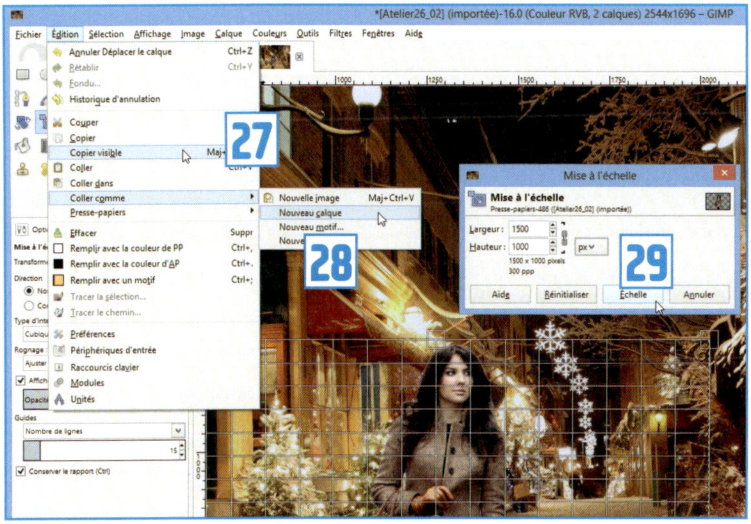

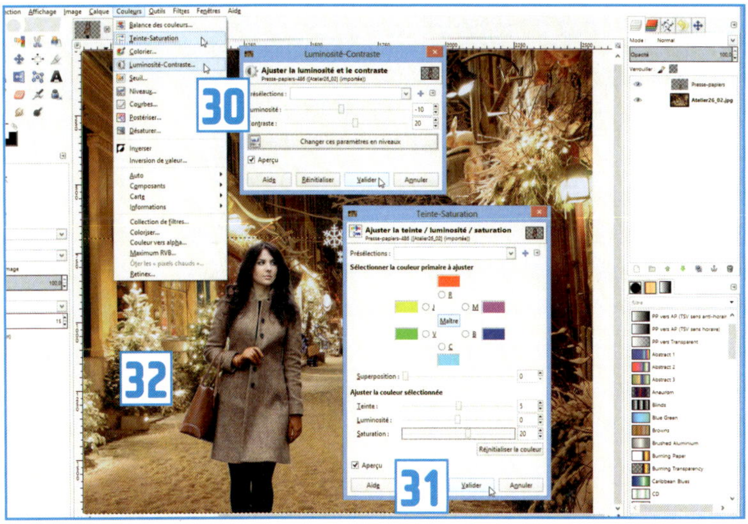

27/ Copier visible

Rendez-vous dans le menu Édition/Copier visible pour ne sélectionner que la femme détourée.

28/ Coller dans une image

Ouvrez l'image [Atelier26_02.jpg] et cliquez sur Édition/Coller comme/Nouveau calque.

29/ Mettre à l'échelle

Utilisez l'outil Mise à l'échelle pour réduire la taille de la femme. Un réglage situé entre 1500 et 2000 px de large semble adéquat, en fonction de l'emplacement souhaité.

30/ Luminosité et contraste

Cliquez sur Couleurs/Luminosité-Contraste. Diminuez la luminosité à -10 et augmentez le contraste à 20. Cliquez sur Valider.

31/ Teinte et saturation

Augmentez la saturation à 19 et augmentez la teinte à 5. Cliquez sur Valider.

32/ Résultat

Vous pouvez voir le résultat dans le fichier [Atelier26_3.jpg].

RÉALISER UN FAIRE-PART DE NAISSANCE

0h35

Faire-part de naissance, faire-part de mariage, invitation à un anniversaire... Laissez libre cours à votre imagination pour mettre en scène vos photos.

1/ Ouvrir l'image

Ouvrez l'image [Atelier27_01.jpg]. Cette petite composition vous permettra d'insérer une photographie du bébé dans le cadre. Vous verrez également comment y ajouter du texte pour les présentations d'usage !

2/ Ouvrir la photographie

Cliquez sur Fichier/Ouvrir en tant que calques et choisissez la photographie [Atelier27_02.jpg]. Elle vient s'insérer au-dessus de votre image.

3/ Déplacer le calque

Déplacez le calque Atelier27_02.jpg en dessous du calque Atelier27_01.jpg. Pour cela, rendez-vous dans la fenêtre Calques et glissez-déposez le calque. La photographie est masquée. Le but est à présent de la faire apparaître dans la zone blanche de l'image.

4/ Ajouter un canal alpha

Vous devez ajouter un canal alpha au calque Atelier27_01.jpg pour remplacer la zone blanche par une zone transparente. Cliquez avec le bouton droit sur le calque dans la fenêtre Calques et choisissez Ajouter un canal alpha.

 Outil de Sélection contiguë

Fichier → Ouvrir en tant que calques

>

atelier

27

PRÉPAREZ VOTRE FICHIER À L'AVANCE afin qu'il ne vous reste plus que la photographie à insérer dans votre faire-part ainsi que le poids, la taille et la date de naissance du nourrisson à saisir ! Conservez-le au format XCF afin de pouvoir éditer chaque élément sans souci.

5/ Régler la sélection contiguë

Prenez l'outil de Sélection contiguë (U) et dans Options des outils, vérifiez que le mode est bien fixé sur ■. Cochez Lissage et indiquez un seuil relativement bas car une plage de couleurs réduite doit être sélectionnée. Une valeur de 9 sera suffisante, notamment pour passer la zone de pixels entre le cœur et la trompe de l'éléphant qui n'est pas tout à fait blanche.

6/ Sélectionner la zone blanche

Cliquez dans la zone blanche avec le bouton gauche de votre souris. Vous pouvez voir la sélection suivre le bord de la zone blanche au complet.

7/ Supprimer la zone blanche

Appuyez sur Suppr ou bien sélectionnez Édition/Effacer pour supprimer la zone blanche que vous venez de sélectionner. Grâce au canal alpha ajouté précédemment, la zone effacée devient transparente et laisse apparaître la photographie.

8/ Annuler la sélection

Dans le menu Sélection, choisissez Aucune pour annuler la sélection devenue inutile.

LORSQUE VOUS REDIMENSIONNEZ un élément d'une composition, il est généralement nécessaire de ne pas le déformer. Pour cela, lorsque vous effectuez un redimensionnement sans indiquer de mesure précise, maintenez la touche Ctrl de votre clavier enfoncée. Ainsi votre sélection conservera ses proportions.

VOUS POUVEZ DÉPLACER L'AXE DE ROTATION d'un objet, symbolisé par un cercle qui se place par défaut au centre de la grille de rotation. Pour cela, cliquez dessus et déplacez-le par glisser-déposer.

9/ Outil de sélection contiguë

Actuellement, les ombres sont pleines. Pour obtenir un effet plus réaliste laissant transparaître le bébé, sélectionnez celles qui se trouvent au-dessus de la photographie avec l'outil de Sélection contiguë (U). Vous pouvez laisser les réglages utilisés précédemment en augmentant simplement le seuil à 80.

10/ Sélectionner une ombre

Cliquez sur une première zone d'ombre pour la sélectionner.

11/ Sélectionner plus d'ombres

Afin de sélectionner plusieurs zones, appuyez sur Maj et cliquez sur chaque autre zone d'ombre présente au-dessus de la photographie. Lorsque vous appuyez sur Maj vous pouvez voir un + apparaître à côté du pointeur. De même, pour retirer une zone que vous auriez sélectionnée par erreur, appuyez sur Ctrl et cliquez sur la zone à retirer du groupe de sélection. Ainsi, vous ne perdrez pas vos sélections précédentes.

12/ Couper les ombres

Appuyez sur Ctrl+X ou Édition/Couper.

Outil de Rotation

CANAL ALPHA : vous pouvez également ajouter un canal alpha à une image via le menu Calque/Transparence/Ajouter un canal alpha.

atelier 27

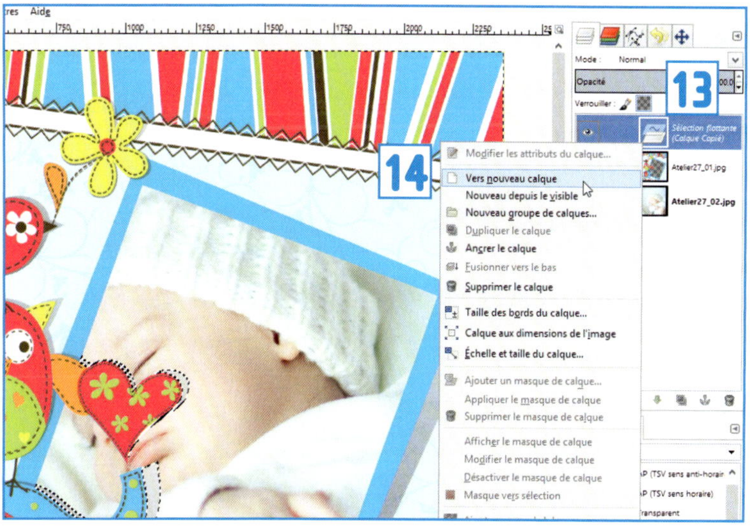

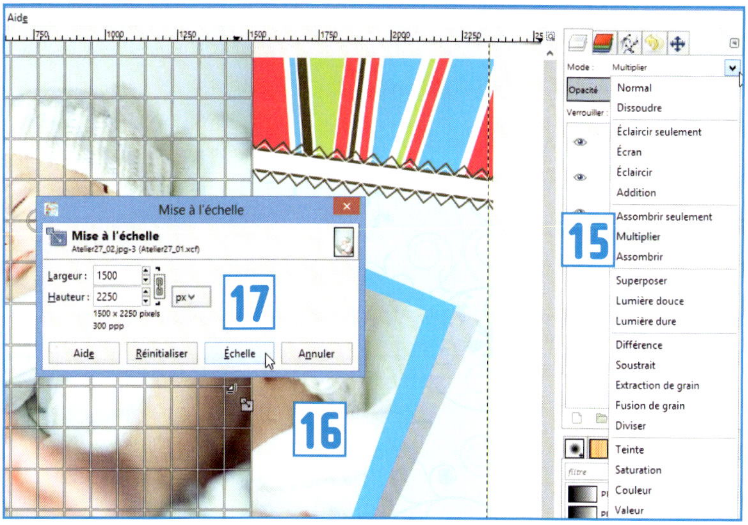

13/ Coller les ombres

Appuyez sur Ctrl+V ou Édition/Coller.

14/ Vers un nouveau calque

Les ombres que vous venez de coller se sont placées dans une sélection flottante. Cliquez avec le bouton droit de la souris dans la fenêtre Calques sur cette sélection et choisissez Vers un nouveau calque.

15/ Mode Multiplier

Sélectionnez ce nouveau calque comportant les ombres et dans Mode, choisissez Multiplier. Vous pouvez ainsi voir le bébé en transparence derrière ces ombres, ce qui donne un effet plus réaliste.

16/ Mettre à l'échelle

Le bébé est masqué par le décor, il faut donc réduire sa taille. Pour cela, cliquez sur le calque de la photographie afin de bien la sélectionner et prenez l'outil de Mise à l'échelle (Maj+T), puis cliquez sur la photo.

17/ Diminuer la taille

Cliquez sur 🔗 et choisissez une valeur de 1500 px de large, puis cliquez sur Échelle.

PENDANT LA ROTATION D'UNE IMAGE celle-ci passe au premier plan pour que vous puissiez bien procéder à la transformation. Mais l'image une fois éditée reste bien au niveau de calque indiqué dans la fenêtre Calques.

VOUS POUVEZ UTILISER LE VERSO de ce faire-part pour écrire un mot personnalisé pour chaque destinataire.

18/ Incliner l'image

Effectuez une rotation de l'image. Pour cela, prenez l'outil de Rotation (Maj+R). Sélectionnez le calque comportant la photographie du bébé dans la fenêtre Calques et cliquez n'importe où dans la zone de travail, sur la photographie.

19/ Paramétrer la rotation

Dans la fenêtre qui apparaît, indiquez 40 pour effectuer une rotation à 40° puis cliquez sur Rotation pour valider la transformation. Patientez ensuite quelques secondes pendant que la transformation s'applique sur votre photographie.

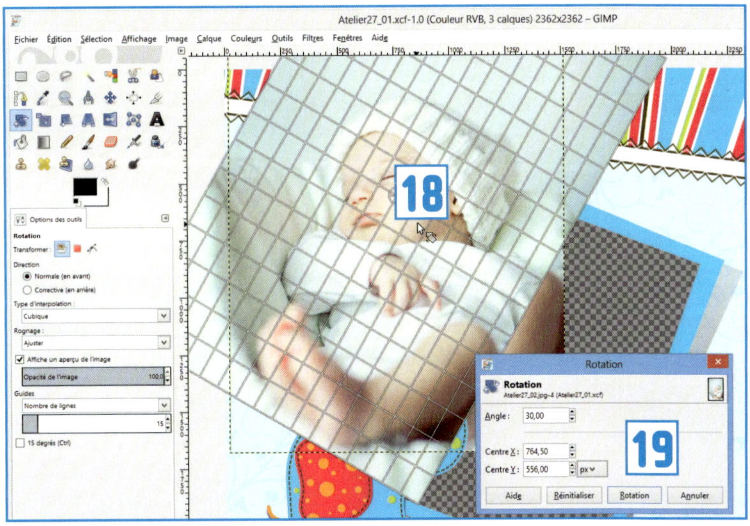

20/ Outil de déplacement

Prenez à présent l'outil de Déplacement (M) afin de déplacer la photographie qui n'est pas positionnée correctement par rapport à la fenêtre transparente que vous venez de créer.

21/ Positionner l'image

Cliquez sur l'image et positionnez-la afin que le visage du bébé soit bien visible et que toute la zone transparente soit remplie par la photographie.

Calque → Transformer → Rotation arbitraire

atelier 27

QUAND VOUS CRÉEZ UN DOCUMENT DESTINÉ À L'EXPÉDITION pensez aux enveloppes ! Surtout si le format de votre image est particulier. Vous verrez dans ce chapitre comment personnaliser une enveloppe.

22/ Ajouter un bloc de texte

Prenez l'outil Texte (T) et définissez un bloc de texte sur votre image, par exemple en bas à droite. Choisissez la police de votre choix ainsi que sa couleur et sa taille. Vous pouvez également aligner le texte à droite afin d'optimiser l'espace disponible.

23/ Rédiger le texte

Rédigez le texte traditionnel dans ce bloc : le prénom, la date de naissance, la taille et le poids du nourrisson.

24/ Ajuster le bloc

Ajustez le positionnement du bloc afin que le texte se place idéalement, sans dépasser de la composition. Pour cela, déplacez les poignées et surveillez votre texte.

25/ Terminer

Votre composition est terminée. Enregistrez-la pour la transmettre par e-mail ou bien imprimer-la pour l'envoyer par courrier ! Vous pouvez retrouver la composition dans le fichier [Atelier27_01.xcf] et voir le résultat dans le fichier [Atelier27_03.jpg].

COMPOSER UNE POCHETTE DE CD

0h40

Qu'il s'agisse d'une pochette pour votre groupe ou bien pour votre compilation musicale, GIMP vous permettra de la réaliser pour illustrer d'une manière unique votre album.

1/ Créer un nouveau document

Cliquez sur Fichier/Nouvelle image pour créer une image qui aura la bonne taille une fois imprimée. Choisissez CD cover (300ppi) dans le menu déroulant Modèle et cliquez sur Valider.

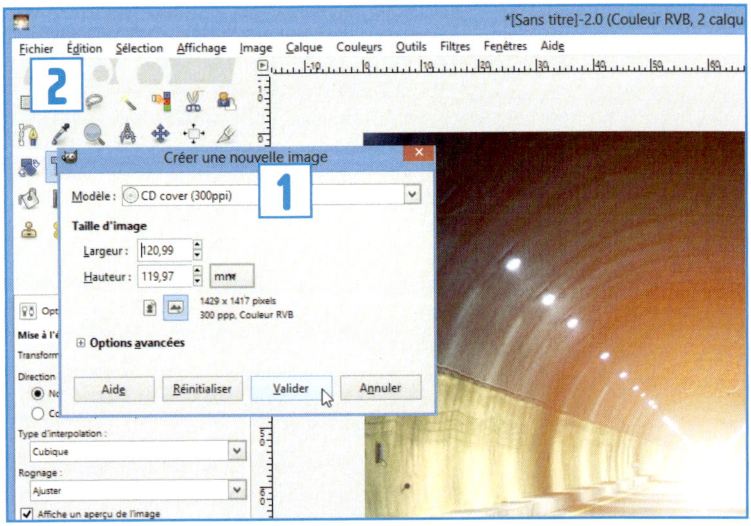

2/ Ouvrir la photographie

Cliquez sur Fichier/Ouvrir en tant que calques et choisissez la photographie [Atelier28_01.jpg] qui constituera l'image de fond de votre pochette.

La photographie est plus grande que votre espace de travail. Vous allez donc la réduire.

3/ Réduire l'image de fond

Vous allez diminuer la taille de cette image de fond afin qu'elle recouvre toute la surface, comme à présent, mais qu'une plus grande partie de celle-ci soit visible. Pour cela, prenez l'outil de Mise à l'échelle (Maj+T) et cliquez sur la photographie.

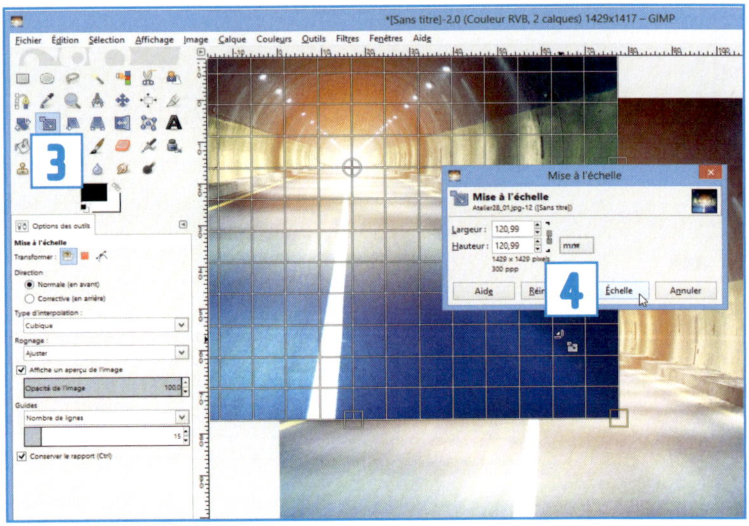

4/ Mettre à l'échelle

Cliquez sur et choisissez une valeur de 121 px de large puis cliquez sur Échelle.

Outil Ciseaux intelligents (I)

Fichier → **Nouvelle image**

>

atelier **28**

POUR CETTE POCHETTE, vous allez utiliser deux images : la première pour le fond, qui se doit d'être assez neutre pour faire ressortir la seconde photographie qui représente le groupe. Afin de donner un effet unique à votre pochette, seul le contour du groupe sera visible grâce à un effet de lumière.

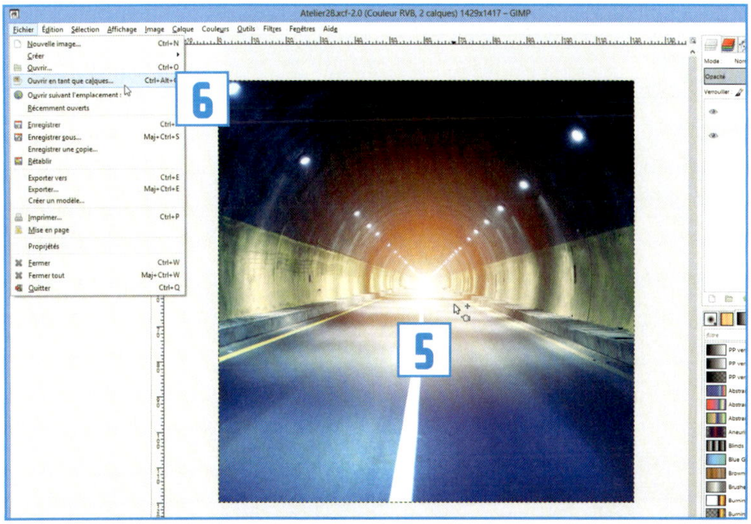

5/ Positionner l'image de fond

Prenez l'outil de Déplacement (M), cliquez sur la photographie et déplacez-la afin que celle-ci recouvre tout le fond blanc.

6/ Ouvrir la photographie

Cliquez sur Fichier/Ouvrir en tant que calques et choisissez la photographie [Atelier28_02.jpg] qui représente le groupe que vous allez intégrer à la pochette.

7/ Positionner la photographie

Répétez les étapes 3 à 5 pour cette photo, tout en utilisant cette fois-ci une mise à l'échelle de 100 px de large et en plaçant l'image au centre et en bas de la zone de travail. Ceci vous laissera un espace au-dessus de l'image pour y insérer le titre de l'album.

8/ Détourer le groupe

Avec les Ciseaux intelligents (I) délimitez au mieux le contour des membres du groupe. Ne prenez pas le fil du micro. Et si quelques zones blanches sont prises dans la sélection, ce n'est pas bien grave, l'idée étant de conserver des silhouettes reconnaissables.

SI VOUS SOUHAITEZ DÉTOURER LA FORME AVEC PLUS DE PRÉCISION vous pouvez également utiliser l'outil Chemins (B).

LORSQUE VOUS UTILISEZ L'OUTIL DE SÉLECTION CONTIGUË appuyez sur la touche Maj en même temps que vous cliquez afin d'ajouter d'autres zones à votre sélection. De même, appuyez sur la touche Ctrl pendant que vous cliquez pour retirer la zone sélectionnée de la sélection globale.

9/ Sélectionner la forme

Cliquez dans la forme pour effectuer une sélection.

10/ Couper la forme

Appuyez sur les touches Ctrl+X pour couper la forme sélectionnée.

11/ Coller la forme

Cliquez sur Édition/Coller comme/Nouveau calque afin de coller la sélection dans un nouveau calque. Cliquez avec le bouton droit sur ce calque dans la fenêtre Calques puis sélectionnez Calque aux dimensions de l'image.

12/ Nettoyer la forme

Vous pouvez répéter les étapes 8 à 9 pour détourer les zones blanches entre les jambes de la chanteuse et entre la chanteuse et le guitariste. Lorsque vous avez sélectionné une forme à supprimer, appuyez simplement sur Suppr pour la retirer.

13/ Masquer le fond

Masquez le calque Atelier28_02.jpg qui ne comporte plus que le fond blanc et déplacez le calque avec le groupe en bas de l'image comme précédemment.

Sélection → **Inverser**

>

atelier 28

ATTENTION : une fois que vous avez cliqué dans la forme détourée à l'aide des ciseaux intelligents, vous ne pouvez plus l'éditer !

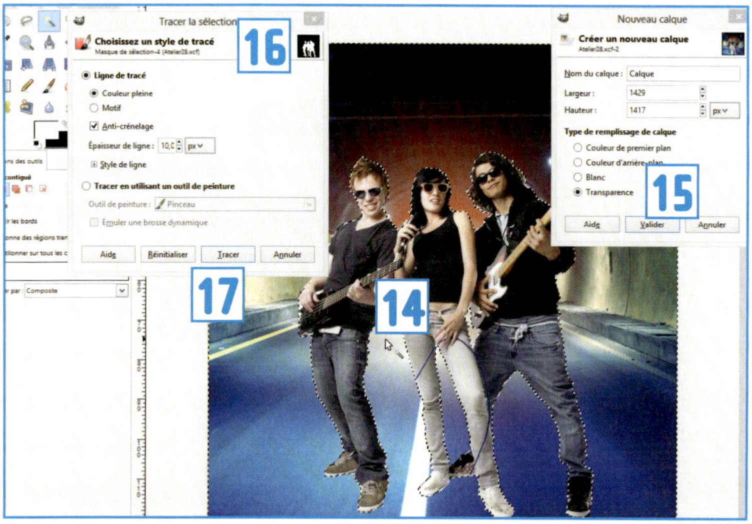

14/ Sélectionner le groupe

Sélectionnez toutes les zones transparentes du calque comprenant la photographie du groupe à l'aide de l'outil de Sélection contiguë (U) puis cliquez sur Sélection/Inverser.

15/ Ajouter un calque

Cliquez sur Calque/Nouveau calque, choisissez Transparence comme type de remplissage de calque et cliquez sur Valider.

16/ Tracer le contour

Choisissez le blanc comme couleur de premier plan puis rendez-vous dans le menu Édition/Tracer la sélection.

17/ Tracer le contour (suite)

Choisissez Ligne de tracé, Couleur pleine et une épaisseur de 10 px. Cliquez sur Tracer.

18/ Masquer le groupe

Masquez ou supprimez le calque comportant la photographie du groupe. Seul le contour blanc que vous venez de tracer est à présent visible sur l'image.

LE FLOU GAUSSIEN est utilisé pour fondre le contour dans l'image de fond et donner cet effet lumineux. Mais si vous détourez avec l'outil Chemins, vous obtiendrez un tracé plus lisse. Dans ce cas, vous pouvez très bien ne pas flouter ce contour et le laisser tel quel.

N'HÉSITEZ PAS À CHANGER DE POLICE ou bien à placer le logo de votre groupe sur cette pochette.

19/ Changer de mode

Sélectionnez le calque avec le contour du groupe puis cliquez sur Mode dans la fenêtre Calques. Choisissez Fusion de grain.

20/ Flou gaussien

Cliquez ensuite sur le menu Filtres et dans Flou choisissez Flou gaussien.

21/ Régler le flou

Dans la fenêtre Flou gaussien, indiquez 5 px pour le Rayon du flou, Horizontal et Vertical. Cochez RLE pour Méthode de flou et cliquez sur Valider. Cela va avoir pour effet de mieux fondre votre composition dans l'image de fond et d'adoucir les angles du contour.

22/ Tracer un chemin

Pour ajouter un titre avec une disposition originale à votre pochette, vous pouvez tracer un chemin avec l'outil Chemins (B), en partant de la gauche vers la droite.

23/ Rédiger le titre de l'album

Avec l'outil Texte, rédigez le titre de l'album, par exemple en Century Gothic taille 100 px. La couleur n'a pas d'importance ici.

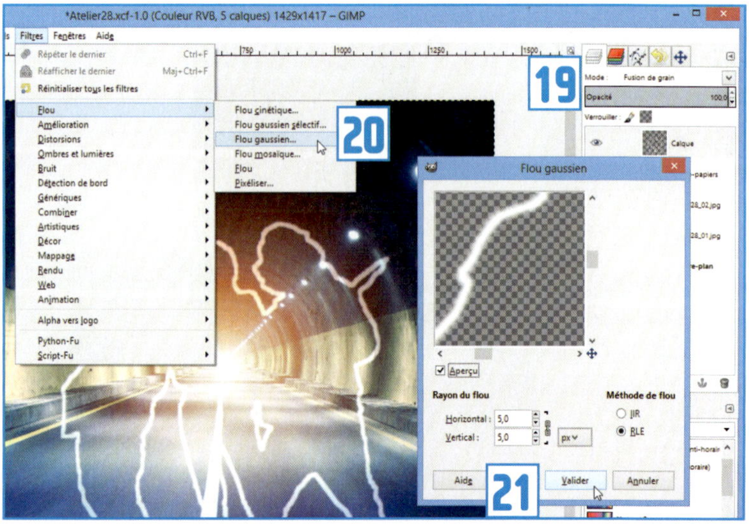

Mode → **Fusion de grain**

>

ESSAYEZ D'AUTRES MODES : selon l'image de fond, d'autres modes de fusion du calque comportant le tracé de votre groupe auront un meilleur résultat ou donneront un aspect différent à votre composition.

atelier 28

24/ Écrire le long d'un chemin

Cliquez avec le bouton droit de la souris sur le calque de texte dans la fenêtre Calques puis sélectionnez Texte le long d'un chemin.

25/ Chemin vers sélection

Dans la fenêtre Chemins, cliquez avec le bouton droit de la souris sur le chemin comportant votre texte et cliquez sur Chemin vers sélection.

26/ Ajouter un calque

Ajoutez un nouveau calque avec un remplissage transparent depuis la fenêtre Calques en cliquant sur .

27/ Peindre le titre

Prenez l'outil Pinceau (P), choisissez la couleur blanche et coloriez la sélection. Vous pouvez prendre une taille de brosse importante car vous ne dépasserez pas les limites de la sélection.

28/ Finaliser la pochette

Supprimez ou masquez le calque de texte ainsi que les chemins. Votre pochette est terminée ! Vous pouvez l'imprimer et la diffuser sur le Web.

CRÉER UNE AFFICHE

0h25

Vous allez créer une affiche d'une taille A3 qui pourrait être diffusée sur un panneau d'affichage dans une mairie par exemple.

1/ Créer une nouvelle image

Cliquez sur Fichier/Nouvelle image et choisissez A3 (300ppi) dans le menu déroulant Modèle. Choisissez une orientation Portrait et cliquez sur Valider.
Comme il s'agit d'un format d'image lourd, plus de mémoire est nécessaire pour travailler sur ce fichier que la valeur allouée par défaut. Une alerte va apparaître pour vous en tenir informé. Cliquez sur Valider.

2/ Ouvrir la photographie

Cliquez sur Fichier/Ouvrir en tant que calques et choisissez la photographie [Atelier29_01.jpg] qui comporte un panneau. C'est sur ce panneau que vous allez indiquer les informations importantes de votre affiche.

3/ Déplacer le panneau

Prenez l'outil de Déplacement (M) et déplacez le panneau vers le bas de l'affiche. Vous pouvez utiliser les flèches de votre clavier pour déplacer l'image : pour accélérer le mouvement, appuyez sur la touche Maj pendant que vous appuyez sur la flèche du clavier.

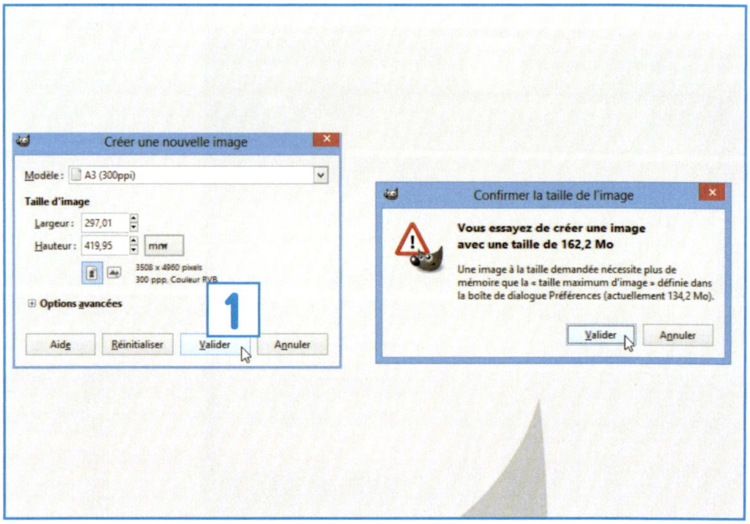

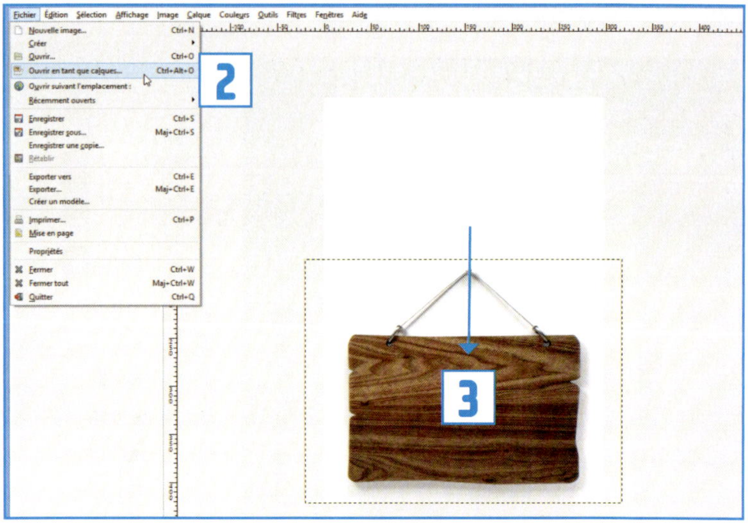

Outil de Déplacement (M)

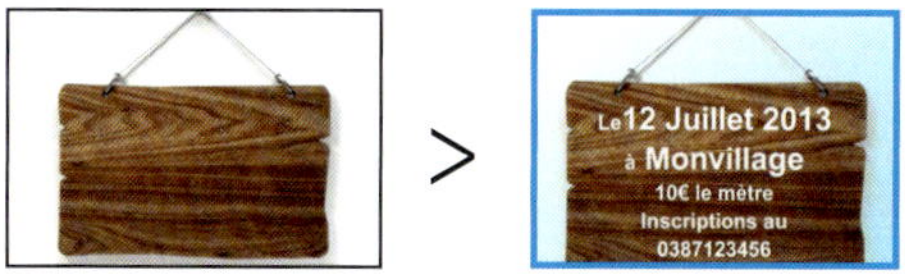

atelier
29

LA TAILLE de votre affiche dépend de son emplacement. Plus l'affiche doit être visible de loin, plus sa taille doit être importante. Vous devez également éviter les textes trop petits qui ne seraient pas lisibles.

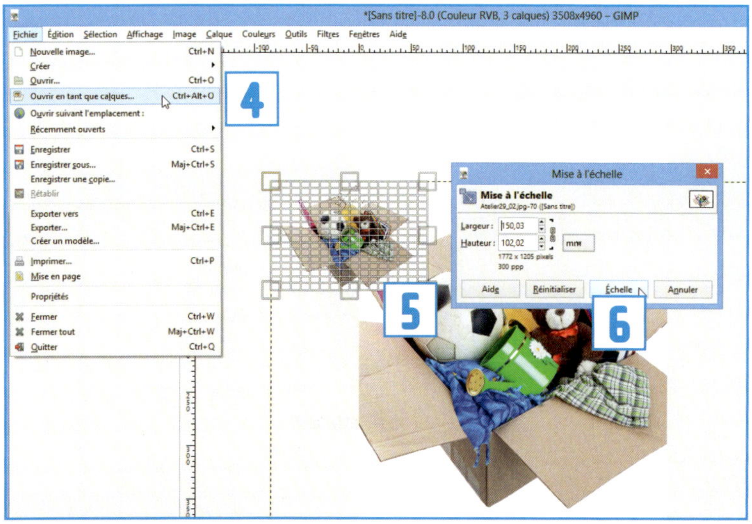

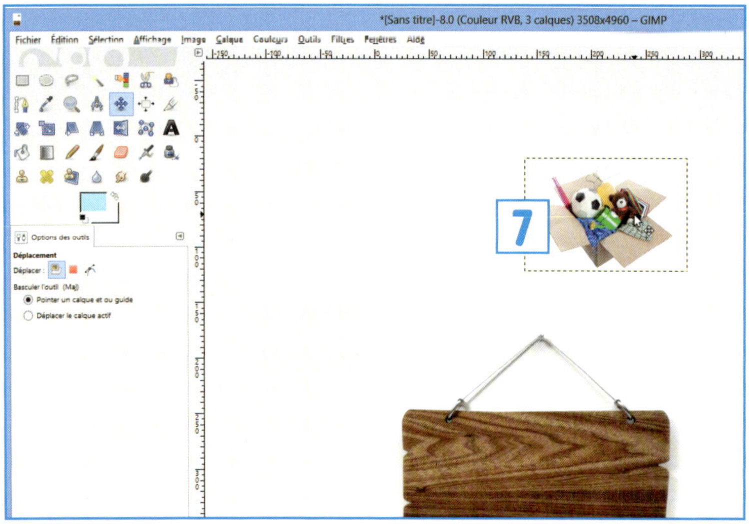

4/ Ouvrir en tant que calques

Cliquez sur Fichier/Ouvrir en tant que calques et choisissez la photographie [Atelier29_02.jpg]. Ce carton rempli d'objets divers va servir d'illustration à votre affiche.

5/ Mettre à l'échelle

Vous allez diminuer la taille de cette illustration afin d'avoir assez de place pour votre titre. Pour cela, prenez l'outil de Mise à l'échelle (Maj+T) et cliquez sur le carton.

6/ Mise à l'échelle

Dans la fenêtre qui vient d'apparaître, cliquez sur 🔗 pour que la hauteur et la largeur soient proportionnelles et choisissez une valeur de 150 px de large. Cliquez sur Échelle pour valider votre choix.

7/ Positionner le carton

Avec l'outil de Déplacement (M), positionnez le carton en haut à droite de l'affiche en laissant une marge en haut à droite.

CHOISIR UNE POLICE SIMPLE pour une affiche est essentiel afin que tout le monde puisse la lire en peu de temps. Un passant ou un automobiliste s'arrêtera rarement devant votre affiche et doit donc pouvoir en saisir l'essentiel en quelques secondes.

SI VOUS N'AVEZ PAS D'IMPRIMANTE A3 gardez à l'esprit que ce format est équivalent à deux feuilles A4. Dans ce cas, vous pouvez réaliser le haut de votre composition sur une feuille A4 en disposition Paysage, de même pour le bas, et les assembler ensuite sur votre panneau d'affichage.

8/ Choisir les couleurs

Vous allez à présent colorer le fond de votre affiche à l'aide d'un dégradé. Pour cela vous devez choisir la couleur de départ et la couleur d'arrivée. Sélectionnez le blanc comme couleur d'arrière-plan et la couleur bleu ciel en premier plan dans la boîte à outils. Pour le bleu ciel, utilisez la notation HTML 9bddf6 et cliquez sur Valider.

9/ Paramétrer le dégradé

Prenez l'outil de Dégradé (L) et dans la fenêtre Options des outils choisissez un mode Normal, une opacité de 100, un dégradé PP vers AP (Premier-plan vers Arrière-plan) et une forme Linéaire.

10/ Sélectionner l'arrière-plan

Sélectionnez le calque d'arrière-plan dans la fenêtre Calques en cliquant dessus.

11/ Tracer un fond dégradé

Cliquez avec l'outil de Dégradé en bas à droite du document puis, tout en maintenant le bouton de la souris appuyé, montez en haut à gauche puis relâchez le bouton de la souris. Vous indiquez ainsi le sens et la longueur du dégradé.

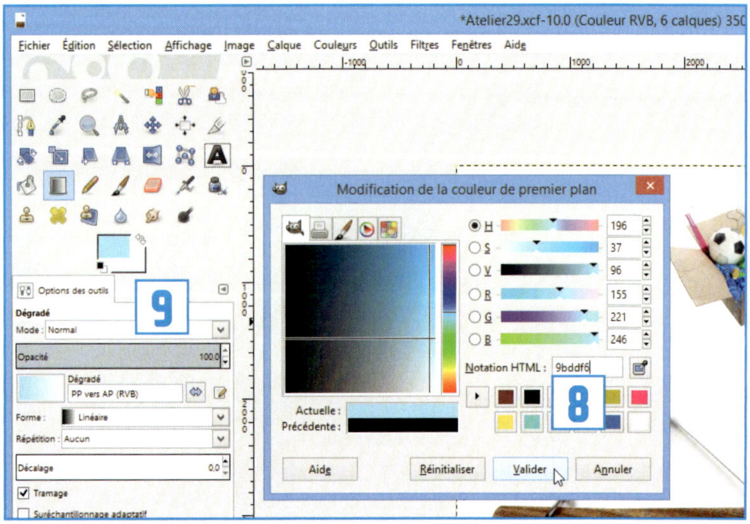

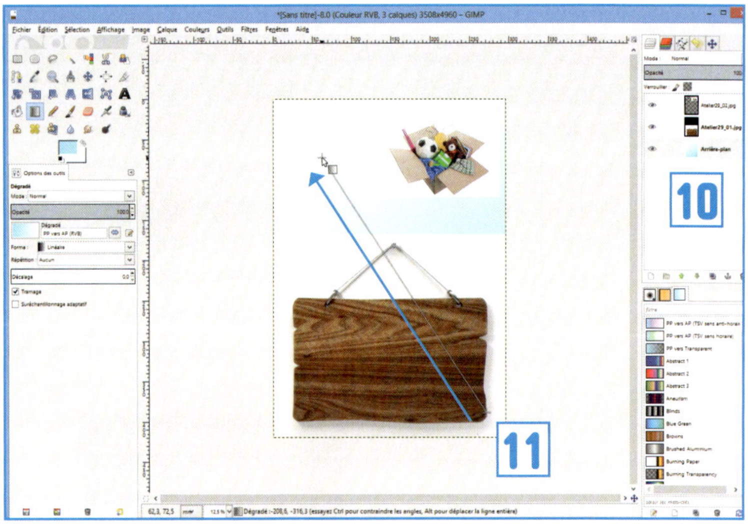

Outil de Dégradé (L)

Mode → **Assombrir seulement**

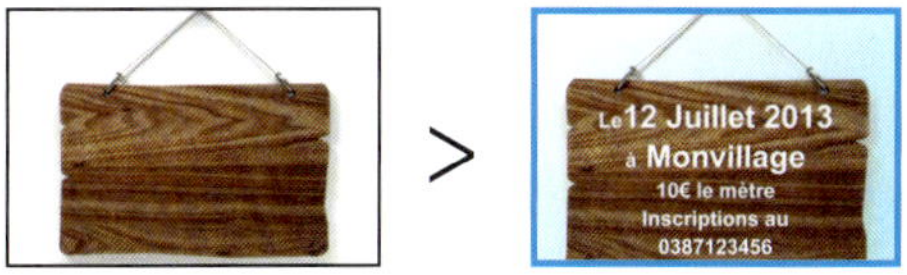

atelier 29

PLUS VOTRE AFFICHE SERA GRANDE et destinée à être vue de loin, moins la qualité d'impression sera importante car le public ne sera pas assez proche pour voir les détails.

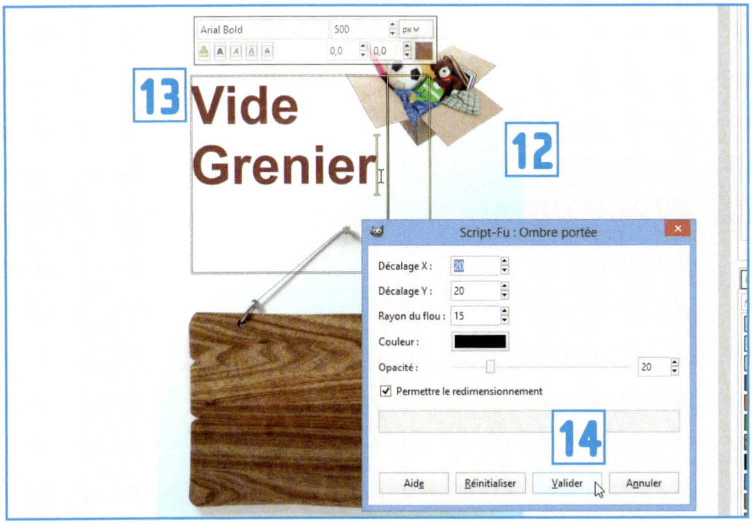

12/ Mode des images

Comme vous pouvez le constater, le fond blanc des deux images masque le dégradé. Pour chaque image, cliquez sur leur calque dans la fenêtre Calques puis dans Mode, choisissez Assombrir seulement. Les images sont ainsi fondues dans le dégradé.

13/ Titre de l'affiche

Avec l'outil Texte (T), saisissez le titre à gauche du carton en Arial Bold, en brun et avec une taille de 500 px.

14/ Ajouter une ombre portée

Ajoutez une ombre derrière votre titre afin de lui donner du relief. Pour cela rendez-vous dans le menu Filtres/Ombres et lumières/Ombre portée. Définissez un décalage X et Y de 20, un rayon du flou de 15 et une opacité de 20 puis validez.

15/ Finaliser l'affiche

Rédigez en blanc sur le panneau le texte comportant les informations complémentaires telles que la date du vide-grenier, le prix de l'emplacement et le contact téléphonique de l'organisateur. Vous pouvez trouver le résultat final dans le fichier Atelier29_03.jpg.

CRÉER UN BOUTON POUR UN SITE WEB

0h30

Si vous avez un site Internet sachez que GIMP peut vous aider à réaliser les différents éléments qui le composent, comme les boutons que vous pouvez insérer dans votre interface.

1/ Créer une nouvelle image

Cliquez sur Fichier/Nouvelle image et choisissez 120 px de largeur et 50 px de hauteur. Cliquez sur Valider.

2/ Augmenter le zoom

L'image n'occupe qu'une petite partie de la zone de travail. Passez le niveau de zoom de 100 % à 400 % ou 800 % à l'aide du menu déroulant présent en bas de l'écran. Vous pourrez ainsi travailler avec plus de précision, l'image étant très petite.

3/ Couleur de premier plan

Dans la boîte à outils, cliquez sur la couleur de premier plan et indiquez la notation HTML b0b0b0 puis validez.

4/ Couleur d'arrière-plan

Indiquez ensuite la notation HTML efefef pour la couleur d'arrière-plan de la même façon.

5/ Nouveau dégradé

Vous allez créer un dégradé spécifiquement pour votre bouton. Dans la fenêtre Dégradés, cliquez sur 🗋 pour créer ce nouveau dégradé. Donnez-lui le nom Bouton.

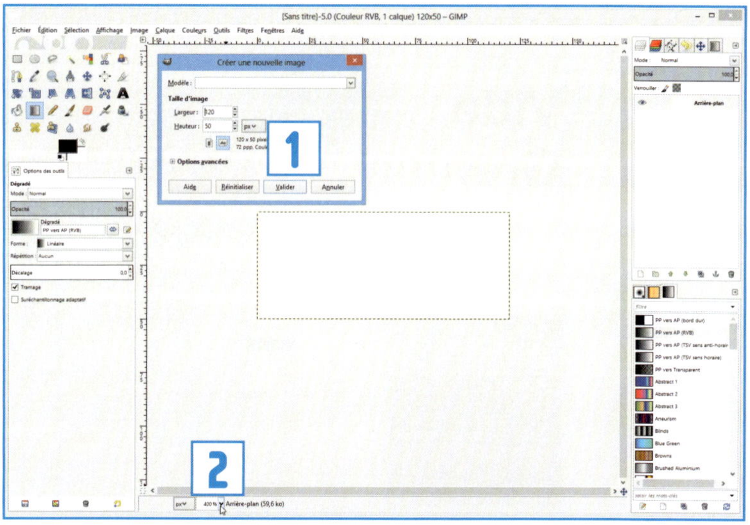

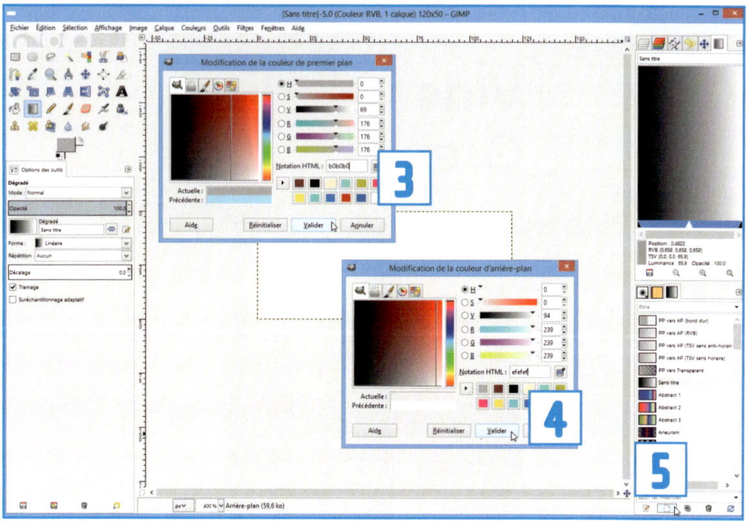

Outil de Dégradé (L)

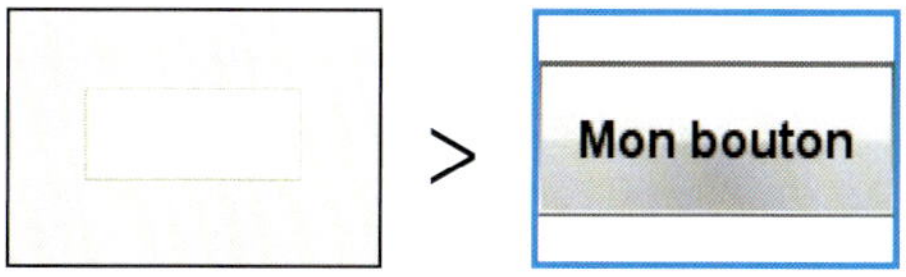

atelier
30

GIMP vous propose également de créer automatiquement des boutons, via le menu Fichier/Créer/Boutons. Toutefois il ne propose pas forcément un design adapté au design de votre site, d'où cet atelier qui va vous permettre d'apprendre des techniques pour créer vos propres boutons.

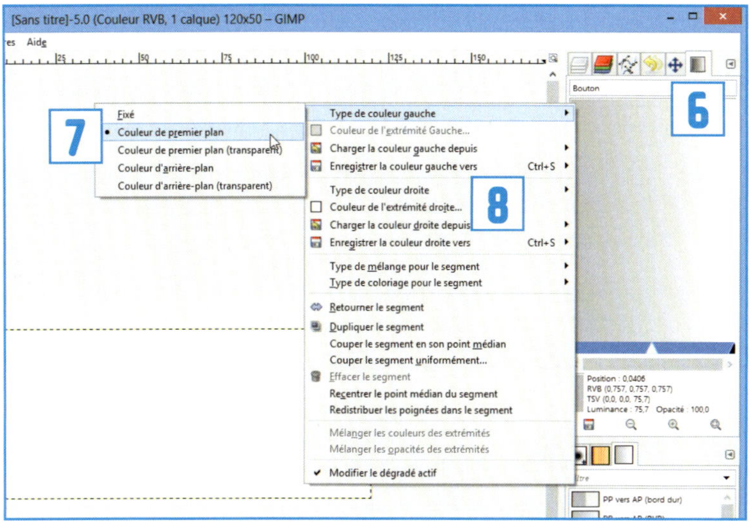

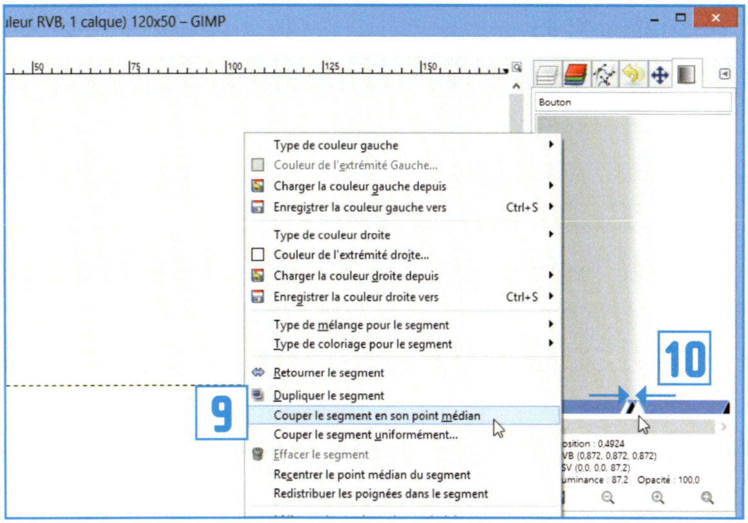

6/ Éditeur de dégradés

L'éditeur de dégradés apparaît dans une nouvelle fenêtre, au-dessus de la fenêtre dédiée aux dégradés.

7/ Couleur de gauche

Cliquez avec le bouton droit dans le dégradé présenté dans l'éditeur et cliquez sur Type de couleur gauche/Couleur de premier plan. Le gris foncé est appliqué.

8/ Couleur de droite

Cliquez de nouveau avec le bouton droit dans le dégradé présenté dans l'éditeur et cliquez sur Type de couleur droit/Couleur d'arrière-plan. Le gris clair est appliqué.

9/ Diviser le dégradé

Cliquez avec le bouton droit de la souris dans l'éditeur de dégradés et choisissez Couper le segment en son point médian. Vous pouvez voir apparaître deux nouvelles poignées représentées par des triangles blancs.

10/ Modifier le dégradé

Rapprochez du triangle central les deux triangles blancs.

SI VOTRE TEXTE sur le bouton ne comporte pas d'effets particuliers, il peut être intéressant d'enregistrer votre bouton sans texte et de placer celui-ci par la suite dans le code de votre site, au-dessus de l'image du bouton.

ADAPTEZ LES COULEURS ET LES DIMENSIONS DE VOTRE BOUTON en fonction du design de votre site. Pour un résultat optimal, restez dans une gamme de couleurs assez proche du début à la fin de la conception de votre bouton.

11/ Appliquer le dégradé

Prenez l'outil de Dégradé (L) et sélectionnez le calque Bouton. Cliquez en bas du calque et maintenez le clic jusqu'en haut tout en enfonçant la touche Ctrl pour que le dégradé soit bien droit.

12/ Sélectionner une bordure

Rendez-vous dans le menu Sélection/Tout puis Sélection/Bordure et indiquez 1 px.

13/ Peindre la bordure

Prenez l'outil de Remplissage (Maj+B), indiquez une couleur de premier plan gris foncé, par exemple avec la notation HTML 666666. Appuyez sur Suppr pour que toute la sélection soit supprimée puis cliquez dans la sélection avec l'outil de Remplissage pour appliquer la couleur grise.

14/ Bordure interne

Sélectionnez la zone à l'intérieur de la bordure et dans le menu Sélection/Bordure, indiquez 1 px et validez. Appuyez sur Suppr pour supprimer la sélection.

15/ Préparer le dégradé

Dans la fenêtre Dégradés, sélectionnez PP vers AP (RVB).

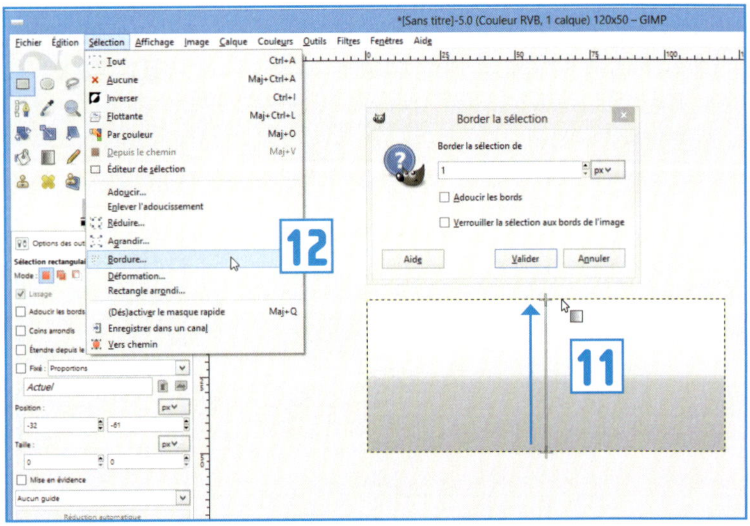

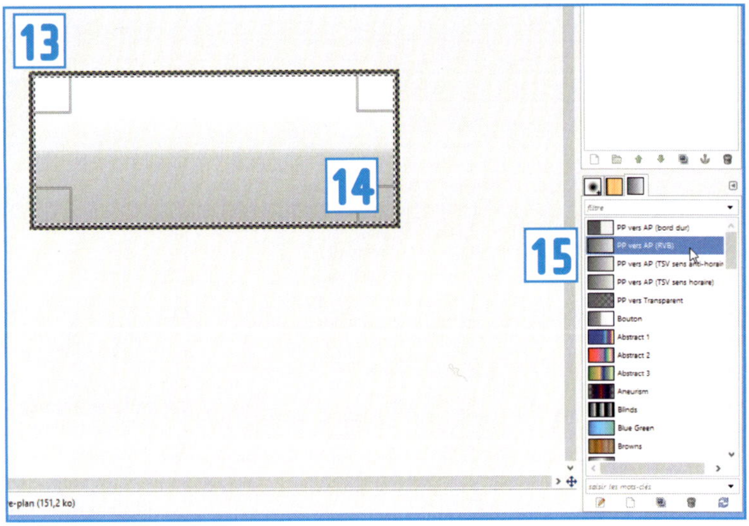

Sélection → **Bordure**

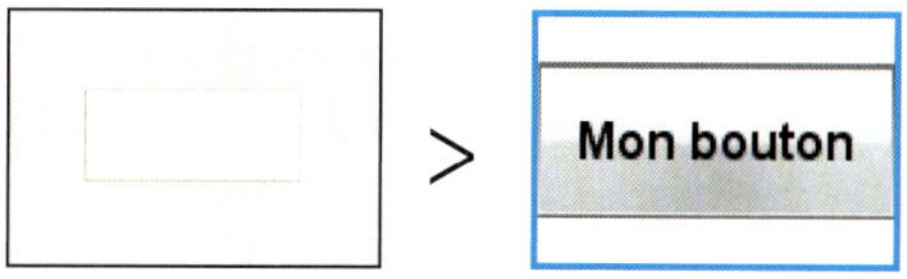

VOUS POUVEZ CRÉER UN SECOND BOUTON de la même façon en faisant varier les teintes, ou en inversant le sens des dégradés. Vous pourrez ainsi utiliser ce second bouton pour le survol du pointeur de la souris sur votre site.

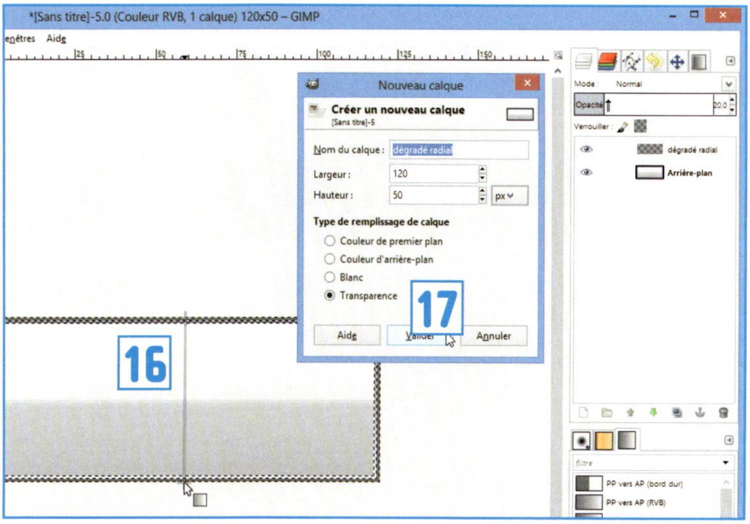

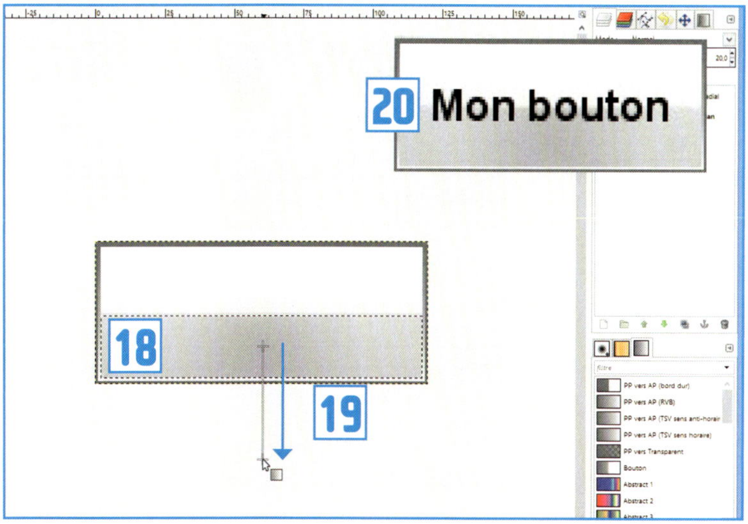

16/ Peindre la bordure interne

Prenez l'outil de Dégradé (L). Cliquez en haut du calque et restez appuyé jusqu'en bas pour appliquer votre dégradé.

17/ Ajouter un calque

Ajoutez un nouveau calque nommé dégradé radial au-dessus du bouton avec un fond transparent et une opacité de 20.

18/ Nouvelle sélection

Avec l'outil de Sélection rectangulaire, tracez une sélection au-dessus de la zone grise plus foncée du bouton, la moitié basse, sans sélectionner les bordures.

19/ Ajouter un dégradé radial

Prenez l'outil de Dégradé avec le dégradé PP vers AP sélectionné précédemment et choisissez Radial dans le menu déroulant Forme de la fenêtre Options des outils. Cliquez au milieu de la sélection et descendez comme sur l'image avant de relâcher le bouton de la souris.

20/ Ajouter le texte

Saisissez le texte de votre bouton.

PROTÉGER UNE PHOTOGRAPHIE À L'AIDE D'UN FILIGRANE

0h05

Lorsque vous diffusez des photographies sur Internet celles-ci encourent le risque d'être utilisées par d'autres personnes sans votre autorisation. Pour éviter cela, vous pouvez insérer sur votre image un filigrane qui sera difficile à retirer sans détériorer la photographie.

1/ Ouvrir la photographie

Ouvrez une photographie personnelle avec GIMP ou bien la photographie utilisée dans cet exemple [Atelier31_01.jpg].

2/ Placer la zone de texte

Avec l'outil Texte (T), placez une grande zone de texte au centre de votre image pour que que l'on ne puisse pas utiliser la photographie en l'état sans voir votre filigrane.

La zone doit être assez grande pour contenir votre nom et/ou l'adresse de votre site web par exemple.

Notez que vous pouvez aussi utiliser ce filigrane pour insérer une simple signature discrète à vos photographies. Dans ce cas placez une zone plus petite en bas à droite ou à gauche de l'image. Il faudra aussi utiliser une taille de police plus petite.

3/ Configurer la police

Utilisez une police simple et lisible comme Arial et une taille adaptée à celle de votre photographie, ici 400 px. Choisissez également une couleur blanche pour votre texte sinon l'effet ne fonctionnera pas.

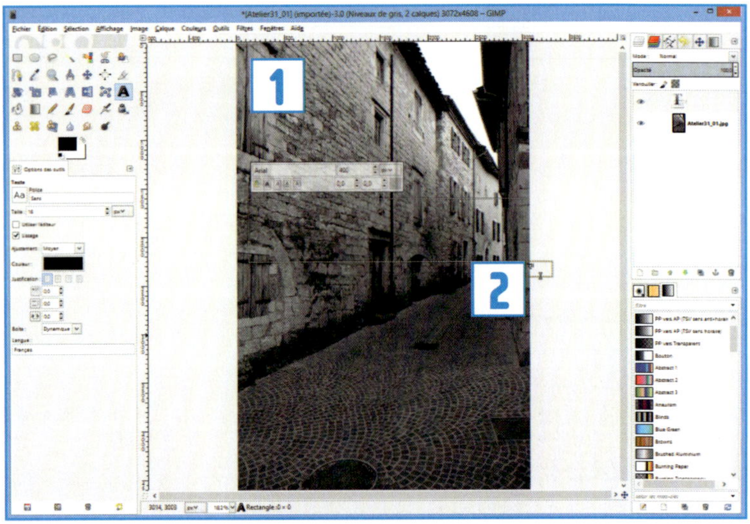

 Outil texte (T)

Filtres → Mappage →
Repoussage d'après une carte

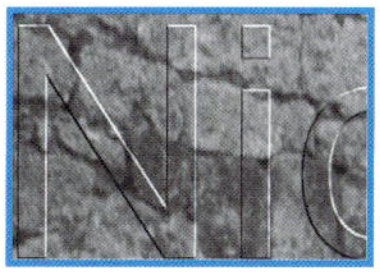

atelier **31**

CE PROCÉDÉ EST UTILISÉ fréquemment sur les sites Internet proposant des photographies à la vente afin de les protéger d'une utilisation sauvage.

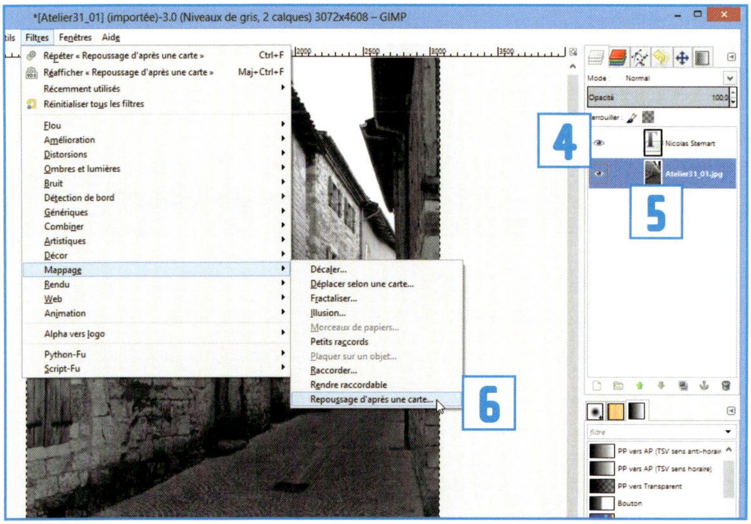

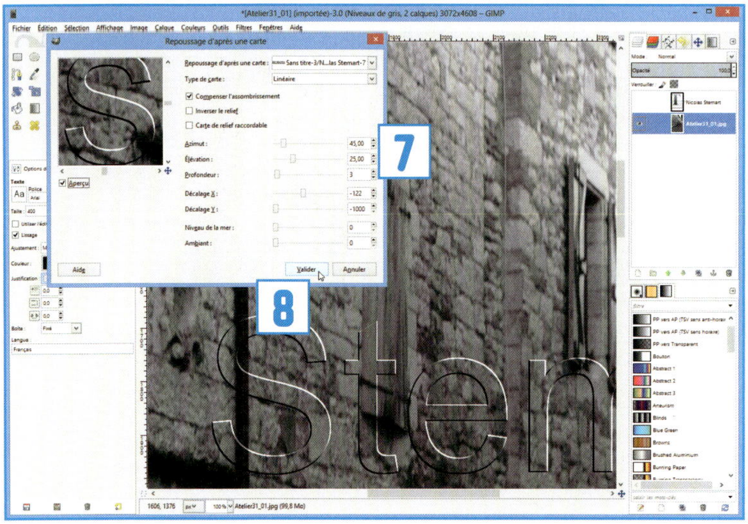

4/ Masquer le calque

Cliquez sur  pour masquer le calque de texte mais ne le supprimez pas.

5/ Sélectionner l'image

Dans la fenêtre Calques, sélectionnez le calque comprenant votre photographie.

6/ Mappage

Rendez-vous dans le menu Filtres/Mappage et choisissez Repoussage d'après une carte.

7/ Repoussage d'après une carte

Dans la fenêtre qui apparaît, laissez les réglages par défaut à l'exception de Azimut et Élévation que vous pouvez ajuster pour faire ressortir au mieux votre filigrane. Dans cet exemple, vous pouvez mettre 45 pour Azimut et 25 pour Élévation.

8/ Terminer

Cliquez sur Valider. Votre filigrane s'applique sur votre photographie. Vous pouvez voir le résultat dans l'image [Atelier31_02.jpg].

CRÉER UNE IMAGE DE COUVERTURE POUR FACEBOOK

0h30

L'image de couverture de votre page Facebook permet de vous présenter d'un coup d'œil. Le choix d'une seule photographie peut être difficile. Vous allez voir comment réaliser un montage présentant plusieurs photographies dans différentes situations.

1/ Nouvelle image

Créez une nouvelle image aux dimensions de l'image de couverture de votre page Facebook. Pour cela, rendez-vous dans Fichier/Nouvelle image. Choisissez une largeur de 851 px et une hauteur de 315 px. Dans Options avancées, les résolutions X et Y sont de 72 pixels/pouce.

2/ Ouvrir l'image de fond

Cliquez sur Fichier/Ouvrir en tant que calques et choisissez l'image [Atelier32_01.jpg] qui constituera l'image de fond.

3/ Réduire l'image de fond

L'image doit couvrir toute la surface et les photos blanches doivent rester visibles. Pour cela, prenez l'outil de Mise à l'échelle (Maj+T) et cliquez sur la photographie.

4/ Mettre à l'échelle

Cliquez sur 🔗 et choisissez une valeur de 121 px de large puis cliquez sur Échelle.

5/ Placer l'image de fond

L'image a disparu : elle se trouve en réalité tout en haut à gauche. Effectuez un zoom arrière et placez-la dans la zone de travail.

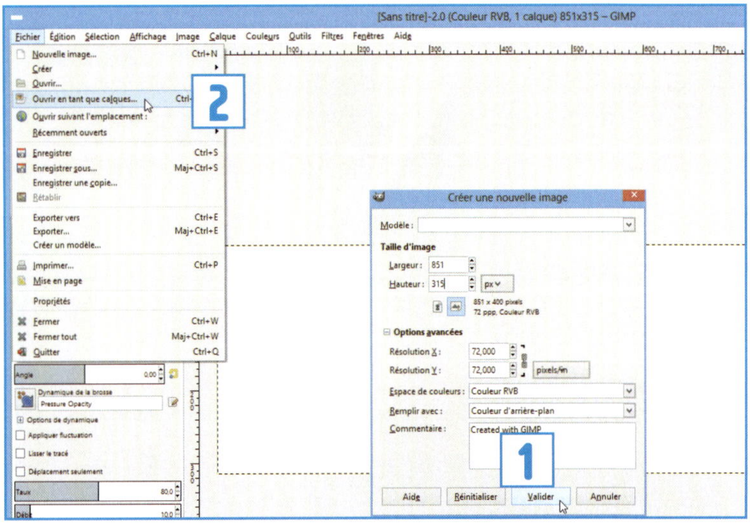

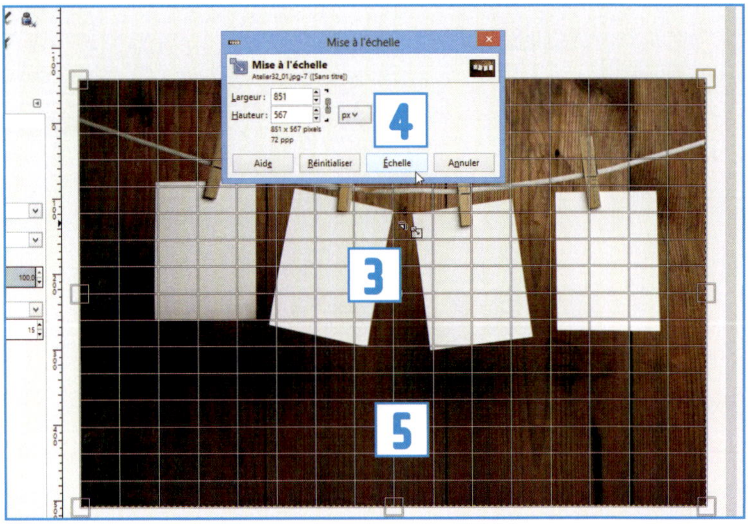

Fichier → Nouvelle image

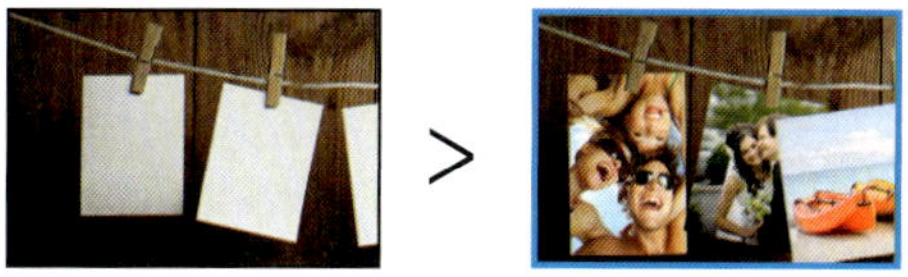

atelier **32**

L'IMAGE DE COUVERTURE peut dépasser en hauteur si cela vous arrange car vous pourrez ensuite modifier le cadrage depuis Facebook.

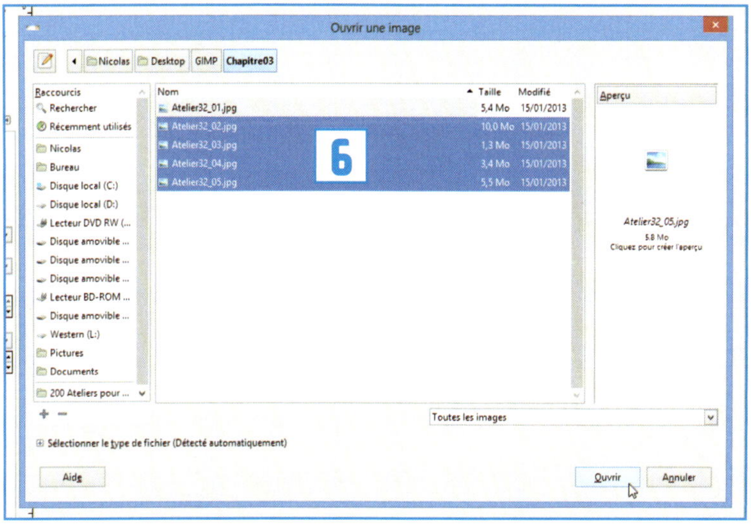

6/ Importer les photographies

Il vous faut à présent importer les différentes photographies qui composeront votre image de couverture.

Ici une photographie avec des amis [Atelier32_01.jpg], une photo de mariage [Atelier32_02.jpg], un cliché de vacances en famille [Atelier32_03.jpg] et un autre d'un animal de compagnie [Atelier33_04.jpg]. Les deux premières sont en orientation Portrait tandis que les deux dernières sont au format Paysage. Cliquez sur Fichier/Ouvrir en tant que calques, sélectionnez toutes les photographies en même temps en conservant la touche Maj appuyée et cliquez sur Ouvrir.

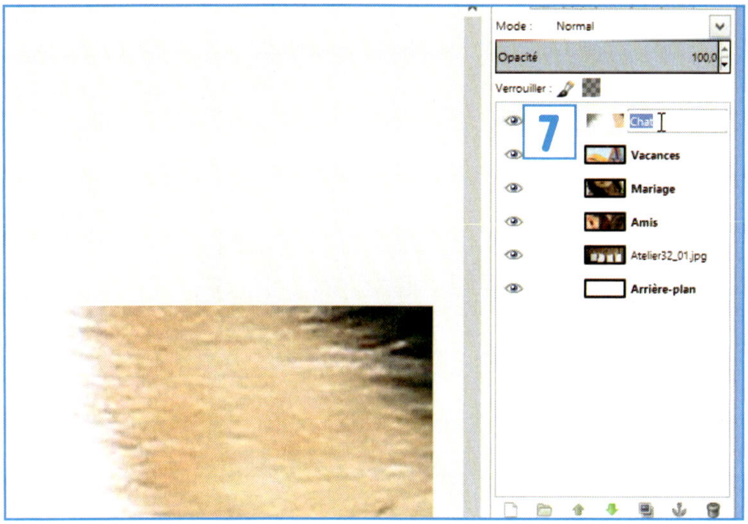

7/ Nommer les calques

Toutes les photographies viennent s'ajouter dans un calque différent. Pour chaque calque, donnez un nom explicite afin de le retrouver facilement en double-cliquant sur son nom. Pour les noms, utilisez par exemple ici : Amis, Mariage, Vacances, Chat. Lorsque vous avez terminé de saisir un nom, appuyez sur Entrée pour valider le changement de nom.

LORSQUE VOUS REDIMENSIONNEZ UNE IMAGE avec GIMP, vous pouvez inscrire des valeurs ou bien cliquer dans l'image et la déformer manuellement. Attention toutefois à conserver les proportions. Pour cela appuyez sur Ctrl pendant que vous manipulez l'image.

POUR QUE LA ROTATION d'une image soit idéale, faites en sorte que le bord supérieur de votre photographie soit parallèle au bord supérieur de la photographie blanche située sur l'image de fond. Ainsi vous serez sûr que votre photographie sera parfaitement positionnée.

8/ Redimensionner les images

Dans un premier temps, vous allez redimensionner proportionnellement les images qui sont au format Portrait (les calques Amis et Mariage). Définissez une largeur de 150 px. Faites de même pour les images au format Paysage (les calques Vacances et Chat). Définissez une largeur de 270 px.

9/ Incliner des images

Avec l'outil de Rotation (Maj+R), tournez les images pour qu'elles coïncident avec les quatre zones blanches. Pour le moment, ne prêtez pas attention aux pinces à linge qui passent sous les photographies.

10/ Placer les images

Ajustez bien chaque photographie au-dessus de chaque zone blanche. Ces images doivent totalement disparaître.

11/ Masquer les calques

Pour travailler avec le plus de précision possible, masquez les calques contenant les différentes photographies pour ne conserver que le calque comprenant l'image de fond.

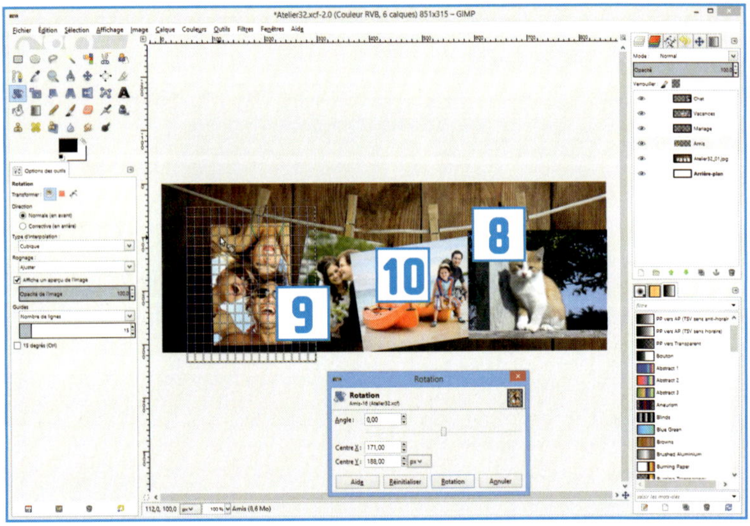

Outil de Rotation

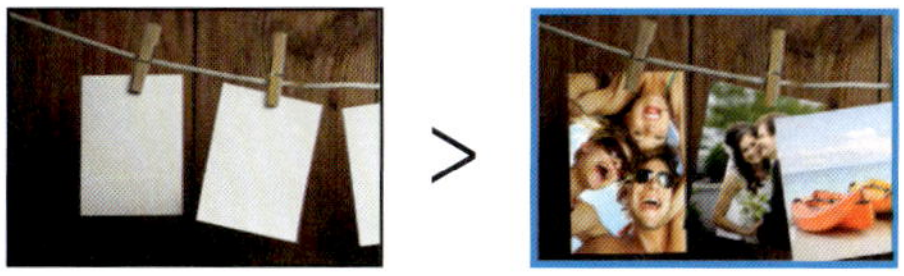

atelier 32

AJOUTER L'IMAGE SUR FACEBOOK : une fois votre image terminée, enregistrez-la au format JPG puis envoyez-la sur Facebook pour la définir ensuite en tant que couverture !

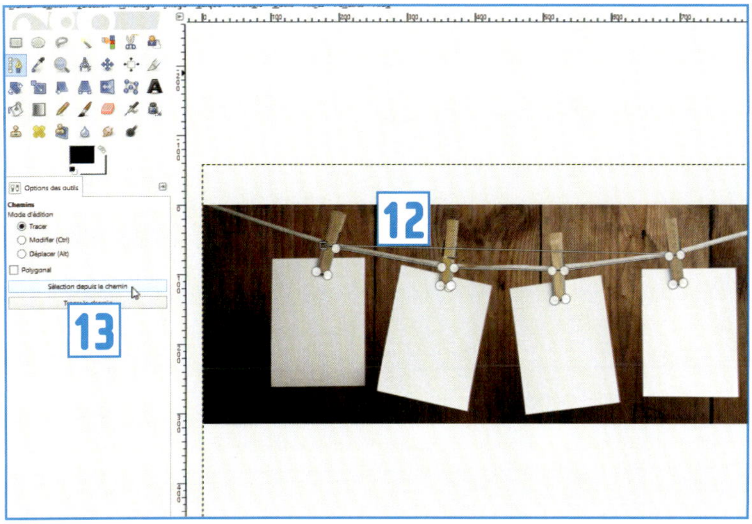

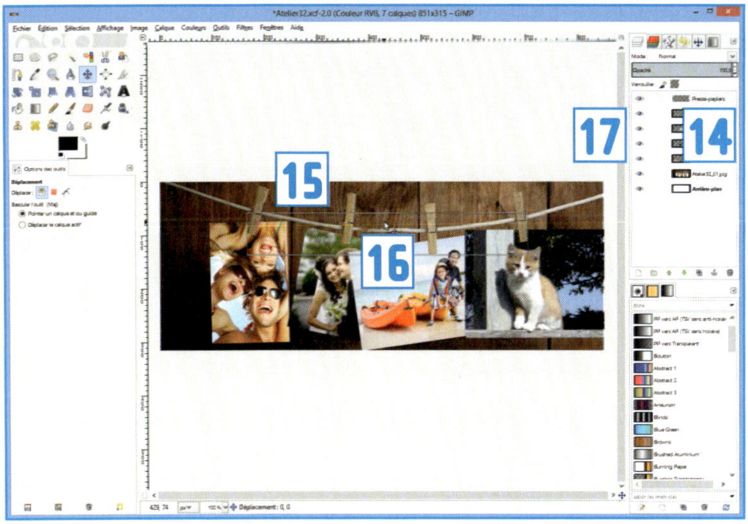

12/ Détourer

Sélectionnez le calque Atelier32_01 et avec l'outil Chemins (B) détourez le bout des pinces avec précision. Pour les parties en dehors des zones blanches, continuez le détourage grossièrement jusqu'à la prochaine pince puis fermez la forme.

13/ Créer une sélection

Dans la fenêtre Options des outils, cliquez sur Sélection depuis le chemin.

14/ Copier-coller

Copiez la zone détourée en appuyant sur Ctrl+C puis allez dans Édition/Coller comme/Nouveau calque.

15/ Coller

Appuyez sur Maj+Ctrl+A pour annuler la sélection.

16/ Placer les pinces à linge

Déplacez ce calque au-dessus des autres pour qu'il soit exactement au-dessus de son emplacement de départ.

17/ Afficher les photographies

Affichez les calques masqués, c'est terminé !

RÉALISER UN PÊLE-MÊLE DE PHOTOS

0h20

À l'aide des différentes photographies utilisées dans cet ouvrage vous allez réaliser un pêle-mêle de photos. Vous pouvez bien entendu utiliser vos photographies, pour réaliser par exemple un pêle-mêle de vos vacances.

1/ Nouvelle image

Créez une nouvelle image aux dimensions de l'image de couverture de votre page Facebook. Pour cela, rendez-vous dans Fichier/Nouvelle image. Sélectionnez le format de votre choix. Si vous souhaitez l'imprimer sur une imprimante classique, choisissez A4 (300ppi) dans le menu déroulant Modèle. Choisissez une orientation Paysage.

2/ Ouvrir les images

Cliquez sur Fichier/Ouvrir en tant que calques et choisissez les différentes images de votre pêle-mêle. Ici [Atelier04_02.jpg] (Fleurs), [Atelier07.jpg] (Paysage), [Atelier31_01.jpg] (Village), [Atelier32_02.jpg] (Amis), [Atelier32_03.jpg] (Mariage), [Atelier32_04.jpg] (Vacances) et [Atelier32_05.jpg] (Chat). Remarque : le nom des calques correspondant aux images figure entre parenthèses.

3/ N'afficher qu'un calque

Masquez tous les calques à l'exception de l'arrière-plan et rendez visible le calque Mariage.

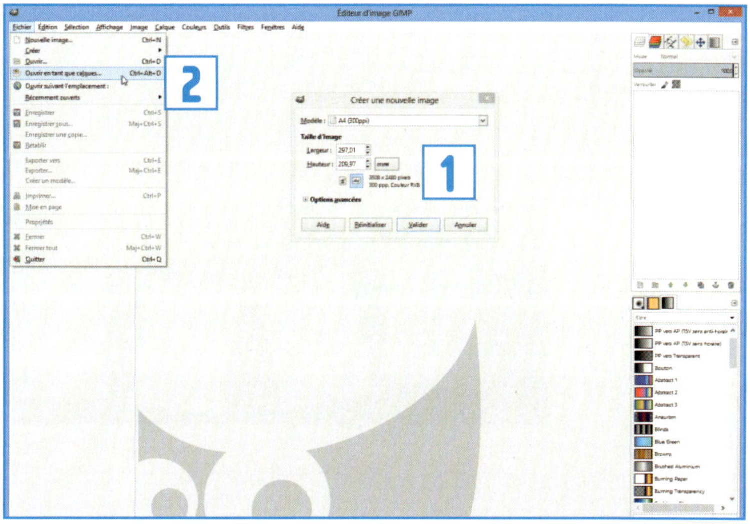

Images →
Fusionner les calques visibles

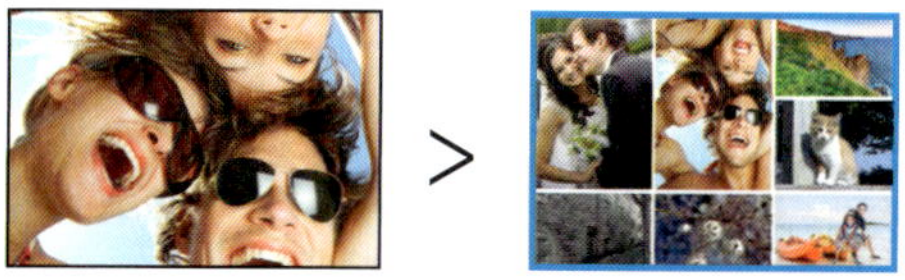

atelier
33

DANS UN ESPRIT SCRAPBOOKING vous pouvez mettre en valeur vos images en les détourant ou en ajoutant divers éléments de décoration dans votre composition.

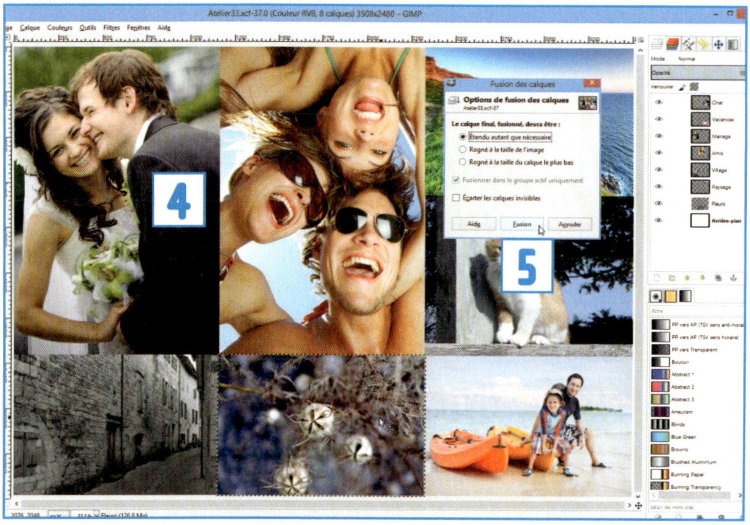

4/ Disposer les images

Disposez vos images afin qu'aucun blanc ne soit visible. Alignez les photographies en jouant sur leur taille, leur emplacement mais aussi en cachant certaines parties via la superposition des calques. Vous obtenez ainsi l'image présentée à gauche. Vous pouvez retrouver cette composition dans [Atelier33.xcf] avec ses différents calques.

5/ Fusionner les calques

Rendez-vous dans Images/Fusionner les calques visibles et cliquez sur Fusion. Vous obtenez un seul calque.

6/ Configurer le pinceau

Prenez l'outil Pinceau (P), choisissez le blanc comme couleur de premier plan, une taille de 40 et une brosse Hardness 100.

7/ Tracer des lignes droites

Tracez des lignes bien droites entre vos photos. Placez le pointeur de la souris légèrement en dehors de la zone de travail au début de la ligne à tracer, cliquez et appuyez ensuite sur Maj+Ctrl. Puis cliquez à l'autre extrémité de la ligne pour la tracer. Faites de même pour chaque ligne.

RÉALISER UNE CARTE DE VŒUX

0h45

Pour donner une touche de saison à votre carte de vœux vous allez voir comment ajouter de la neige sur une photographie. Vous allez également ajouter votre texte sur cette image.

1/ Ouvrir la photographie

Ouvrez la photographie [Atelier26_02.jpg]. C'est un décor parfait pour une carte de vœux de fin d'année. Afin de rendre cette carte bien particulière, vous allez la saupoudrer de neige et l'agrémenter d'un texte mis en valeur par un effet lumineux.

2/ Couleurs

Choisissez le noir comme couleur de premier plan et le blanc comme couleur d'arrière-plan.

3/ Ajouter un calque

Cliquez sur le menu Calques/Nouveau calque.

4/ Options du calque

Pour ce nouveau calque, choisissez Couleur de premier plan dans Type de remplissage de calque afin que ce nouveau calque soit noir. Donnez-lui le nom Neige et cliquez sur Valider.

5/ Filtre de bruit

Rendez-vous dans le menu Filtres/Bruit et choisissez Brouillage RVB.

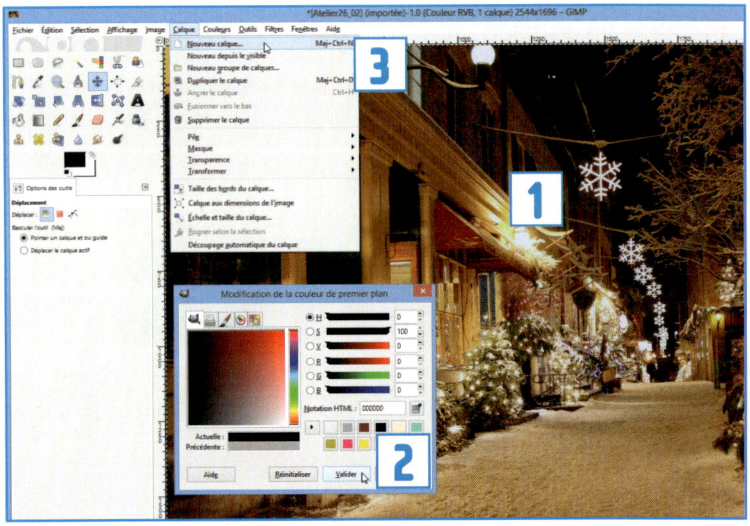

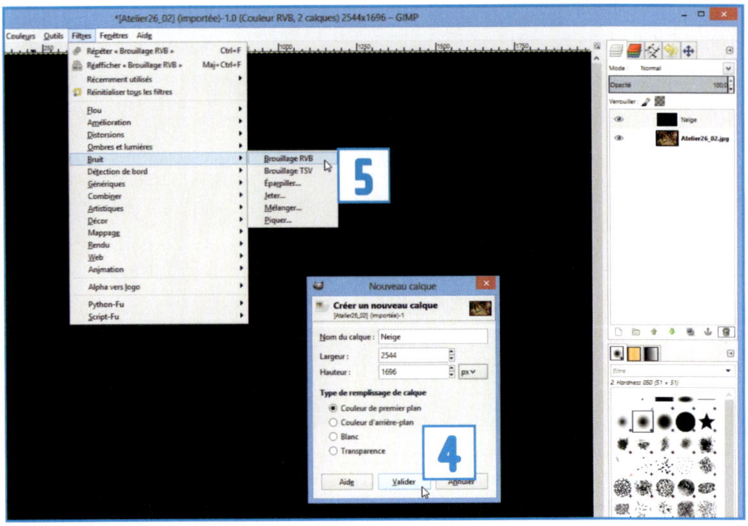

Filtres → Bruits → Brouillage RVB

>

atelier 34

COMME POUR LE FAIRE-PART le dos de la carte peut rester vierge afin de recevoir un petit mot personnalisé !

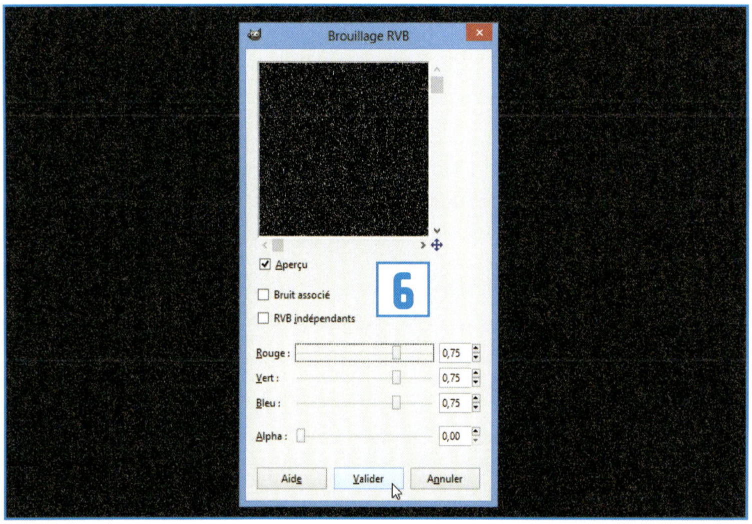

6/ Brouillage RVB

Dans la fenêtre Brouillage RVB, décochez Bruit associé et RVB indépendants. Déplacez le curseur Rouge jusqu'à 0,75. Les autres curseurs se régleront automatiquement sur cette même valeur. Pour Alpha, mettez 0 et cliquez sur Valider.

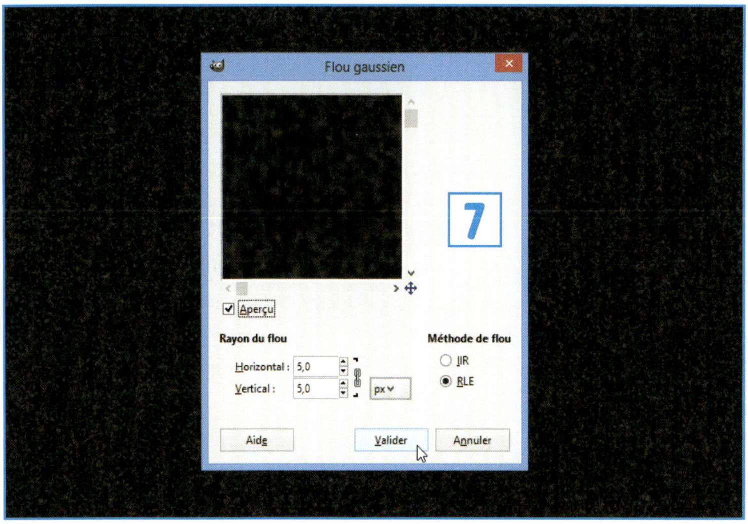

7/ Appliquer un flou gaussien

Rendez-vous dans le menu Filtres/Flou/Flou gaussien. Dans la fenêtre Flou gaussien, indiquez un rayon du flou de 5 px pour Horizontal et Vertical. Cliquez sur Valider. Vous pouvez voir le calque se troubler.

RÉDUISEZ LE FORMAT DE VOTRE IMAGE afin d'alléger son poids et envoyez-la par e-mail à vos amis.

EN APPUYANT SUR LA TOUCHE D DE VOTRE CLAVIER vous sélectionnez automatiquement la couleur noire en premier plan et la couleur blanche en arrière-plan.

8/ Configurer l'outil gomme

Actuellement la neige a un aspect très uniforme. Afin d'améliorer cet effet de neige qui tombe, utilisez la gomme (Maj+E) pour atténuer certaines zones de l'image. Pour cela, il faut lui attribuer, non pas une opacité de 100 %, mais entre 10 et 20 %, ainsi qu'une taille d'environ 200. Prenez également la brosse Cell 02 pour un effet moins régulier.

9/ Atténuer des zones

Avec cet outil Gomme, cliquez à différents endroits de l'image, tracez quelques traits pour atténuer certaines zones sur le calque Neige.

10/ Changer de mode

Dans la fenêtre Calques, changez le mode du calque Neige en choisissant Écran. Vous pouvez de nouveau voir votre image de fond sur laquelle est à présent incrusté le calque contenant la neige que vous venez de créer.

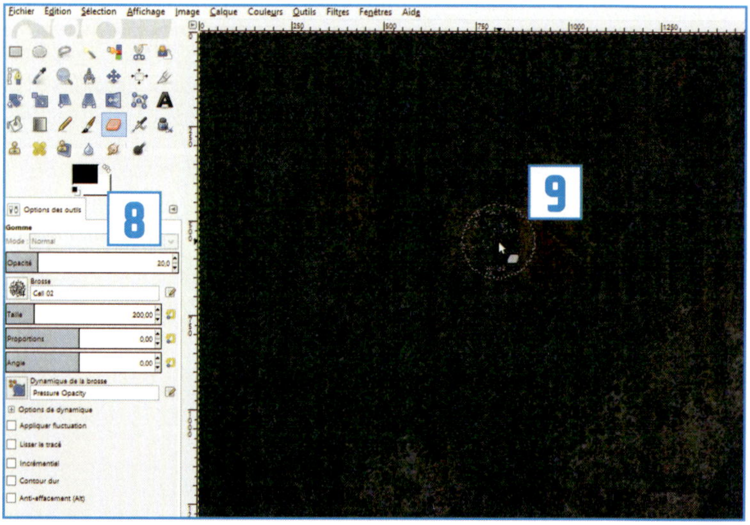

Filtres → Ombres et lumières → Ombre portée

atelier 34

UNE TEMPÊTE ? Si vous souhaitez une tempête de neige, à l'étape 7 rendez-vous dans le menu Filtres/Flou et choisissez Flou cinétique plutôt que Flou gaussien. Choisissez un angle de 120 et une longueur de 20 puis validez.

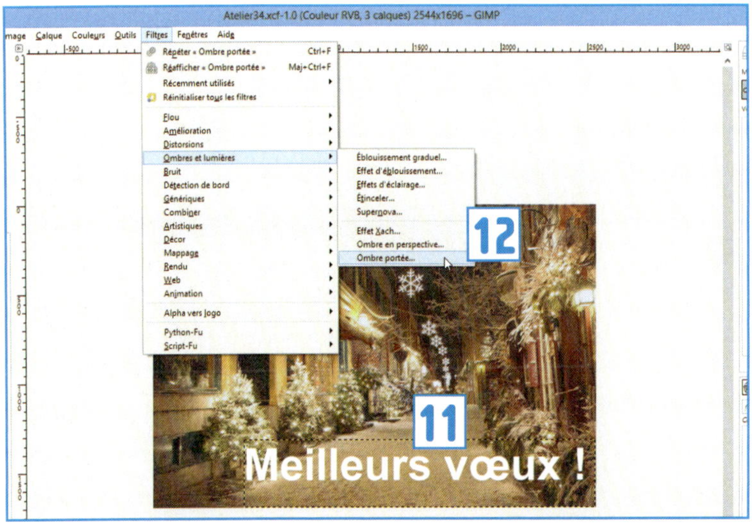

11/ Écrire le texte

Avec l'outil Texte (T), saisissez votre texte en bas à droite de l'image, dans une taille de police assez grande de 250 px avec une couleur blanche et une police Arial en gras.

12/ Illuminer le texte

Rendez-vous dans le menu Filtres/Ombres et lumières/Ombre portée. Malgré l'intitulé de ce filtre, il est possible de l'utiliser pour illuminer votre texte très simplement.

13/ Illuminer le texte (suite)

Dans la fenêtre Script-Fu : Ombre portée, indiquez un décalage X et Y de 0 pour que l'ombre se trouve exactement derrière le texte. Ainsi elle dépassera de tous les côtés uniformément. Indiquez un rayon du flou de 40 pour que l'ombre soit bien visible. Définissez une opacité de 80.

Enfin, choisissez une couleur blanche, pour que l'ombre devienne une illumination et cliquez sur Valider.

Votre carte est terminée ! Vous trouverez le résultat dans le fichier [Atelier34.jpg].

COMPOSER UNE CARTE POSTALE

0h35

Si vous avez un ou plusieurs clichés de vos vacances pourquoi ne pas les utiliser de manière originale en réalisant une carte postale personnalisée que vous pourrez ensuite envoyer à vos amis.

1/ Nouvelle image

Créez une nouvelle image aux dimensions d'une carte postale. Pour cela, rendez-vous dans Fichier/Nouvelle image. Choisissez le format A6 (300ppi) dans le menu déroulant Modèle. Il s'agit du format standard, équivalent à un quart de feuille A4. Choisissez une orientation Paysage, plus adaptée à cette carte postale car l'image de fond sera tout simplement un paysage. Toutefois il est également courant d'avoir des cartes postales au format Portrait. Choisissez donc le format le plus adapté en fonction de vos photographies.

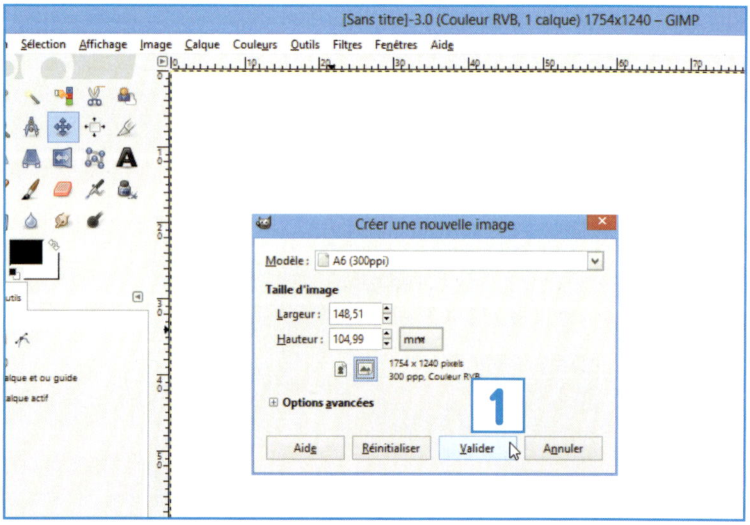

2/ Ouvrir les images

Cliquez sur Fichier/Ouvrir en tant que calques et choisissez les différentes images de votre carte postale. Ici [Atelier35_01.jpg] (Plage), [Atelier35_02.jpg] (Cocotier), [Atelier35_03.jpg] (Nénuphar), [Atelier35_04.jpg] (Tortue). Remarque : le nom des calques correspondant aux images figure entre parenthèses.

Fichier → Ouvrir en tant que calques

atelier **35**

DES SERVICES D'IMPRESSION EN LIGNE peuvent vous assurer une qualité d'impression optimale et vous proposer un papier adéquat à moindre coût. Le résultat sera sans comparaison avec une impression à domicile suivie d'un découpage à l'aide d'une paire de ciseaux !

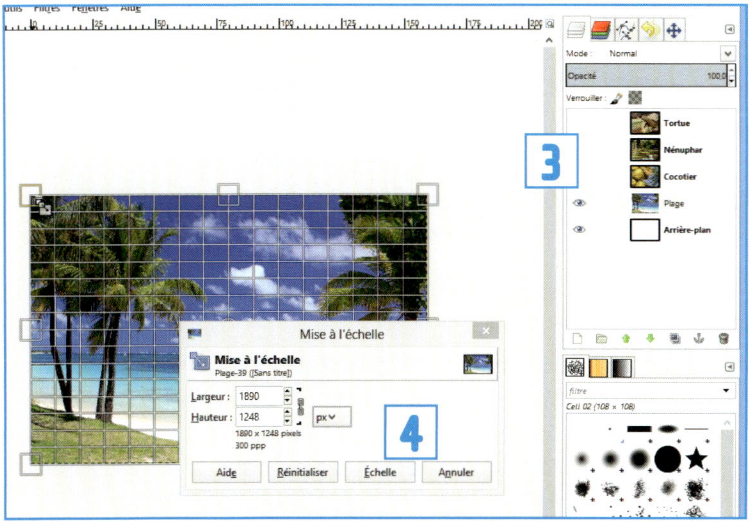

3/ Masquer les calques

Masquez les calques que vous n'utilisez pas pour simplifier vos manipulations. Dans un premier temps, laissez uniquement les calques Plage et Arrière-plan visibles.

4/ Redimensionner le calque

Avec l'outil de Mise à l'échelle, redimensionnez le calque Plage afin qu'il occupe toute la surface de la carte postale. Vous pouvez indiquer une largeur de 1890 px et une hauteur de 1248 px pour cela.
Placez ensuite correctement la photographie pour ne plus voir le blanc de l'arrière-plan.

5/ Positionner les calques

Redimensionnez les calques Cocotier, Tortue et Nénuphar proportionnellement à 556 px de largeur afin de les placer en vignettes sur cette photographie.
Pour qu'ils soient bien alignés, placez un guide vertical et alignez les trois photographies le long de ce guide.
Le recto de votre carte postale est prêt. Vous pouvez enregistrer votre fichier et passer à présent à la création du verso qui accueillera votre texte et l'adresse de votre correspondant.

PRÉPAREZ LE VERSO DE VOTRE CARTE À L'AVANCE et réutilisez-le pour d'autres cartes postales.

POUR DONNER UN EFFET PLUS RÉALISTE À VOTRE CARTE vous pouvez rédiger une petite anecdote au verso relative à une photographie du recto comme on peut souvent en trouver sur les cartes postales du commerce.

6/ Nouvelle image

Créez une nouvelle image comme précédemment aux dimensions d'une carte postale. Pour cela, rendez-vous dans Fichier/ Nouvelle image. Choisissez le format A6 (300ppi) dans le menu déroulant Modèle. Choisissez une orientation Paysage qui vous laissera de la place à gauche pour rédiger votre texte et à droite pour l'adresse postale.

7/ Ajouter un nouveau calque

Créez un nouveau calque en vous rendant dans le menu Calques/Nouveau calque. Donnez-lui le nom ligne adresse et choisissez comme type de remplissage de calque Transparence. Cliquez sur Valider. Ce calque va accueillir une des lignes permettant de rédiger l'adresse du destinataire.

8/ Tracer la première ligne

Prenez l'outil Crayon (N), choisissez le noir comme couleur de premier plan, une opacité de 100, la brosse Hardness 100 et une taille de 2. Cliquez une fois au début de la ligne puis maintenez enfoncées les touches Maj+Ctrl et déplacez le pointeur à l'autre extrémité de la ligne puis cliquez de nouveau.

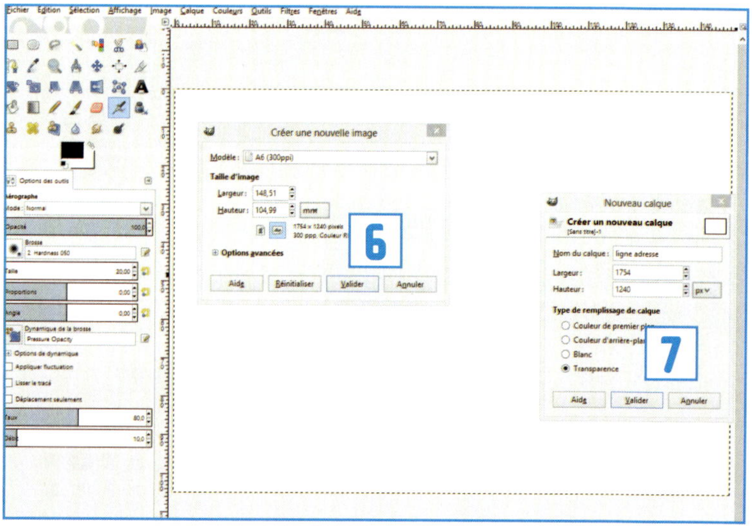

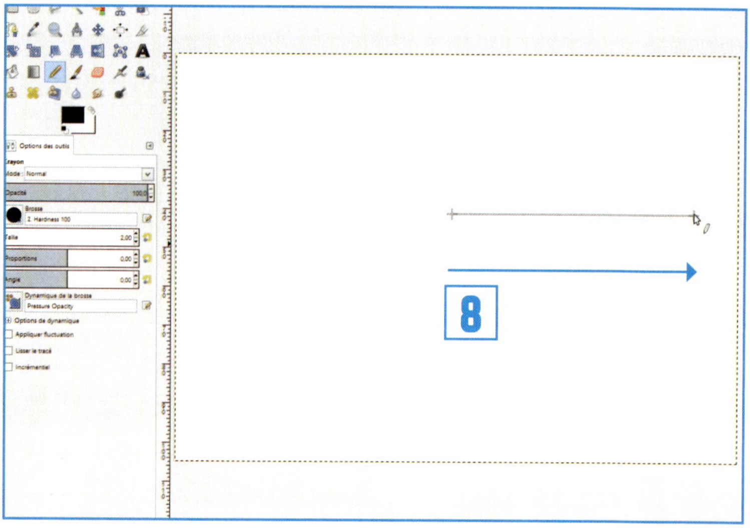

Calque → **Dupliquer le calque**

atelier 35

VOUS POUVEZ RÉDIGER les adresses postales de vos destinataires directement dans GIMP si vous souhaitez gagner du temps lors de la rédaction de vos cartes postales.

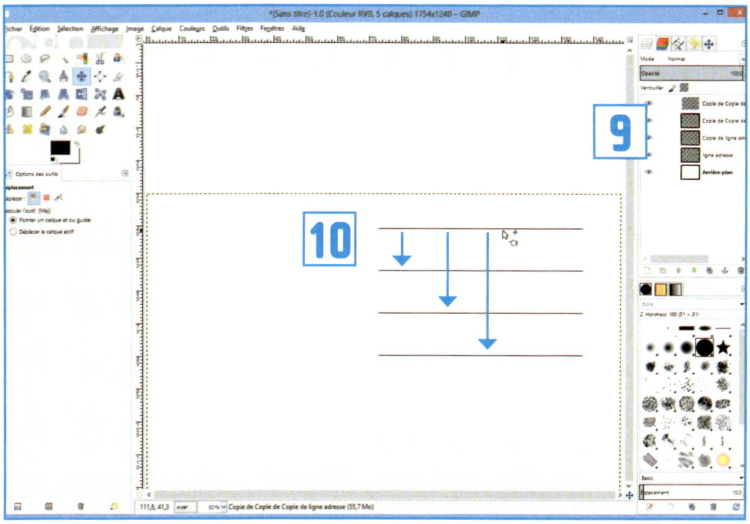

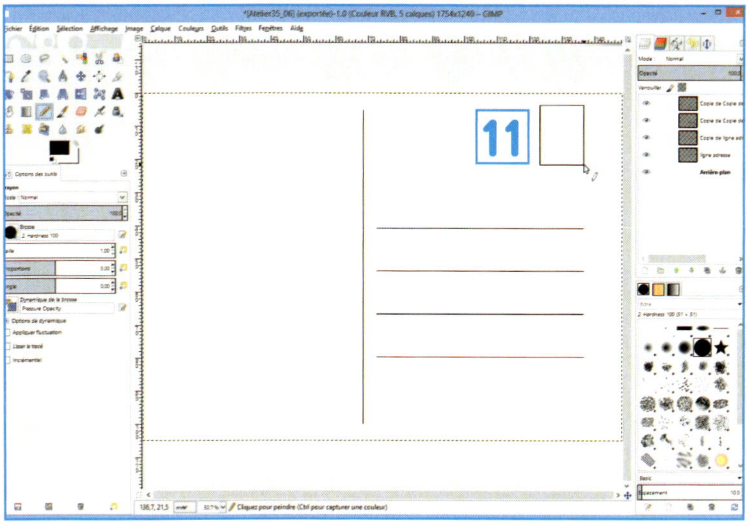

9/ Dupliquer la ligne

Cliquez sur le calque ligne adresse dans la fenêtre Calques pour le sélectionner et appuyez sur les touches Maj+Ctrl+D à trois reprises pour obtenir trois nouvelles lignes identiques mais dans d'autres calques. Vous pourrez ainsi les manipuler individuellement.

10/ Placer les lignes

Cliquez sur un des calques que vous venez de dupliquer, prenez l'outil de Déplacement (M) et cliquez sur une ligne. Appuyez ensuite sur les touches Maj+↓ à trois reprises pour faire descendre cette première ligne. Répétez l'opération en appuyant six fois pour la seconde ligne copiée et enfin neuf fois pour la dernière ligne copiée.
Vous obtenez ainsi quatre lignes de même taille et avec un espacement identique.

11/ Tracer les dernières lignes

Vous pouvez tracer également une ligne entre la zone d'adresse et la zone de texte et tracer l'emplacement du timbre pour terminer le dos de votre carte postale.

ALIGNER ET RÉPARTIR DES CALQUES

0h20

Pour appréhender l'alignement et la répartition des calques avec GIMP vous allez recomposer une façade d'immeuble avec ses différentes fenêtres qui se doivent d'être alignées à la perfection.

1/ Ouvrir la photographie

Ouvrez la photographie [Atelier36_01.jpg]. Vous pouvez voir une façade d'immeuble avec uniquement des fenêtres sur la gauche. Vous allez ajouter des fenêtres sur toute la largeur en veillant à leur alignement.

2/ Ajouter les fenêtres

Ouvrez en tant que calques les différentes fenêtres disponibles dans [Atelier36_02.jpg], [Atelier36_03.jpg] et [Atelier36_04.jpg]. Nommez-les respectivement Haut, Milieu et Bas.

3/ Dupliquer les calques

Pour chaque type de fenêtre, cliquez sur son calque et dupliquez-le trois fois en appuyant sur Maj+Ctrl+D.

4/ Placer les fenêtres

Placez les premières fenêtres exactement au-dessus des originales et sur la droite, placez les copies alignées approximativement.
Attention à la dernière fenêtre en bas à droite, la petite meurtrière doit dépasser de la zone de travail pour respecter l'alignement général.

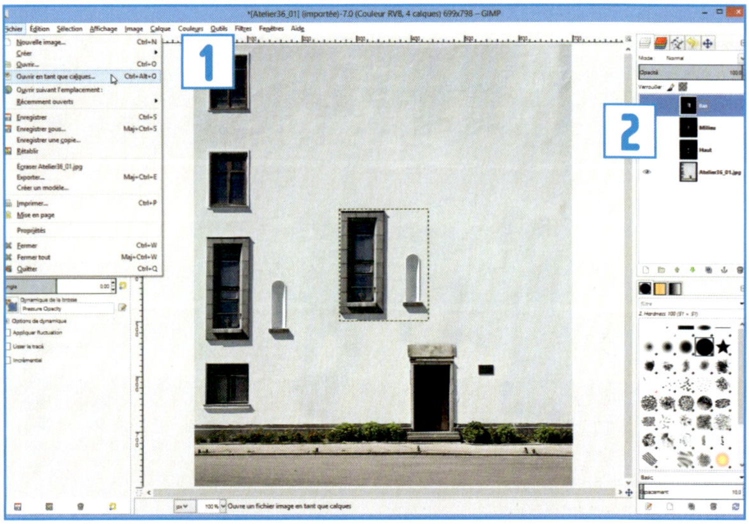

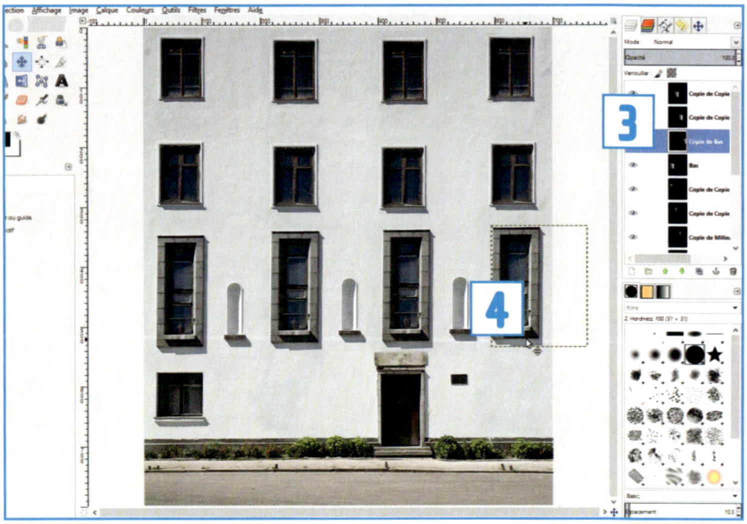

Affichage →
Aligner sur les guides

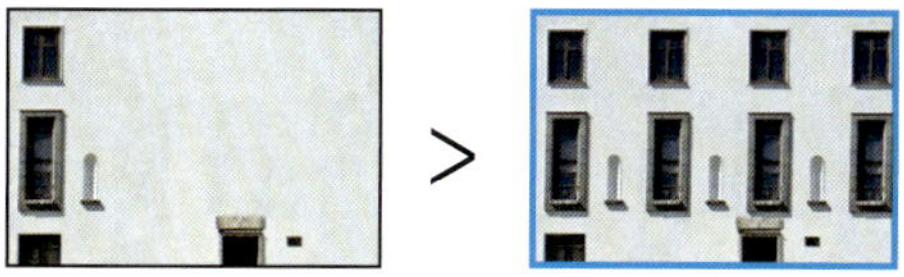

atelier
36

POUR VOUS AIDER DANS L'ALIGNEMENT DES OBJETS vous pouvez également utiliser les règles à gauche et en haut du document en plus des repères que vous pouvez placer.

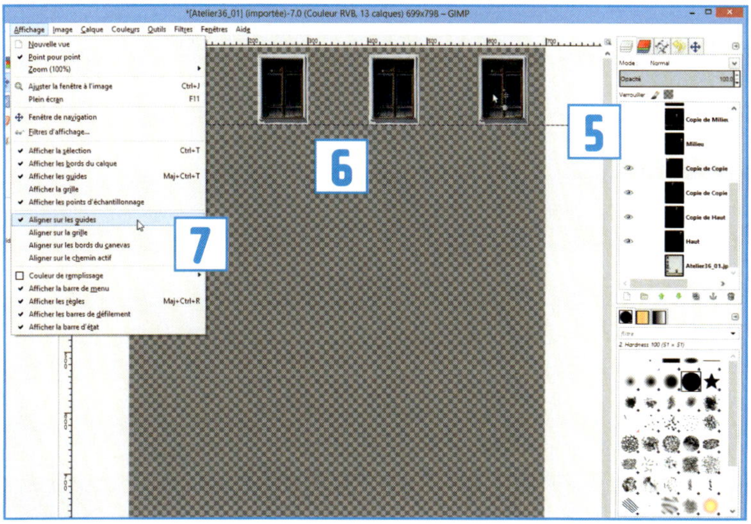

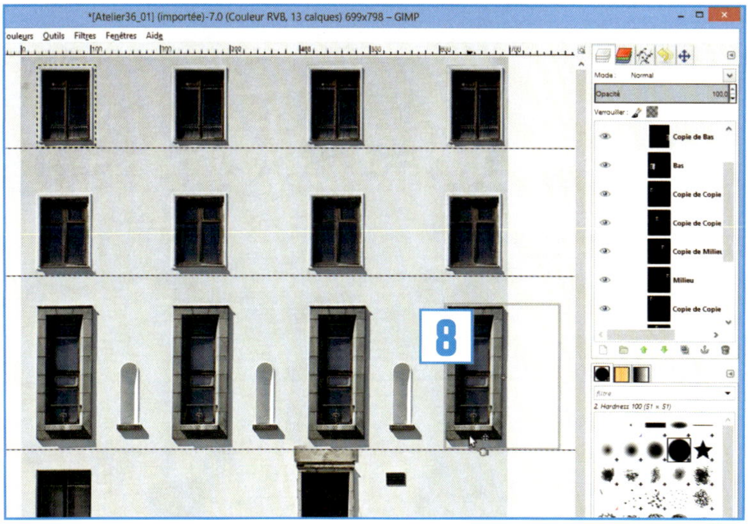

5/ Masquer les calques

Masquez tous les calques à l'exception du calque Haut et ses copies.

6/ Placer des guides

Placez un guide sous la fenêtre de gauche en cliquant sur la règle horizontale et en déplaçant la souris vers le bas. Relâchez le bouton une fois arrivé exactement sous la fenêtre afin de tracer votre guide.

7/ Magnétiser les guides

Dans le menu Affichage cochez Aligner sur les guides.

8/ Placer les fenêtres

À présent avec l'outil de Déplacement (M), placez chaque fenêtre sur le guide. Celles-ci sont attirées automatiquement sur la ligne. Répétez l'opération pour les autres fenêtres afin de les aligner horizontalement. Vous pouvez ensuite faire de même pour les aligner verticalement.
Lorsque vous enregistrez ou imprimez une image, les guides ne sont pas visibles. Ils sont uniquement présents pour vous aider dans le montage de votre image.

4

DESSINER ET CRÉER

Si GIMP est un formidable logiciel de retouche d'images permettant les compositions les plus folles, il est également un outil de création des plus évolués.
Que ce soit avec votre souris ou avec une tablette graphique, vous pourrez réaliser des dessins de très grande qualité très simplement.
Vous apprendrez dans ce chapitre à dessiner à l'aide de photographies et donc sans aucune connaissance en dessin. Si vous avez déjà des connaissances dans ce domaine, vous verrez comment les exploiter dans le monde numérique avec GIMP.

PRENDRE EN MAIN LES OUTILS DE DESSIN

0h15

Avec GIMP vous avez une liberté totale en ce qui concerne les tracés. Avec les outils Pinceau, Crayon ou Aérographe, vous pouvez réaliser des dessins en toute liberté.

1/ Ouvrir une nouvelle image

Rendez-vous dans le menu Fichier/Nouvelle image et choisissez le modèle 1024x768 pour obtenir une image en format Paysage de 1024 pixels de large sur 768 pixels de haut. Cliquez sur Valider.

2/ Tracer une ligne à main levée

Sélectionnez l'outil Crayon (N) et tracez un premier trait horizontal en haut de l'image. Comme vous pouvez le voir, le trait est coloré uniformément et un phénomène d'escalier est présent au niveau des légères courbes dû au tracé à main levée.

3/ Tracer un trait

Pour un tracé parfaitement droit, cliquez pour placer le début du trait, maintenez la touche Maj enfoncée. Vous pouvez voir la ligne qui sera tracée. Cliquez à l'autre extrémité de l'image pour tracer votre trait.

4/ Tracer des angles

Cliquez pour placer le début du tracé. Appuyez ensuite sur Ctrl et sur Maj en même temps pour tracer un premier trait et répétez l'opération pour tracer des angles droits très facilement.

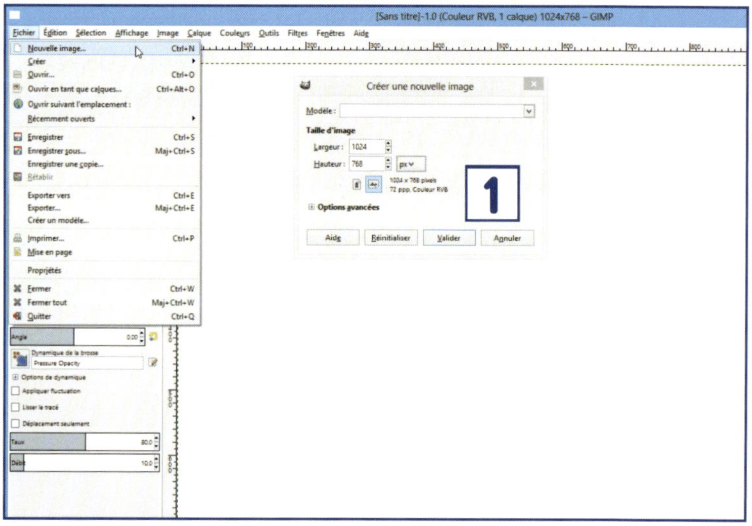

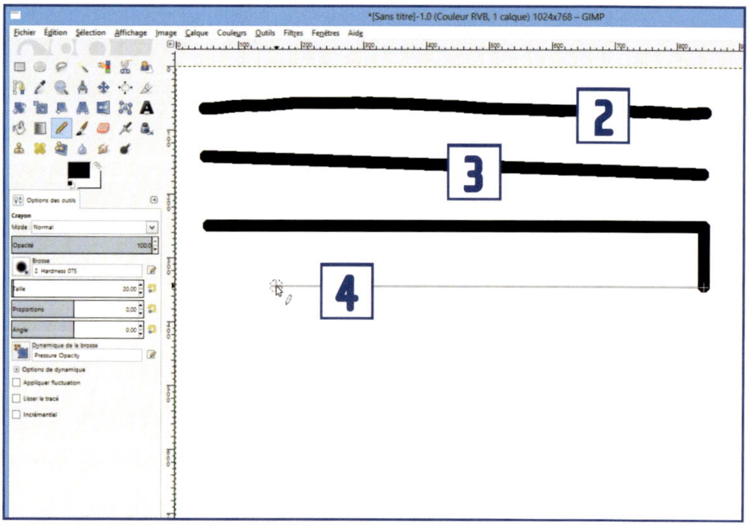

 Outil Crayon (N)

 Outil Pinceau (P)

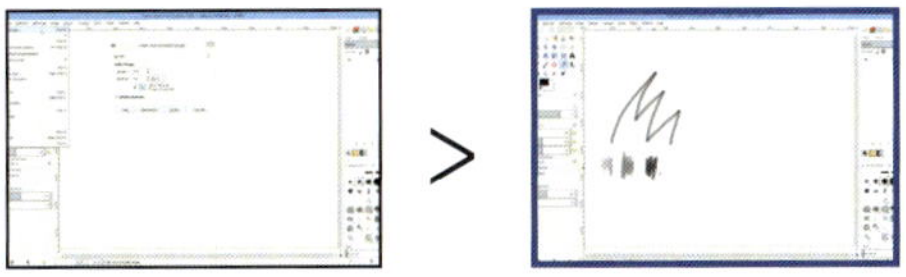

POUR RECOPIER UNE COULEUR lorsque vous effectuez un tracé, appuyez sur la touche Ctrl : le pointeur prend la forme d'une pipette. Cliquez sur la couleur à copier et dessinez : la couleur de premier plan a bien été remplacée.

atelier

37

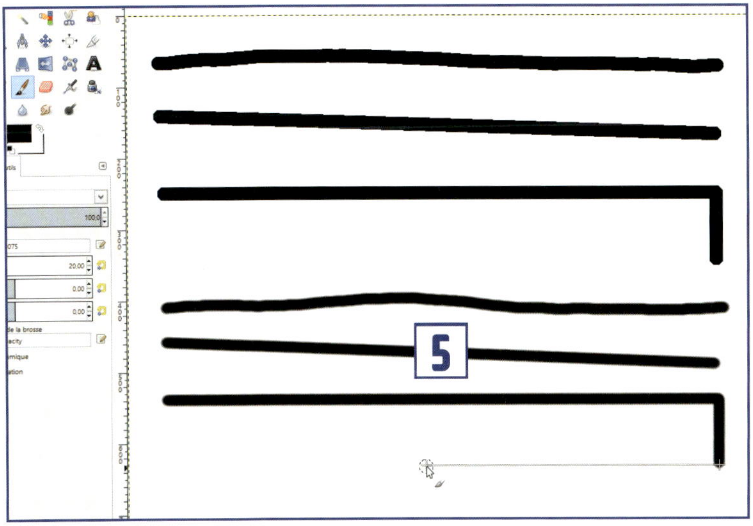

5/ Adoucir les traits

Pour obtenir un tracé plus doux, prenez l'outil Pinceau (P). Vous pouvez réaliser les mêmes types de traits qu'avec le crayon mais avec un trait beaucoup plus doux, les bords de votre tracé étant tout en fondu.

6/ Dessiner à l'aérographe

Prenez l'outil Aérographe (A) et tracez une forme dans votre image. Vous pouvez constater que le trait est adouci à la manière d'un tracé au pinceau, mais avec une certaine transparence.

7/ Repasser sur votre tracé

Toujours avec l'outil Aérographe, repassez sur une zone déjà tracée à l'aérographe. Vous pouvez voir que la couleur devient plus sombre. En effet, cet outil va jouer sur la notion de couche et plus vous passerez sur une zone, plus celle-ci sera foncée.

8/ Régler les outils de dessin

Dans la fenêtre Options des outils, vous pouvez régler la taille de chaque outil ainsi que son opacité. La brosse et le motif ont également un impact important comme vous allez le voir dans les ateliers suivants.

REMPLIR UN DESSIN AVEC LES MOTIFS

0h15

GIMP vous propose cinquante-neuf motifs pour toutes sortes d'utilisations. Qu'il s'agisse de colorer un dessin ou bien un texte, tout est envisageable !

1/ Ouvrir une nouvelle image

Rendez-vous dans le menu Fichier/Nouvelle image et choisissez le modèle 1024x768 pour obtenir une image en format Paysage de 1024 pixels de large sur 768 pixels de haut. Cliquez sur Valider.

2/ Sélectionner une zone

Vous avez trois façons d'utiliser les motifs avec GIMP. La première consiste à remplir une zone avec l'outil de Remplissage. Pour cela vous devez au préalable sélectionner une zone, par exemple ici un rectangle avec l'outil de Sélection rectangulaire (R).

3/ Choisir un motif

Dans la fenêtre Motifs située par défaut en bas à droite de l'écran, cliquez sur le motif que vous souhaitez appliquer.

4/ Régler le remplissage

Sélectionnez l'outil de Remplissage. Dans les options de l'outil, cochez Remplissage avec le motif.

5/ Remplir la zone sélectionnée

Cliquez dans la zone pour la remplir avec le motif.

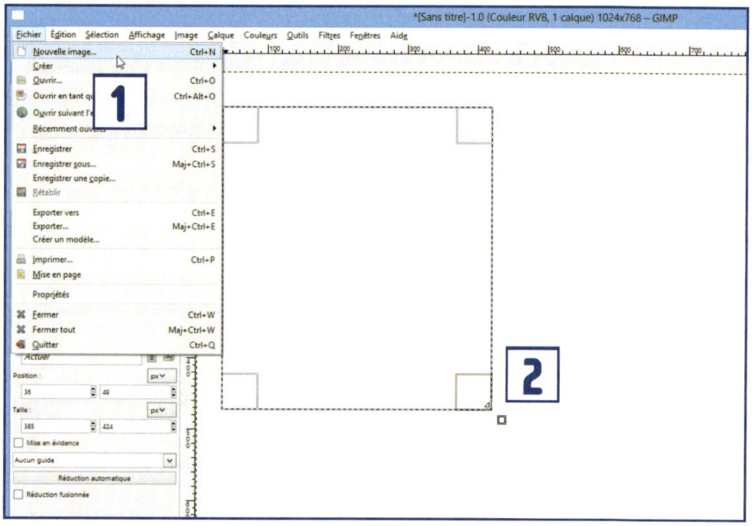

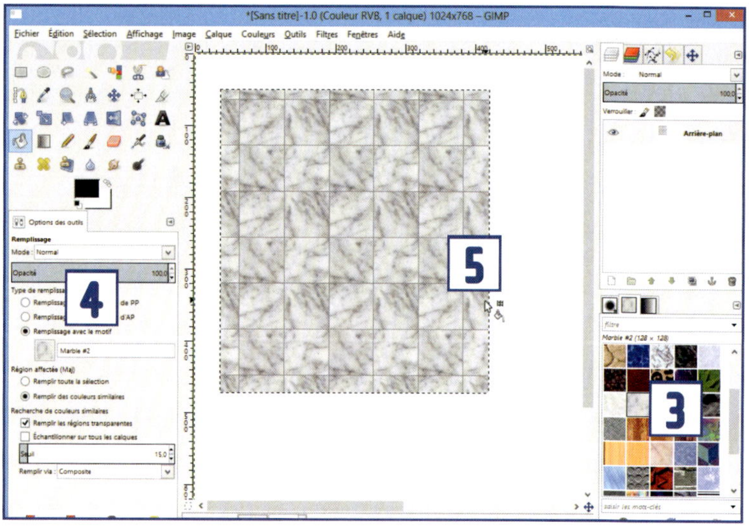

Édition → Remplir avec un motif

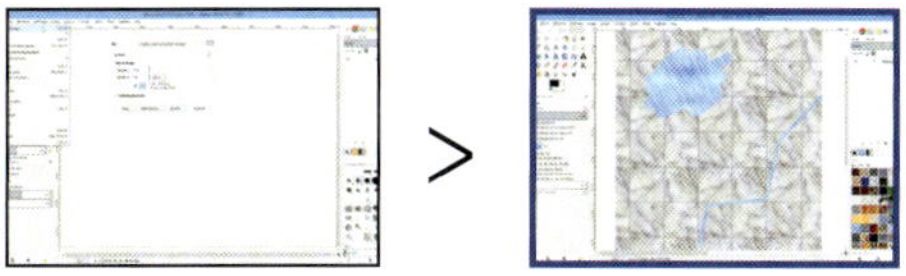

atelier

38

VOUS POUVEZ REMPLIR TOUTE VOTRE IMAGE AVEC UN MOTIF. Pour cela, assurez-vous qu'aucune sélection n'est présente dans l'image et rendez-vous dans le menu Édition/Remplir avec un motif. Le motif sélectionné dans la fenêtre Motifs sera appliqué à la totalité de l'image.

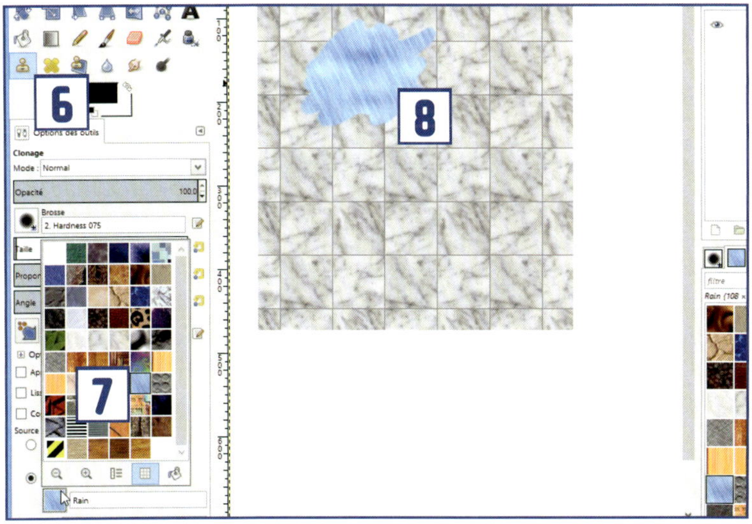

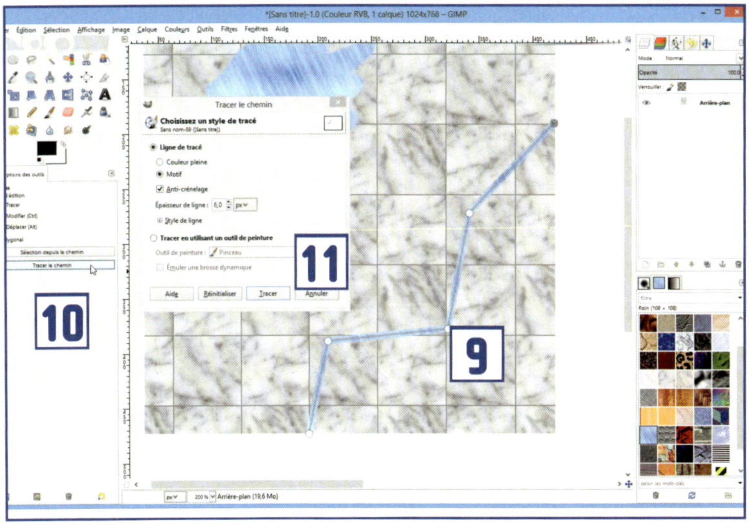

6/ Tracer un motif

Si vous désirez tracer une forme libre à main levée, prenez l'outil de Clonage (C) et dans la fenêtre Options des outils, cochez Motif.

7/ Tracer un motif (suite)

Choisissez le motif de votre choix. Cette fois cliquez sur le petit carré d'aperçu du motif dans la fenêtre Options des outils. Choisissez une taille de 20 pour que le motif soit bien visible lorsque vous dessinerez.

8/ Tracer un motif (fin)

Dessinez dans votre image avec l'outil de Clonage. Le motif est appliqué.

9/ L'outil Chemins

Avec l'outil Chemins (B) tracez la forme de votre choix. Celle-ci n'a pas besoin d'être fermée.

10/ Tracer un chemin

Dans la fenêtre Options des outils, cliquez sur Tracer le chemin.

11/ Appliquer le motif

Dans la fenêtre qui apparaît, cochez Motif et cliquez sur Tracer. Le motif s'applique à votre chemin.

DESSINER AVEC LES BROSSES

0h20

Vous avez vu comment tracer différents types de traits et comment remplir des formes ou effectuer des tracés avec des motifs. Mais GIMP vous permet également d'effectuer des tracés plus originaux avec les brosses, une sorte de tampon que vous auriez au bout de votre crayon.

1/ Ouvrir une nouvelle image

Rendez-vous dans le menu Fichier/Nouvelle image et choisissez le modèle 800x600 pour obtenir une image en format Paysage de 800 pixels de large sur 600 pixels de haut. Cliquez sur Valider.

2/ Choisir une couleur

Choisissez une couleur de premier plan bleu ciel qui sera utilisée pour dessiner le ciel. Utilisez la notation HTML cafdff.

3/ Sélectionner un outil

Vous pouvez utiliser les brosses avec tous les outils de dessin. Choisissez donc l'outil en fonction du résultat souhaité. Ici pour le ciel, l'outil Aérographe (A) sera idéal. Sélectionnez-le et dans la fenêtre Options des outils, indiquez une opacité de 100 et une taille de 200.

4/ Sélectionner une brosse

Choisissez la brosse Acrylic 01 (180 x 180) qui sera idéale pour dessiner un ciel nuageux.

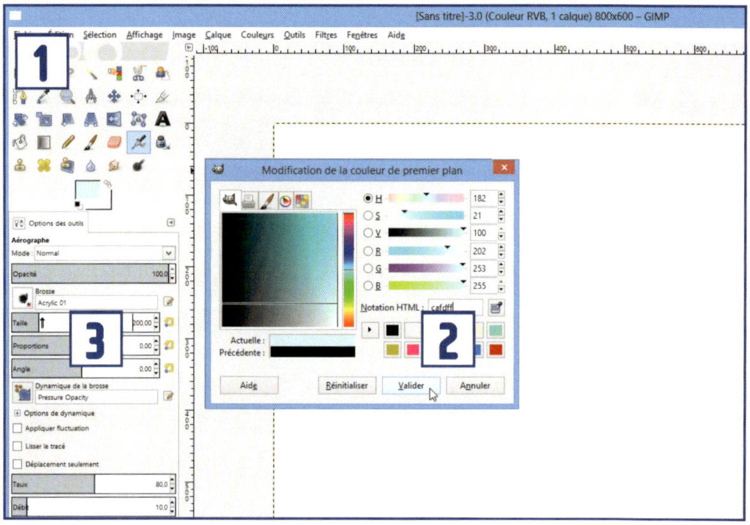

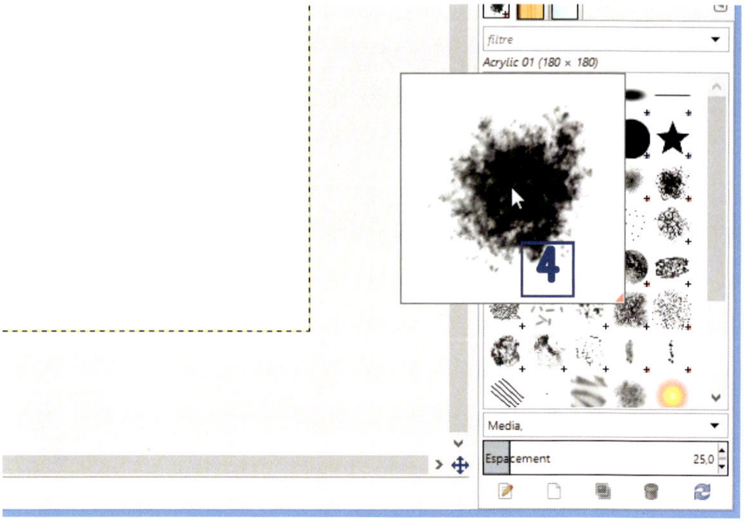

Fenêtres → Fenêtres ancrables → Brosses

>

atelier **39**

VOUS POUVEZ TROUVER UN TRÈS GRAND NOMBRE DE BROSSES À TÉLÉCHARGER gratuitement sur Internet. Pour cela lancez une recherche sur le terme Brush ou Brosses suivi de Gimp et éventuellement du type de brosse recherché. Par exemple brush gimp cloud pour des brosses de type nuage.

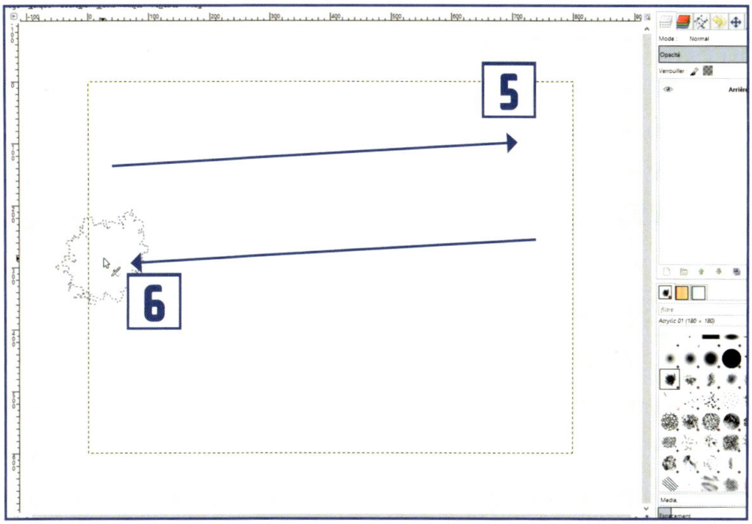

5/ Utiliser la brosse

Avec l'aérographe, remplissez la partie supérieure de l'image, sans aller jusqu'en haut, de la gauche jusqu'à la droite.

6/ Utiliser la brosse (suite)

Passez la brosse une seconde fois de la droite vers la gauche un peu plus bas. Pour l'instant l'effet est très pâle car l'aérographe nécessite plusieurs passages pour que le rendu soit plus opaque.

7/ Utiliser la brosse (fin)

Passez de nouveau la brosse à certains endroits afin d'accentuer la couleur tout en faisant ressortir les zones plus blanches pour donner cet effet nuageux.
N'hésitez pas à utiliser l'Historique d'annulation pour revenir en arrière si vous avez tracé un trait qui ne vous convient pas.

LORSQUE VOUS COPIEZ UN ÉLÉMENT DE L'IMAGE une nouvelle brosse est créée, en haut à gauche dans la fenêtre des brosses. Vous pouvez ainsi utiliser cet élément copié comme n'importe quelle brosse. Cette brosse disparaît à la fermeture de GIMP.

VOUS POUVEZ VOIR DES SYMBOLES EN BAS À DROITE DES ICÔNES DE BROSSE : un coin bleu signifie que vous pouvez dupliquer la brosse, par exemple pour peindre une surface. Une petite croix signifie que la brosse est en taille réduite, cliquez alors avec le bouton gauche pour l'agrandir. Enfin un coin rouge indique que la brosse est animée : dès lors que vous maintiendrez le bouton de la souris enfoncé, plusieurs motifs seront dessinés. En cliquant avec le bouton gauche de la souris sur la brosse animée, vous pourrez la voir en grand.

8/ Changer d'outil

Pour ajouter de la verdure, vous allez sélectionner l'outil Pinceau (P) qui donnera tout de suite une opacité maximale à votre brosse. Pour cela réglez l'opacité à 100 et la taille à 300.

9/ Changer de couleur

Pour la couleur de premier plan, indiquez la notation HTML 007000 pour obtenir un vert foncé et cliquez sur Valider.

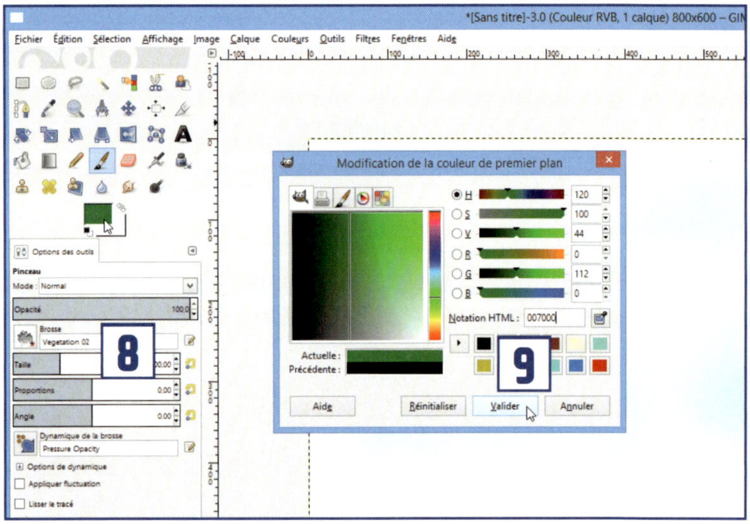

10/ Sélectionner une brosse

Sélectionnez la brosse Vegetation 02 (169 x 170) dans la fenêtre Brosses. Comme pour la brosse utilisée pour le ciel, il s'agit d'une brosse animée. Par conséquent, lorsque vous maintiendrez le bouton de la souris enfoncé pour dessiner, les images vont changer afin que le motif ne soit pas toujours le même. Ainsi l'impression de végétation sera plus réaliste.

atelier 39

Outil Aérographe (A)

RÉGLEZ VOS BROSSES pour obtenir l'effet désiré. Par exemple un feuillage rendra mieux avec une couleur verte. Vous pouvez également jouer sur l'espacement, en réglant sa valeur en bas de la fenêtre des brosses : la brosse animée produira un motif répété avec un intervalle plus important ou plus réduit.

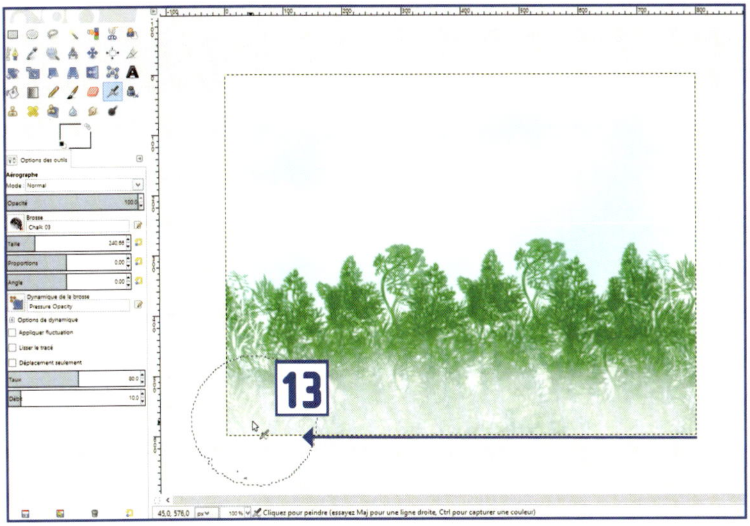

11/ Appliquer la brosse

Avec le pinceau, appliquez cette nouvelle brosse sur la partie inférieure de l'image en traçant un trait de gauche à droite avec un mouvement assez rapide pour qu'il n'y ait pas trop de végétation qui se superpose.

12/ Appliquer la brosse (suite)

Passez la brosse une seconde fois de droite à gauche pour que le bas de l'image soit rempli.

13/ Ajouter de la brume

Ajoutez enfin de la brume au premier plan, en bas de la végétation. Pour cela prenez l'aérographe et la brosse Chalk 03 (64 x 64) avec une taille d'environ 240. Prenez une couleur de premier plan gris clair avec la notation HTML efefef.
Vous avez terminé une première image en utilisant uniquement les brosses.
Vous pouvez voir le résultat dans l'image [Atelier39_01.jpg].

EXPLOITER LA TABLETTE GRAPHIQUE AVEC GIMP

0h10

Pour dessiner avec votre ordinateur, rien de tel qu'une tablette graphique car le stylet vous permettra d'effectuer des tracés précis difficilement réalisables à la souris. Une manipulation particulière est toutefois nécessaire pour que votre tablette fonctionne, ici une tablette Wacom.

1/ Avant de lancer GIMP

Connectez votre tablette et installez les derniers pilotes. Démarrez ensuite GIMP mais en utilisant le stylet pour double-cliquer sur son icône.

2/ Configurer la tablette

Une fois GIMP démarré, rendez-vous dans le menu Édition/Préférences et cliquez sur Périphérique d'entrée.

3/ Configurer la tablette (suite)

Cliquez sur Configurer les périphériques d'entrée étendus.

4/ Configurer la tablette (suite)

Vous pouvez voir votre tablette apparaître dans la liste de gauche. Pour chaque fonctionnalité, choisissez Écran dans le menu Mode. Cliquez sur Enregistrer puis sur Fermer.

5/ Configurer la tablette (fin)

Cliquez sur Enregistrer l'état des périphériques maintenant et cliquez sur Valider. Vous pouvez à présent utiliser GIMP avec votre tablette. Vous n'aurez plus besoin de refaire cette manipulation ultérieurement.

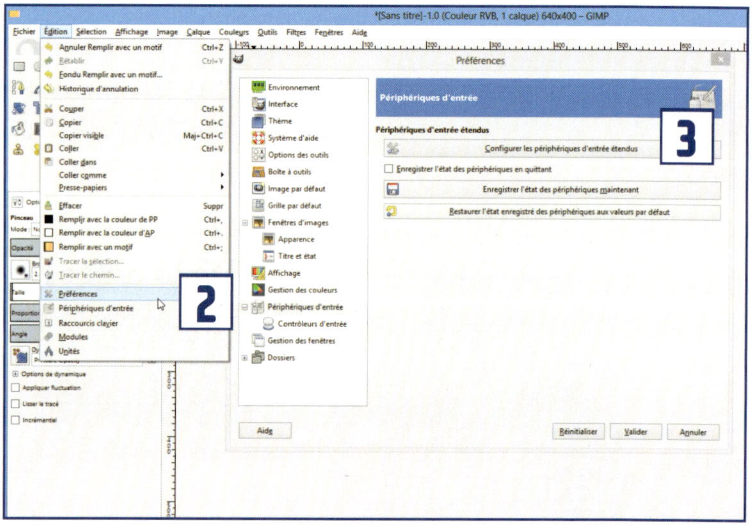

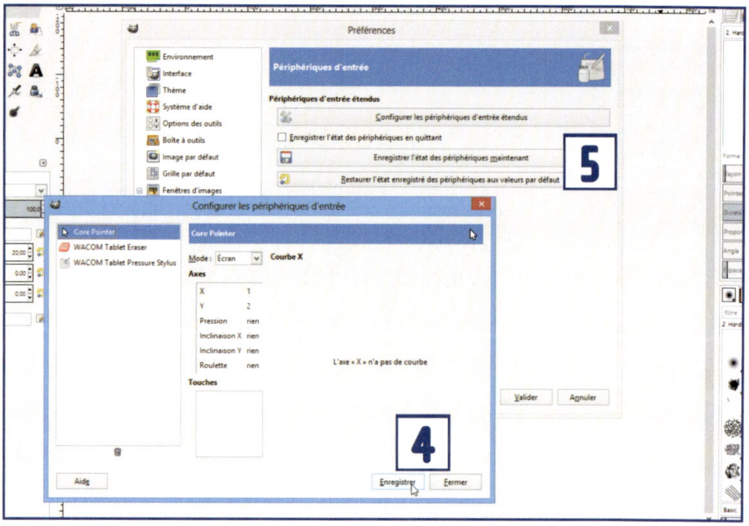

Édition → **Préférences**

>

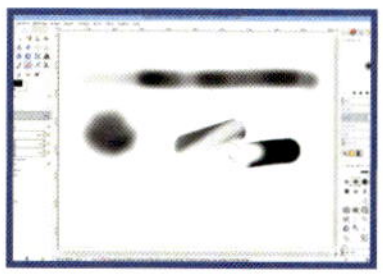

atelier **40**

GIMP EST COMPATIBLE AVEC LES TABLETTES et gérera donc la pression exercée sur votre stylet pour tracer des traits plus ou moins épais. Vous pourrez ainsi dessiner comme sur une feuille de papier, avec l'avantage de pouvoir annuler une action d'un clic et appliquer les effets de votre choix !

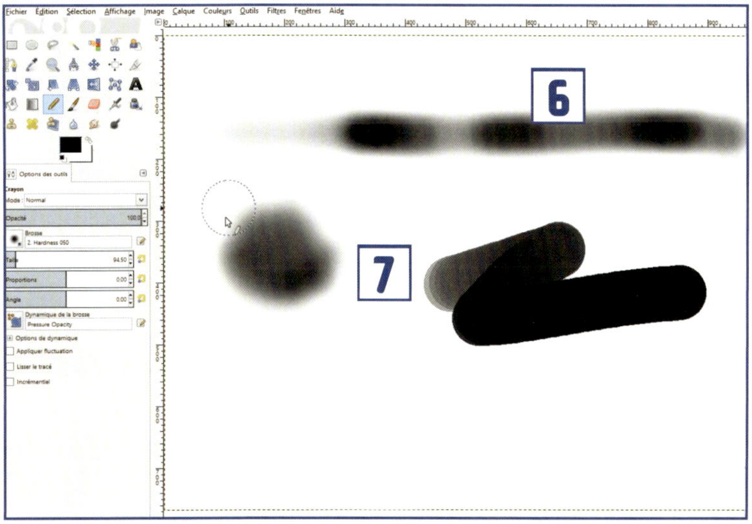

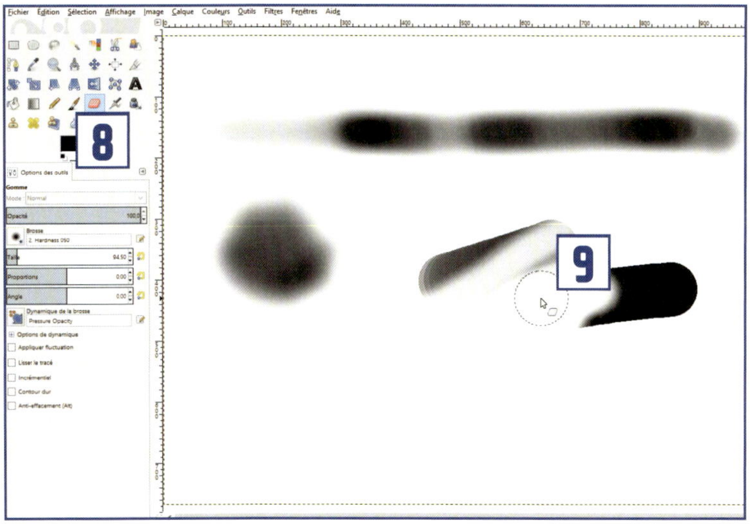

6/ Dessiner avec le stylet

Pour dessiner avec le stylet, choisissez par exemple l'outil Pinceau (P) et tracez un trait en appuyant plus ou moins fort sur le stylet. Vous pouvez voir que le trait change d'épaisseur en fonction de la pression exercée.

7/ Utiliser d'autres outils

Il en va de même pour l'aérographe et le crayon. Vous pouvez bien entendu toujours configurer la brosse et l'opacité, qui sera ici l'opacité maximale lors d'une pression forte sur le stylet.

8/ Utiliser la gomme

La plupart des stylets proposent une autre extrémité tactile généralement plus épaisse à utiliser en tant que gomme. En réalité vous pouvez choisir l'outil de votre choix. Pour cela retournez votre stylet et cliquez sur l'outil à appliquer à cette extrémité, par exemple la gomme qui sera bien utile.

9/ Utiliser la gomme (suite)

À présent une extrémité vous permet de dessiner tandis que l'autre vous permet de gommer les erreurs !

RÉALISER UN DESSIN À PARTIR D'UNE PHOTOGRAPHIE

1h00

Pour vous entraîner au dessin avec la tablette graphique ou à la souris, une astuce consiste à utiliser une photographie comme support comme vous allez le voir à présent.

1/ Ouvrir la photographie

Ouvrez la photographie [Atelier41_01.jpg].

2/ Ajouter un calque

Ajoutez un nouveau calque au-dessus de la photographie. C'est sur ce calque que vous allez dessiner. Pour cela, cliquez sur le menu Calque/Nouveau calque et choisissez un type de remplissage de calque Transparence. Donnez le nom Dessin à votre calque et cliquez sur Valider.

3/ Configurer le pinceau

Prenez l'outil Pinceau (P) pour avoir un tracé fluide et doux. Dans la fenêtre Options des outils, sous Dynamique de la brosse, choisissez Pencil Generic. Ainsi l'épaisseur sera gérée automatiquement en fonction de la pression sur le stylet avec une tablette graphique au lieu d'être réglée via le paramètre Opacité. Pour la Brosse, choisissez Hardness 050. Prenez enfin une couleur de premier plan noire.

Outil Pinceau (P)

atelier

41

POUR COMMENCER utilisez des objets simples qui comportent peu de détails. Vous aurez plus de facilité à dessiner les formes et, comme vous le verrez à l'atelier suivant, à les colorer.

4/ Tracer les contours

Débutez par le tracé des contours de la carafe.

5/ Tracer les contours (suite)

Tracez ensuite les contours des fruits. Contentez-vous des contours extérieurs. Et n'essayez pas de suivre exactement les contours, vous pouvez vous permettre une certaine liberté. Pour les grappes de raisin, vous n'êtes également pas obligé de fermer chaque grain, contentez-vous de tracer des arcs de cercle. Jouez également sur la pression du stylet si vous avez une tablette en appuyant plus fort sur le bas de l'arc de cercle afin de donner du volume à vos formes. Terminez par le tracé de la table et de la nappe.

6/ Tracer les détails

Tracez certains détails comme l'intérieur du fruit coupé, les tiges des poires ou les plis du drap. Ne tracez qu'un minimum de détails.

7/ Vérifier le tracé

Ajoutez un calque blanc sous le calque Dessin pour masquer la photographie et vérifiez puis corrigez votre tracé si besoin.

METTRE UN DESSIN EN COULEUR

1h30

Vous avez vu comment dessiner à partir d'une photographie et vous allez voir à présent comment mettre de la couleur dans votre dessin.

1/ Ouvrir le dessin

Ouvrez la composition de l'atelier précédent [Atelier42.xcf]. Les contours et certains détails sont dessinés mais il manque les couleurs et les ombrages que vous allez ajouter à présent.

2/ Afficher la photographie

Masquez le calque blanc entre la photographie et le tracé et rendez visible le calque contenant la photographie.

3/ Ajouter un calque

Ajoutez un nouveau calque au-dessus de la photographie. C'est sur ce calque que vous allez ajouter les couleurs et pas sur le calque contenant les contours. Pour cela, cliquez sur le menu Calque/Nouveau calque et choisissez un type de remplissage de calque Transparence. Donnez le nom Couleur à votre calque et cliquez sur Valider.

4/ Prendre l'outil Pinceau

Prenez l'outil Pinceau (P).

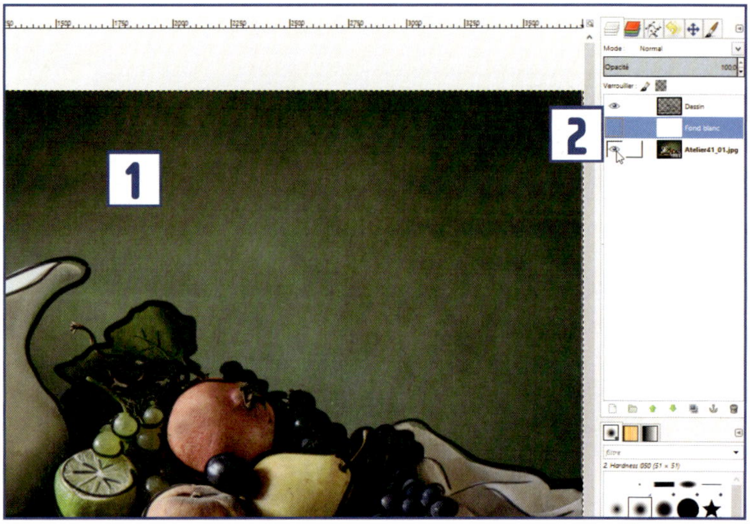

Outil Pipette à couleurs (O)

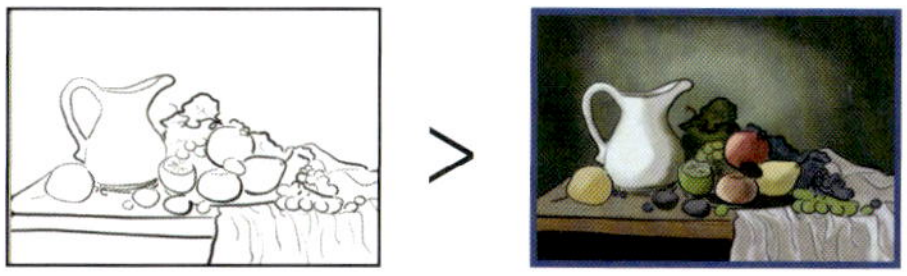

atelier

42

SI VOUS AVEZ PEUR DE DÉBORDER vous pouvez effectuer une sélection de la zone à colorier sur le calque Dessin puis colorier sur le calque Couleur. Vous ne dépasserez pas de la sélection !

5/ Configurer le pinceau

Dans la fenêtre Options des outils, sous Dynamique de la brosse, choisissez Pencil Generic comme pour le dessin à l'atelier précédent et une brosse Hardness 100.

6/ Choisir la couleur

Sélectionnez le calque comprenant la photographie et cliquez sur la couleur de l'élément que vous souhaitez peindre tout en appuyant sur Ctrl. Vous pouvez voir une pipette apparaître pour prendre cette couleur comme couleur de premier plan. Prenez par exemple la couleur de la carafe.

7/ Peindre

Appliquez la couleur sur la carafe dans le calque Couleur. Répétez les opérations 6 et 7 pour les différents objets de la composition. Pour le moment, n'appliquez qu'une seule couleur par objet et remplissez la totalité des formes : attention à l'opacité si vous utilisez un stylet, appuyez pour ne pas laisser de zone transparente ou bien repassez plusieurs fois sur la zone.

EFFECTUEZ UN CONTRÔLE régulièrement en affichant le calque Fond blanc, ce qui masquera la photographie et vous permettra d'identifier rapidement les zones que vous n'avez pas coloriées et qui sont donc blanches.

SI VOUS UTILISEZ LE STYLET, levez-le régulièrement de votre tablette lorsque vous coloriez pour qu'une nouvelle action soit ajoutée dans l'historique d'annulation. Vous pourrez alors annuler de plus petites étapes et éviter ainsi de recommencer le traitement d'une zone très importante. Il en va de même pour la souris : chaque nouveau clic ajoute une étape qu'il sera possible d'annuler.

8/ Ajouter un calque pour le fond

Ajoutez un nouveau calque intitulé Fond sous Couleur afin de pouvoir passer sous les couleurs des objets. Sur ce calque, coloriez l'arrière-plan ainsi que la table et le drap.

9/ Ajouter différentes teintes

Sélectionnez ensuite la couleur des objets dans leur zone la plus foncée sur la photographie et appliquez-la au calque Couleur pour donner du volume à vos objets et également pour ajouter les ombres. Placez également des zones de couleurs intermédiaires pour effectuer un dégradé. Répétez l'opération pour chaque objet.

10/ Lisser les couleurs

Prenez l'outil de Barbouillage (S) et passez-le entre les zones de couleurs différentes d'un même objet pour adoucir ces transitions et les rendre plus naturelles. N'hésitez pas à faire plusieurs passages et de grands mouvements, notamment pour le fond.

Outil de Barbouillage (S)

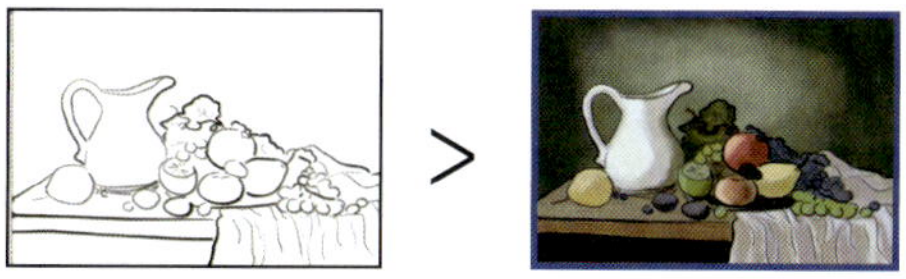

atelier 42

POUR LES EFFETS DU BOIS réduisez l'épaisseur de la brosse et tracez plusieurs petites lignes horizontales sur le calque Fond.

11/ Vérifier l'ensemble

Masquez la photographie et affichez le calque blanc pour vérifier qu'aucune zone n'est vide ou trop transparente. Utilisez le pinceau pour les remplir le cas échéant.

12/ Dernières retouches

Effectuez les dernières retouches en ajoutant éventuellement un détail sur un objet, une zone de couleur ou en reprenant l'outil de Barbouillage pour étaler un peu plus une couleur.

13/ Enregistrer l'image

Votre dessin est terminé. Vous pouvez l'exporter au format JPG pour le diffuser sur Internet. Vous pouvez également l'imprimer. Retrouver le résultat de cet exemple dans le fichier [Atelier42_02.xcf].

DESSINER UN VISAGE FAÇON MANGA À PARTIR D'UNE PHOTOGRAPHIE

1h00

Dessiner un visage n'est pas facile et ajouter la photographie du modèle vous aidera à bien démarrer. De plus le style manga est simple à reproduire car il n'est composé que de quelques traits.

1/ Ouvrir la photographie

Ouvrez la photographie [Atelier43_01.jpg] qui contient le visage que vous allez transformer en visage façon manga.

2/ Ajouter un calque

Ajoutez un nouveau calque au-dessus de la photographie. C'est sur ce calque que vous allez dessiner. Pour cela, cliquez sur le menu Calque/Nouveau calque et choisissez un type de remplissage de calque Transparence. Donnez le nom Dessin à votre calque et cliquez sur Valider.

3/ Configurer le crayon

Prenez l'outil Crayon (P) pour avoir un tracé uniforme et net comme dans les mangas. Dans la fenêtre Options des outils, choisissez la Brosse Hardness 100 et une taille de 20. Prenez enfin une couleur de premier plan noire.

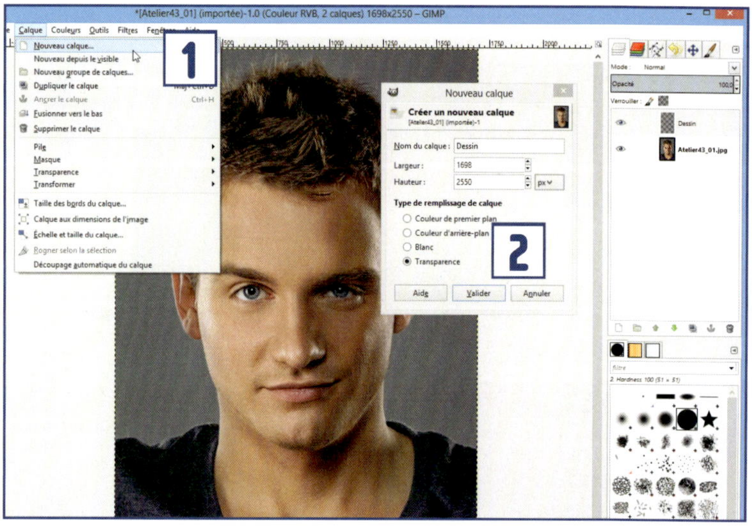

Outil Crayon (N)

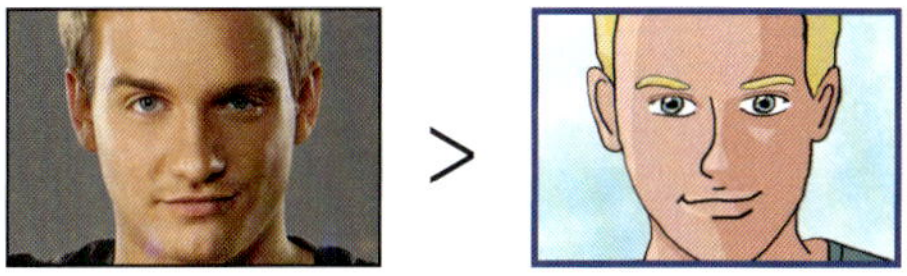

atelier **43**

TROUVEZ LE STYLE de dessin qui vous convient le mieux. Il existe différentes techniques pour dessiner un visage. Par exemple les yeux pourront être plus réalistes ou à l'opposé être représentés par deux simples points noirs ou colorés.

4/ Tracer les contours

Ajoutez un calque blanc entre la photographie et le dessin que vous pourrez masquer pour débuter les tracés et afficher pour effectuer les finitions sans être perturbé par la photographie en arrière-plan.

5/ Tracer les contours (suite)

Tracez les contours du visage, les cheveux et le cou. Ne suivez pas exactement les contours du visage mais tracez des lignes nettes et directes pour obtenir une forme de visage façon manga avec une base pointue au niveau du menton.

6/ Tracer les yeux

Dessinez à présent les yeux. Placez-les au même niveau que les yeux sur la photographie mais en les simplifiant : tracez la pupille et les paupières. Dessinez également les sourcils.

7/ Tracer les vêtements

Dessinez la partie visible des vêtements. Ici il s'agit d'un t-shirt donc le tracé reste très simple. Ne tracez pas les détails comme les plis. Plus les traits seront simples, plus le résultat sera réussi.

ESSAYEZ VOTRE AUTOPORTRAIT FAÇON MANGA avec une photographie d'identité pour plus de simplicité.

AUGMENTEZ LA DIFFICULTÉ en utilisant une photographie de profil ou bien avec un personnage plus éloigné et pourquoi pas en mouvement.

8/ Tracer le nez

Ajoutez à présent le nez. Conservez la position du nez actuel mais tracez un nez stylisé, toujours dans l'esprit manga, qui ne se compose que d'un seul trait pour un nez très légèrement marqué.

9/ Tracer la bouche

Pour la bouche, trois traits suffiront. Le plus grand pour la jonction des lèvres, un petit trait au-dessus et en dessous compléteront cette zone du visage.

10/ Ajouter un calque

Ajoutez un nouveau calque au-dessus de la photographie et sous le dessin. C'est sur ce calque que vous allez ajouter les couleurs comme vous l'avez fait dans l'atelier précédent. Pour cela, cliquez sur le menu Calque/Nouveau calque et choisissez un type de remplissage de calque Transparence. Donnez le nom Couleur à votre calque et cliquez sur Valider.

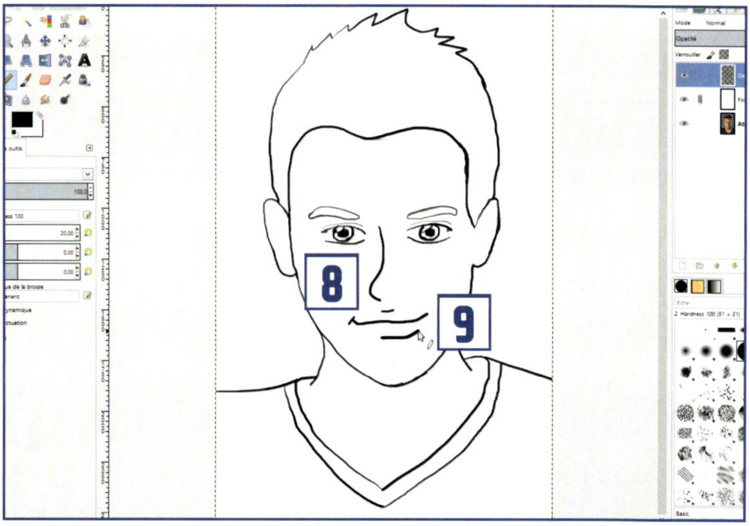

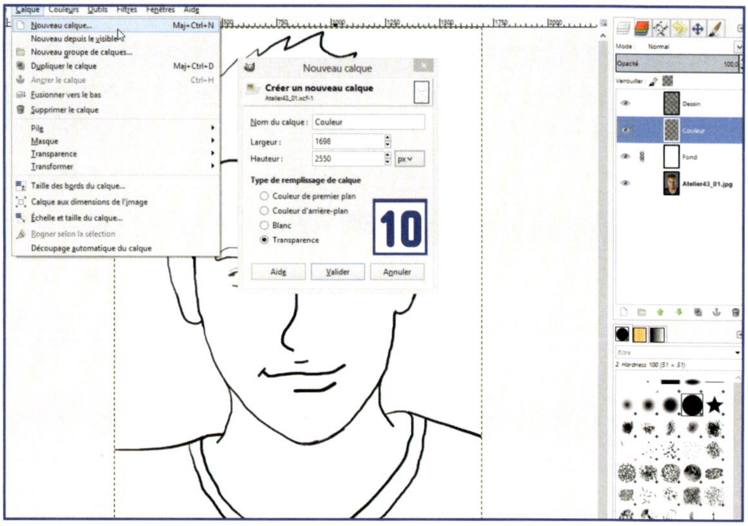

Calque → **Nouveau calque**

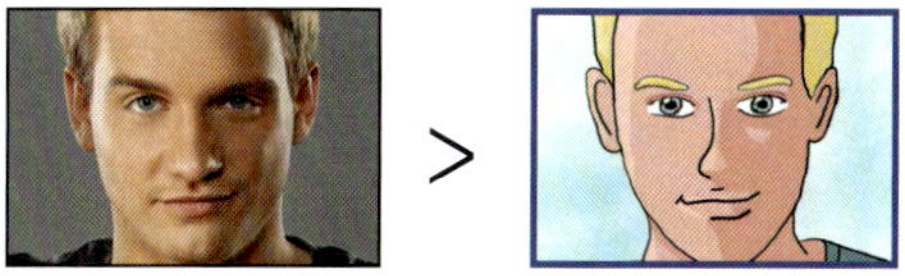

atelier 43

ESSAYEZ DE DESSINER PLUSIEURS EXPRESSIONS : ouvrez la bouche pour un sourire, froncez les sourcils pour un personnage plus énervé. Libre à vous également de changer la couleur des yeux ou la coupe de cheveux.

11/ Mettre le visage en couleur

Commencez par mettre en couleur le visage du personnage. Pour cela prenez une couleur rose avec la notation HTML dfa9a0.
Ajouter ensuite une teinte plus foncée sur la partie droite avec la notation HTML d48c80.
Pour finir, ajoutez une teinte plus claire sur la gauche avec la notation HTML f1c2b6 pour donner plus de relief au visage. Faites de même pour le cou.

12/ Teinter les cheveux

Coloriez à présent les cheveux avec les notations HTML efcf6c pour la plus grande surface puis efda9a et dcbe62 pour les ombres. Mettez également les mêmes couleurs pour les sourcils.

13/ Bleuter les yeux

Coloriez à présent les yeux. Prenez une couleur bleue avec la notation HTML 5db8c6.

14/ Colorier les vêtements

Mettez de la couleur sur le t-shirt. Vous pouvez utiliser la couleur de votre choix. Là aussi, appliquez plusieurs teintes pour donner du relief. Ajoutez également une couleur de fond. Utilisez par exemple une brosse pour faire un ciel.

DESSINER À L'AIDE DE TRACÉS VECTORIELS

0h45

Le dessin vectoriel a plusieurs avantages. Tout d'abord la pureté des tracés. Les lignes et les courbes sont parfaites. Mais vous pouvez également changer la taille d'une forme et la retravailler à volonté sans perte de qualité !

1/ Ouvrir l'image

Ouvrez l'image [Atelier44_01.jpg]. Il s'agit de la carte au trésor réalisée dans un atelier précédent. Vous allez y ajouter le plan vers le trésor. Il sera dessiné avec les outils permettant de réaliser un tracé vectoriel. Ils seront bien adaptés au tracé des formes géométriques qui seront utilisées ici.

2/ Ajouter un calque

Ajoutez un nouveau calque au-dessus de la photographie. C'est sur ce calque que vous allez dessiner une ébauche de votre plan. Pour cela, cliquez sur le menu Calque/ Nouveau calque et choisissez un type de remplissage de calque Transparence. Donnez le nom Ébauche à votre calque et cliquez sur Valider.

3/ Ajouter un autre calque

Ajoutez un second calque qui accueillera votre dessin, appelez-le Dessin et choisissez un type de remplissage de calque Transparence. Cliquez sur Valider.

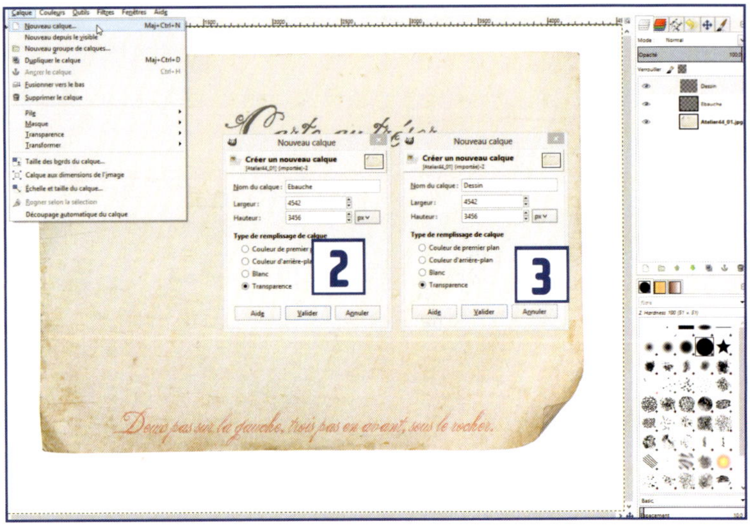

Outil Crayon (N)

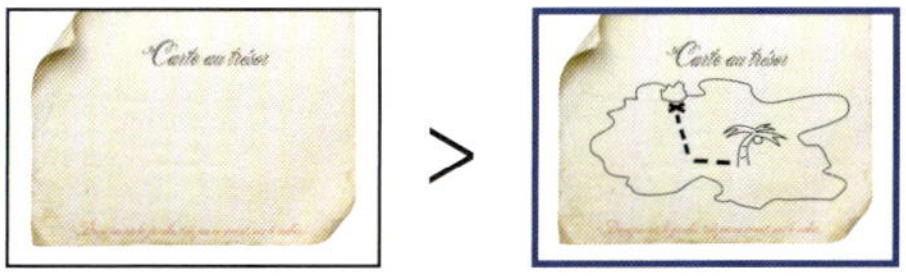

atelier

44

VOUS AVEZ DÉJÀ UTILISÉ L'OUTIL CHEMINS pour effectuer des sélections précises, mais vous avez la possibilité de tracer des chemins pour effectuer un dessin de qualité comme vous allez le voir dans cet atelier.

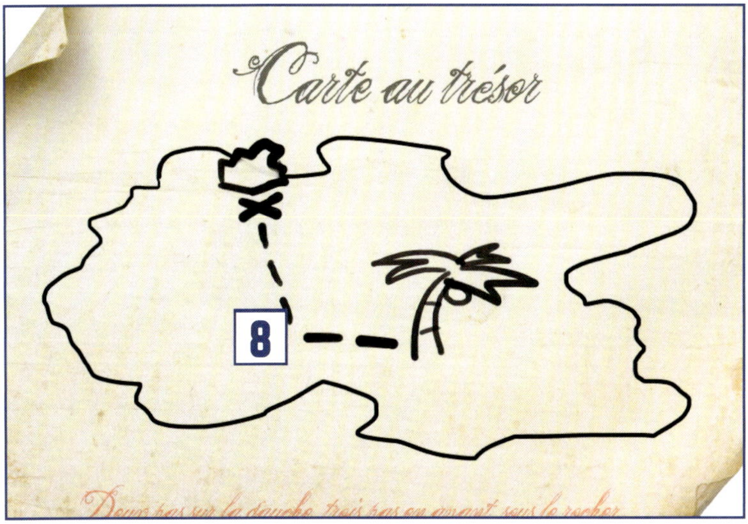

4/ Tracer l'ébauche

Prenez un outil de dessin classique tel que le crayon ou le pinceau et sélectionnez le calque Ébauche.

5/ Tracer l'ébauche (suite)

Tracez le plan de manière sommaire. Il s'agira d'une base pour tracer ensuite au mieux vos chemins. Cela vous facilitera grandement la tâche et vous évitera de nombreuses modifications !

Commencez par le contour de la carte.

6/ Tracer l'ébauche (suite)

Placez ensuite un palmier en bas à droite de la carte.

7/ Tracer l'ébauche (suite)

Dessinez un rocher en haut à gauche de la carte.

8/ Tracer l'ébauche (fin)

Tracez enfin le chemin à prendre entre le palmier et le rocher : deux tirets vers la gauche et trois vers le haut.

VOUS POUVEZ UTILISER LE LOGICIEL INKSCAPE disponible gratuitement tout comme GIMP pour effectuer des tracés vectoriels plus poussés. Vous pouvez ensuite les enregistrer au format SVG et les importer dans GIMP !

LORSQUE VOUS EFFECTUEZ UN TRACÉ VECTORIEL, enregistrez toujours votre document au format XCF afin de pouvoir le retrouver pour l'éditer si vous souhaitez faire des modifications à l'avenir.

9/ Prendre l'outil Chemins

Prenez l'outil Chemins (B).

10/ Tracer la première forme

Tracez tout d'abord le chemin le long du contour de l'île. Ne respectez pas obligatoirement le tracé de l'ébauche, il est simplement là pour vous indiquer approximativement les lignes du tracé.

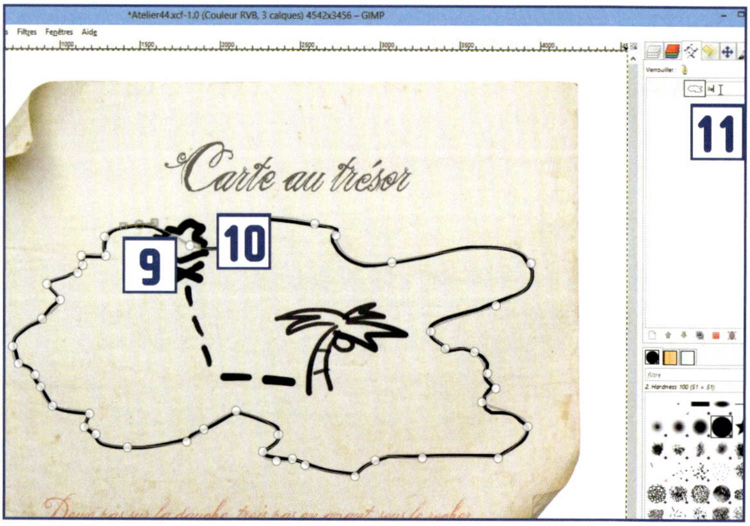

11/ Nommer le chemin

Dans la fenêtre Chemins, double-cliquez sur le chemin et donnez-lui le nom Île. Cela vous permettra de retrouver vos différents tracés pour les modifier ultérieurement.

12/ Tracer le chemin

Dans la fenêtre Calques sélectionnez le calque Dessin puis dans la fenêtre Options des outils, choisissez une couleur de premier plan noire et cliquez sur Tracer le chemin.

13/ Définir le tracé

Dans la fenêtre Tracer le chemin qui apparaît, cochez Ligne de tracé et Couleur pleine. Cochez également Anti-crénelage pour avoir le tracé le plus lisse possible. Pour l'épaisseur de ligne, indiquez 10 px. Cliquez sur Tracer.

Outil Chemins (B)

>

atelier

44

SI LES CHEMINS SONT VECTORIELS les tracés effectués à partir des chemins ne le sont pas : si vous les déformez, ils perdront donc en qualité. Il est donc préférable de modifier le chemin et d'effectuer un nouveau tracé à partir de ce chemin modifié.

14/ Tracer les autres éléments

Répétez les étapes 10 à 13 pour le rocher, le palmier puis le parcours et enfin la croix. Afin de créer un nouveau chemin distinct du précédent, rendez-vous dans la fenêtre Chemins et cliquez sur 🗋. Puis nommez-le, par exemple Rocher et double-cliquez sur ce nouveau chemin pour que les points de votre chemin se placent bien dessus.

Pour l'itinéraire vous pouvez simplifier le chemin en plaçant simplement un point à chaque extrémité du trait et en choisissant une épaisseur de tracé plus importante, par exemple 50 px.

15/ Masquer l'ébauche

Masquez le calque Ébauche qui n'a plus d'utilité.

16/ Effacer le fond du rocher

Prenez l'outil Gomme et effacez le trait de l'île qui passe sous le rocher.

17/ Masquer les chemins

Dans la fenêtre Chemins, masquez les différents chemins pour voir votre carte au trésor à présent terminée !

CORNER UNE PAGE

0h10

GIMP vous propose plusieurs effets spéciaux que vous pouvez appliquer très simplement sur vos compositions. Vous allez voir ici comment créer un coin corné sur votre image.

1/ Ouvrir la photographie

Ouvrez la photographie [Atelier45_01.jpg]

2/ Définir la zone à corner

Prenez l'outil de Sélection rectangulaire (R) et tracez un rectangle dans le coin supérieur droit de l'image. N'hésitez pas à dépasser du bord supérieur et du bord droit pour vous assurer d'avoir bien sélectionné la totalité de l'angle de l'image.

3/ Corner la photographie

Rendez-vous dans le menu Filtres/ Distorsions/Coin de page.

4/ Corner la photographie (suite)

Dans la fenêtre Effet de coin de page qui s'ouvre, choisissez l'angle à corner Supérieur droit. Choisissez l'orientation du coin Vertical. Pour un effet plus réaliste, cochez Ombre sous le coin et choisissez Dégradé actif (inversé). Laissez l'opacité à 100 puis cliquez sur Valider.

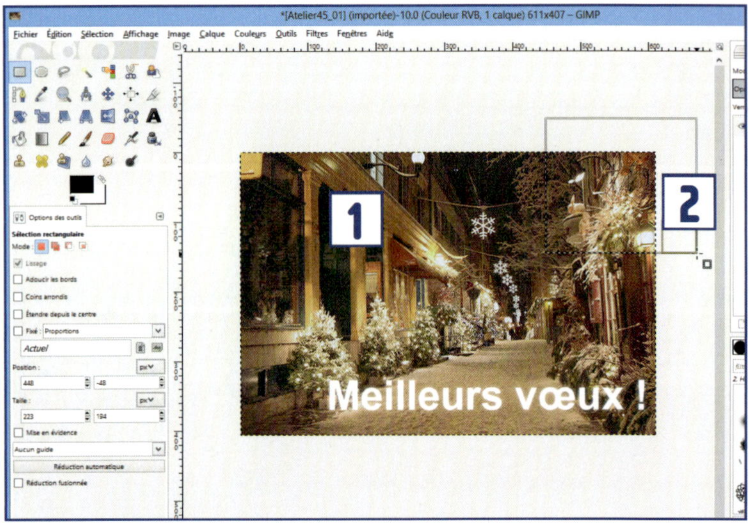

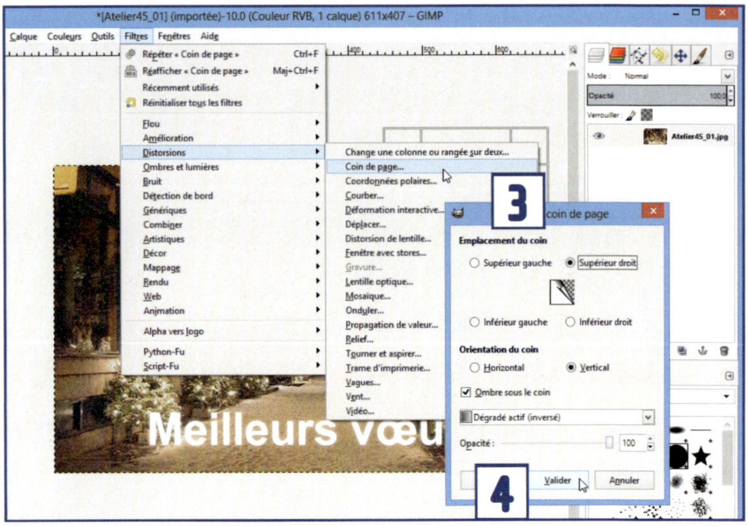

Outil de Sélection rectangulaire (R)

Filtres → **Distorsions**

atelier

45

EN CORNANT UN COIN D'UNE IMAGE vous signifiez par exemple au destinataire qu'un texte est présent au dos de l'image, comme ici pour cette carte de vœux.

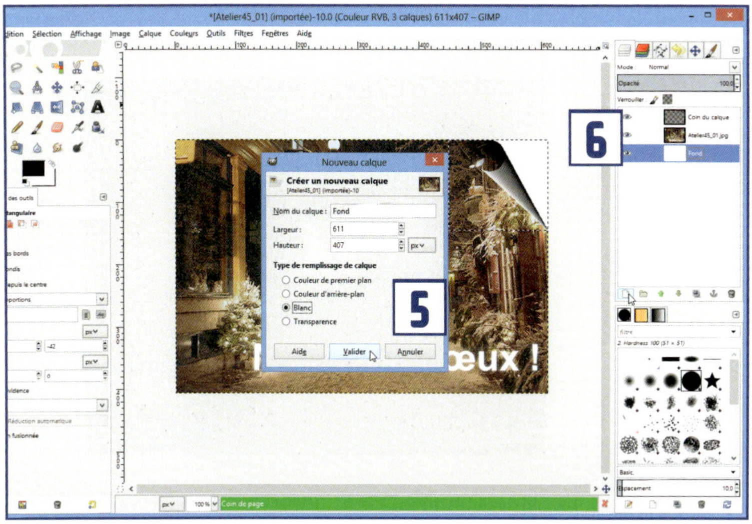

5/ Ajouter un calque

Le coin corné est appliqué mais il laisse un vide qu'il faut combler. Pour cela, ajoutez un nouveau calque appelé Fond. Choisissez Blanc comme type de remplissage de calque et cliquez sur Valider.

6/ Déplacer le calque

Déplacez le calque Fond sous la photographie.

7/ Enregistrer l'image

Il ne vous reste plus qu'à enregistrer votre image. Vous pouvez retrouver le résultat dans le fichier [Atelier45_02.jpg].

CRÉER UN FOND D'ÉCRAN DESIGN

0h30

GIMP propose une grande variété de filtres et vous allez voir comment en utiliser pour créer un fond d'écran original et unique.

1/ Ouvrir une nouvelle image

Rendez-vous dans le menu Fichier/Nouvelle image et choisissez le modèle correspondant à la résolution de votre écran. Il est possible qu'aucun modèle ne corresponde. Dans ce cas indiquez vos valeurs dans Taille d'image. Choisissez par exemple 1280 px de largeur et 1024 px de hauteur. Cliquez sur Valider.

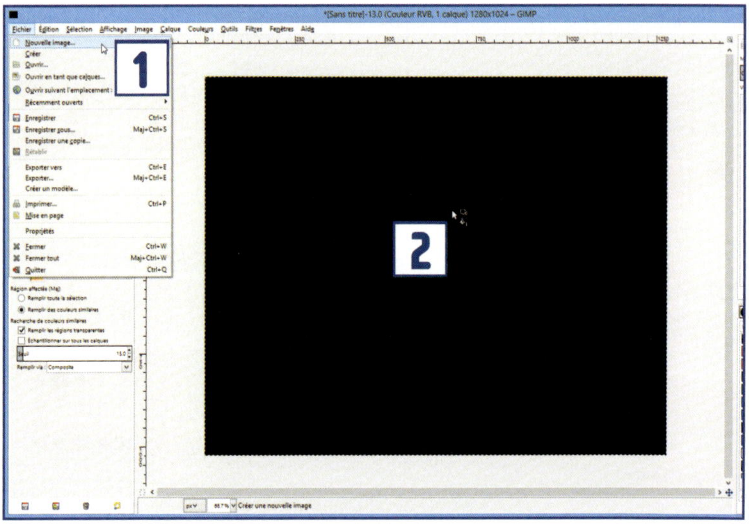

2/ Changer le fond

Choisissez une couleur de fond noire et prenez l'outil de Remplissage. Cliquez dans l'image pour passer le fond en noir.

3/ Créer un dégradé

Indiquez une couleur de premier plan ayant pour notation HTML 272a7e et une couleur d'arrière-plan noire. Prenez l'outil de Dégradé (L) et dans la fenêtre Options des outils, choisissez un dégradé PP vers AP (RVB). Choisissez une forme Radial.

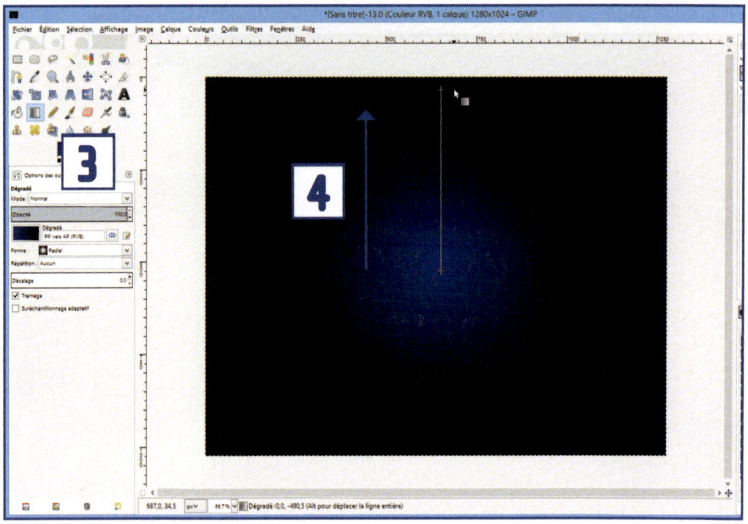

4/ Appliquer le dégradé radial

Cliquez approximativement au centre de l'image et remontez jusqu'au bord supérieur puis relâchez le bouton de la souris pour tracer le dégradé radial.

Outil de Dégradé (L)

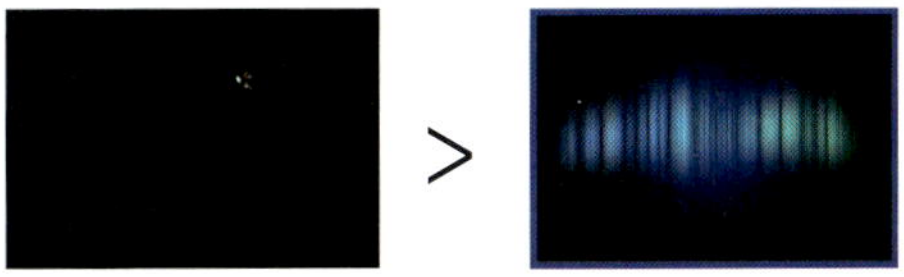

POUR CONNAÎTRE VOTRE RÉSOLUTION D'ÉCRAN sur PC cliquez avec le bouton droit de la souris sur le Bureau puis cliquez sur Résolution d'écran. Vous pourrez lire la résolution dans le champ du même nom.

atelier 46

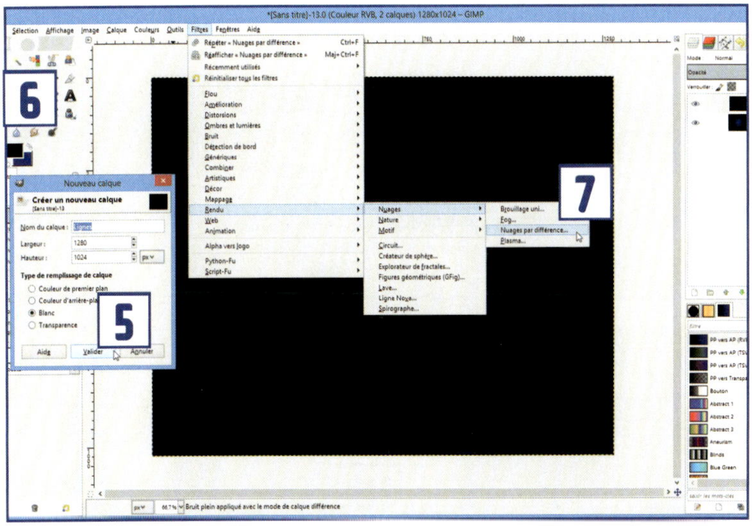

5/ Ajouter un calque

Ajoutez un nouveau calque appelé Lignes. Choisissez n'importe quel type de remplissage de calque et cliquez sur Valider.

6/ Changer la couleur du calque

Remplissez le calque de noir avec l'outil de Remplissage.

7/ Appliquer un filtre Nuages

Rendez-vous dans le menu Filtres/Rendu/Nuages/Nuages par différence.

8/ Paramétrer le nuage

La fenêtre Brouillage uni apparaît. Indiquez 15 pour Germe aléatoire, 15 pour Détail. Cochez la case Turbulent et déplacez le curseur Taille X au maximum vers la droite, soit une valeur de 16. Déplacez ensuite le curseur Taille Y au maximum vers la gauche, soit une valeur de 0,1.

Cliquez enfin sur Valider.

MODIFIEZ LES RÉGLAGES et changez les couleurs pour obtenir d'autres variantes de ce fond d'écran avec par exemple un fond blanc au lieu d'un fond noir et en modifiant le premier dégradé radial en utilisant du blanc à la place du noir.

CHANGEZ DE DÉGRADÉ LINÉAIRE, À L'ÉTAPE 12 en utilisant par exemple Full saturation spectrum CCW pour obtenir les couleurs de l'arc-en-ciel. Le résultat sera tout aussi étonnant !

9/ Régler le contraste

Rendez-vous dans le menu Filtres/ Amélioration/Augmenter les contrastes.

10/ Augmenter le contraste

Vous allez à présent augmenter le contraste pour faire ressortir un maximum de lignes très fines pour un meilleur rendu final. Dans la fenêtre Augmentation des contrastes, déplacez le curseur à 80 et cliquez sur Valider pour appliquer la modification.

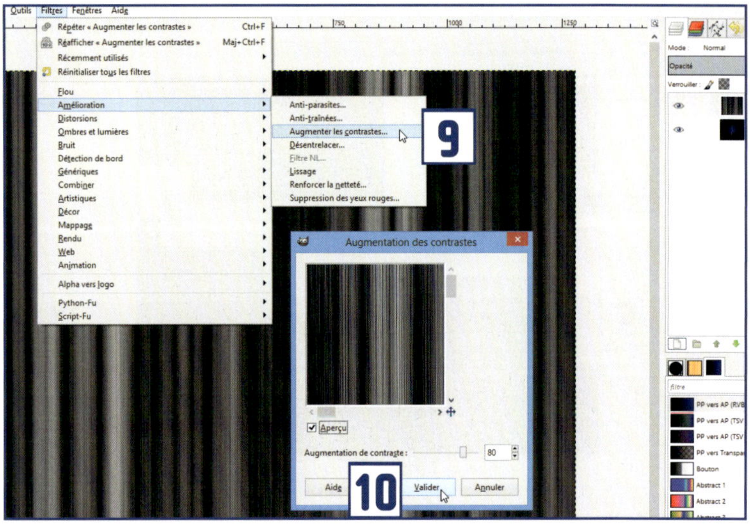

11/ Ajouter un calque

Ajoutez un nouveau calque appelé Couleurs. Choisissez n'importe quel type de remplissage de calque et cliquez sur Valider.

12/ Préparer un dégradé

Prenez l'outil de Dégradé (L) et dans la fenêtre Options des outils, choisissez un dégradé Blue Green. Choisissez une forme Linéaire.

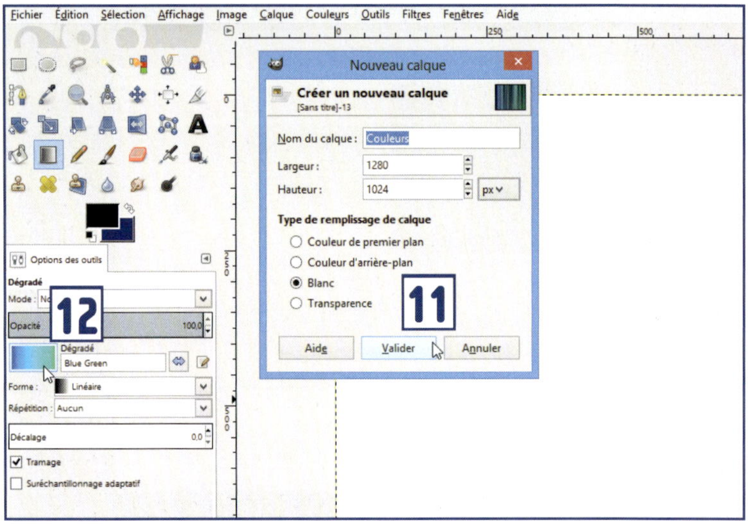

Filtres → **Amélioration**

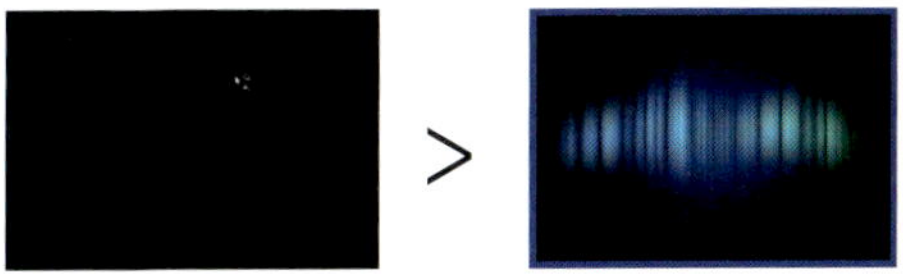

atelier 46

SI VOUS DIFFUSEZ VOS CRÉATIONS SUR INTERNET n'oubliez pas de les signer en indiquant par exemple l'adresse de votre site Internet. Insérez-la en filigrane comme vous avez pu le voir lors de l'atelier 31.

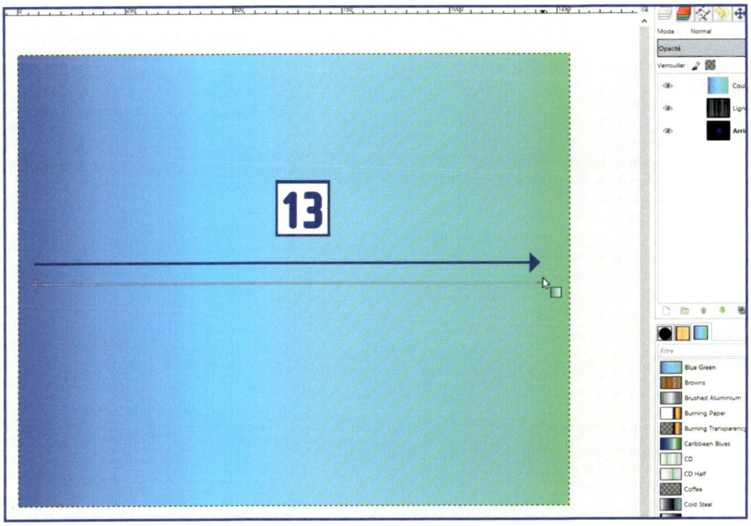

13/ Appliquer le dégradé

Cliquez à gauche de l'image et relâchez le bouton de la souris une fois arrivé à droite de l'image pour tracer un dégradé horizontal occupant toute la largeur de l'image.

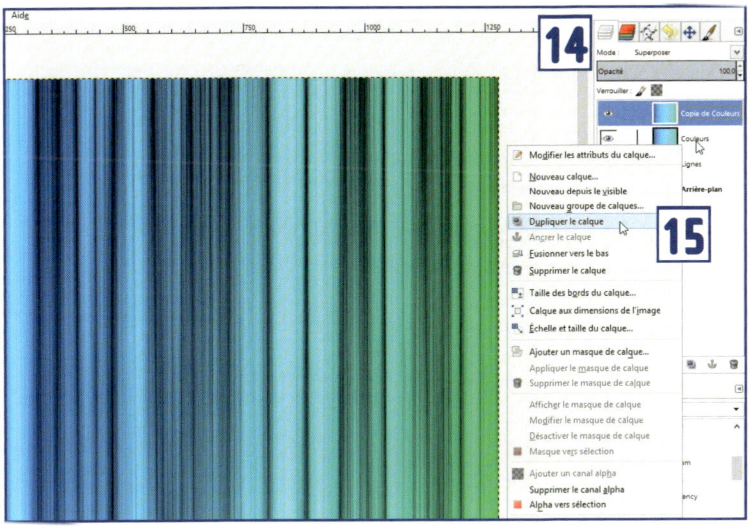

14/ Changer le mode du calque

Dans la fenêtre Calques, choisissez le mode Superposer pour le calque Couleurs.

15/ Dupliquer le calque

Cliquez avec le bouton droit de la souris sur le calque Couleurs et choisissez Dupliquer le calque.

VOUS POUVEZ UTILISER L'OUTIL CHEMINS pour définir une forme précise si vous le désirez. Vous pouvez ensuite cliquer sur Sélection depuis le chemin à l'étape 17.

LA TAILLE D'ADOUCISSEMENT DE LA SÉLECTION dépend de la taille de votre image. Si vous souhaitez réaliser un fond d'écran plus grand, augmentez cette taille et si vous souhaitez un fond d'écran plus petit, diminuez cette valeur.

16/ Masquer l'arrière-plan

Masquez le calque Arrière-plan qui contient le dégradé radial réalisé en début d'atelier en cliquant sur [icône œil] pour le faire disparaître.

17/ Fusionner les calques

Dans la fenêtre Calques, cliquez avec le bouton droit de la souris sur le calque Couleurs et choisissez Fusionner les calques visibles. Dans la fenêtre Fusion des calques, laissez les réglages par défaut et cliquez sur Fusion.

Vous obtenez alors un seul calque au-dessus de l'arrière-plan avec de multiples lignes en dégradé de couleur.

18/ Afficher le calque

Affichez de nouveau le calque Arrière-plan.

19/ Créer une sélection libre

Prenez l'outil de Sélection à main levée (F) et dessinez une forme ressemblant approximativement à celle dessinée ici sur l'image avec de multiples arrondis, tout en largeur.

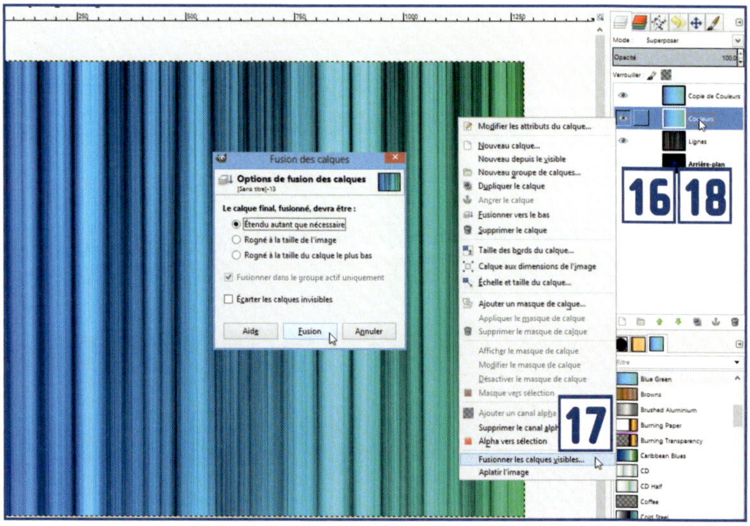

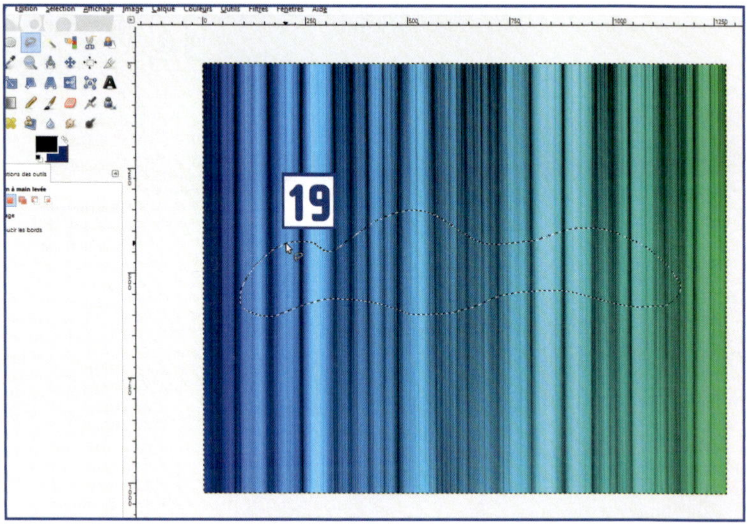

Outil de Sélection à main levée (F)

Sélection → **Adoucir**

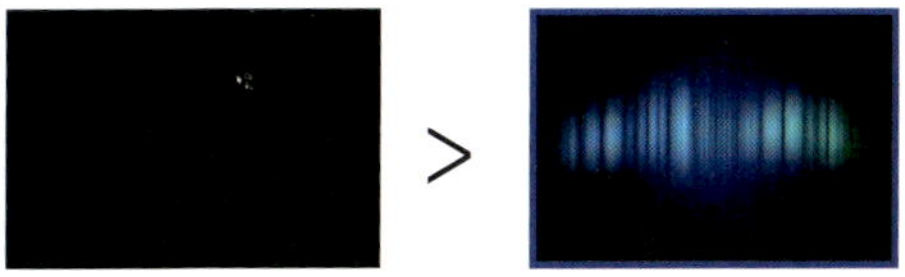

atelier 46

LORSQUE VOUS ADOUCISSEZ UNE SÉLECTION vous ne verrez pas bouger la limite de votre sélection mais la zone dépassant de la limite visible sera sélectionnée de manière dégradée sur la distance indiquée dans la fenêtre Adoucissement de la sélection.

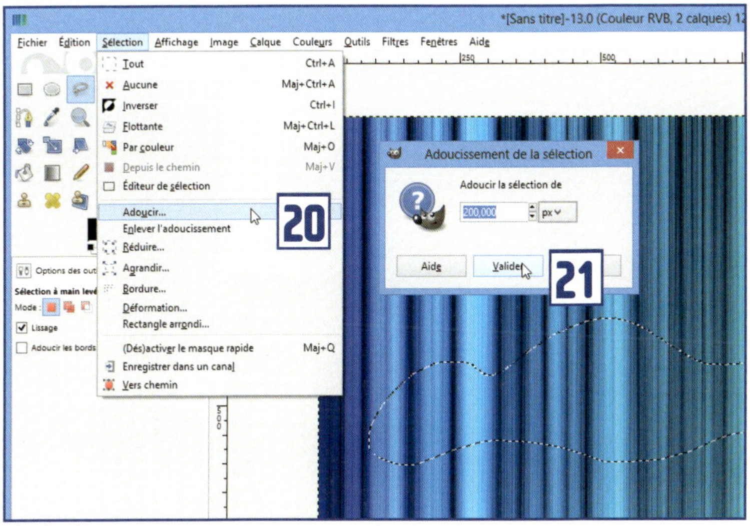

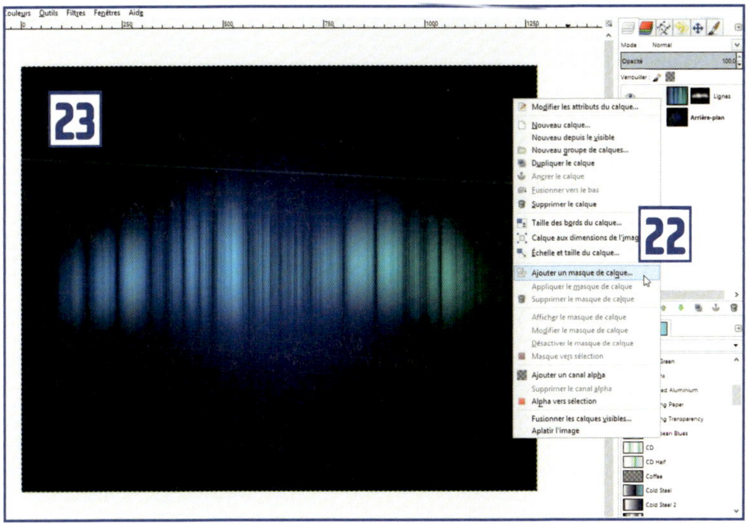

20/ Adoucir la sélection

Rendez-vous dans le menu Sélection/ Adoucir.

21/ Adoucir la sélection (suite)

Dans la fenêtre Adoucissement de la sélection, indiquez une valeur de 200 px et cliquez sur Valider.

22/ Ajouter un masque de calque

Cliquez avec le bouton droit de la souris sur le calque fusionné et cliquez sur Ajouter un masque de calque. Dans la fenêtre qui s'ouvre cochez Sélection et cliquez sur Ajouter.

23/ Annuler la sélection

Rendez-vous dans le menu Sélection/Aucune pour annuler la sélection. Votre image est terminée ! Il ne vous reste plus qu'à l'exporter au format JPG et à l'appliquer en nouveau fond d'écran pour votre ordinateur ! Vous pouvez trouver le résultat de cet atelier dans l'image [Atelier46_02.jpg].

REPRODUIRE L'EFFET BOKEH

0h35

Un bokeh est un flou d'arrière-plan sur une photographie qui est utilisé pour détacher le sujet de son environnement. L'objectif ici est d'appliquer cet effet sur une composition et de lui donner ainsi de la profondeur.

1/ Ouvrir une nouvelle image

Rendez-vous dans le menu Fichier/Nouvelle image et choisissez une image de 1280 px de largeur et 1024 px de hauteur. Cliquez sur Valider.

2/ Changer le fond

Choisissez une couleur de fond noire et prenez l'outil de Remplissage. Cliquez dans l'image pour passer le fond en noir.

3/ Créer un dégradé

Indiquez une couleur de premier plan ayant pour notation HTML 567ea7 et une couleur d'arrière-plan noire. Prenez l'outil de Dégradé (L) et dans la fenêtre Options des outils, choisissez un dégradé PP vers AP (RVB). Choisissez une forme Radial.

4/ Appliquer le dégradé radial

Cliquez approximativement au centre de l'image et remontez jusqu'au bord supérieur puis relâchez le bouton de la souris pour tracer le dégradé radial.

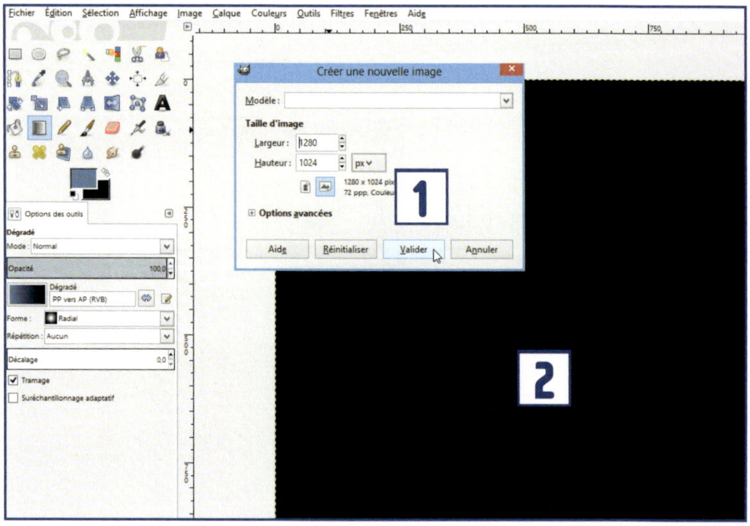

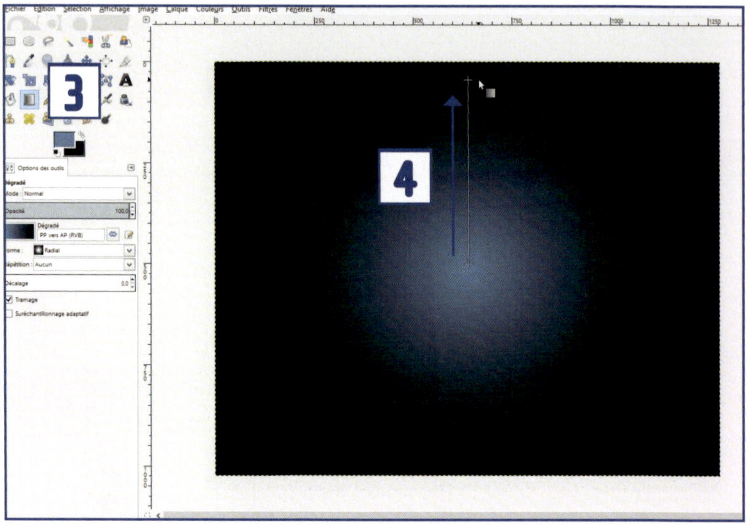

Outil de Dégradé (L)

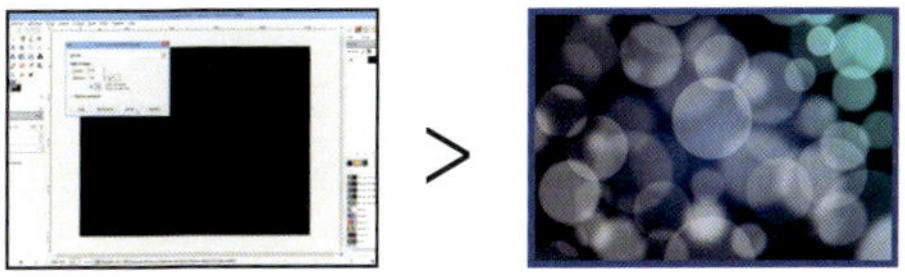

atelier

47

CETTE COMPOSITION PEUT FAIRE UN TRÈS BEAU FOND D'ÉCRAN tout comme la composition précédente.

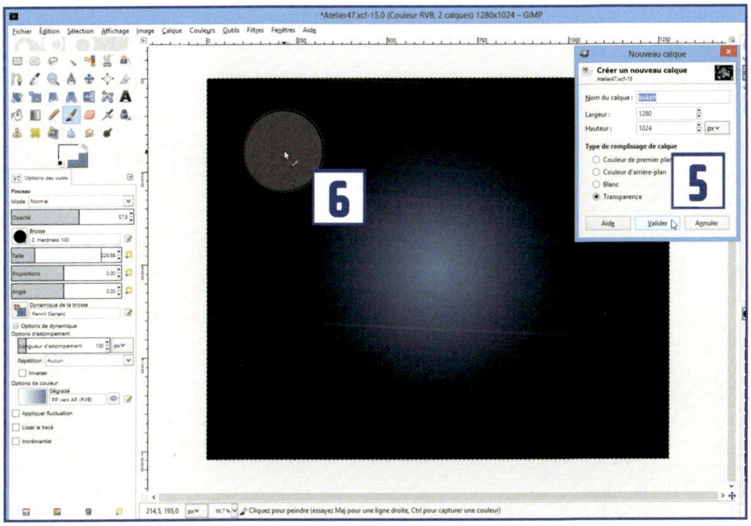

5/ Ajouter un calque

Ajoutez un nouveau calque appelé Bokeh. Choisissez un remplissage de calque Transparence et cliquez sur Valider.

6/ Ajouter un point au pinceau

Prenez une couleur de premier plan blanche et sélectionnez l'outil Pinceau (P). Vous allez placer plusieurs points aléatoirement sur le calque Bokeh. En cliquant brièvement sur la souris placez un premier point.

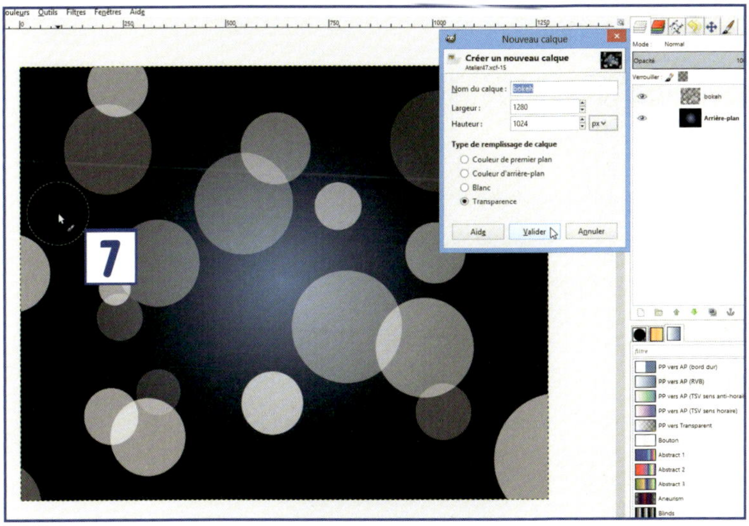

7/ Ajouter d'autres points

Pour chaque point, modifiez l'opacité, qui ne doit jamais être au maximum, ainsi que la taille. N'hésitez pas à placer des cercles en bord de cadre et à les faire dépasser vers l'extérieur. Vous pouvez également faire en sorte qu'ils se chevauchent en partie ou entièrement pour que l'aspect aléatoire soit parfait.
Ne recouvrez pas toute la surface, à la manière de l'image ci-contre.

VOUS POUVEZ APPLIQUER CETTE TECHNIQUE POUR UNE PHOTOGRAPHIE en détourant un personnage puis en ajoutant un flou gaussien sur l'arrière-plan pour ne conserver qu'un personnage parfaitement net et le faire ainsi ressortir.

POUR CET ATELIER COMME LE PRÉCÉDENT, vous pouvez faire varier les couleurs des différents éléments pour personnaliser la composition à votre goût.

8/ Appliquer un flou gaussien

Rendez-vous dans le menu Filtres/Flou/Flou gaussien. Dans la fenêtre Flou gaussien, indiquez un rayon de flou horizontal et vertical de 50 px et cochez RLE. Cliquez sur Valider.

Tous les points que vous avez ajoutés sont à présent flous. Cela constituera la première partie de l'arrière-plan de votre effet bokeh.

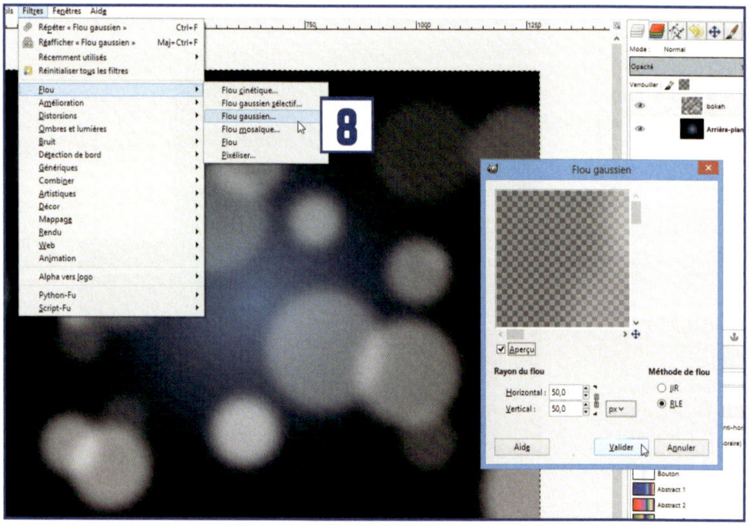

9/ Ajouter un calque

Vous allez à présent ajouter un calque Bokeh2 avec un fond transparent comme pour le calque Bokeh.

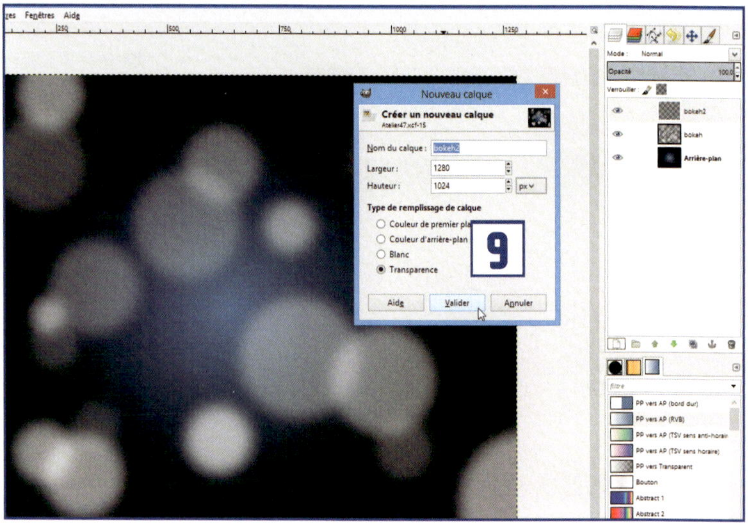

Outil Pinceau (P)

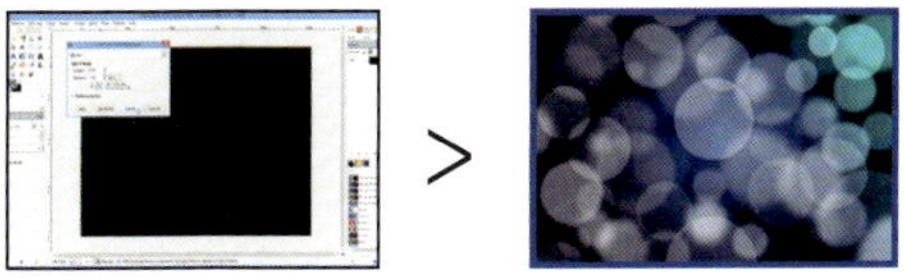

atelier
47

BOKEH VIENT DU JAPONAIS BOKE qui signifie flou. Cet effet est couramment utilisé dans le monde de la photographie.

10/ Ajouter d'autres points

Prenez de nouveau l'outil Pinceau (P).
Vous allez encore placer plusieurs points aléatoirement sur le calque Bokeh2. Faites varier la taille et l'emplacement des points. Faites en sorte qu'ils se chevauchent par endroits et dépassent de l'image.

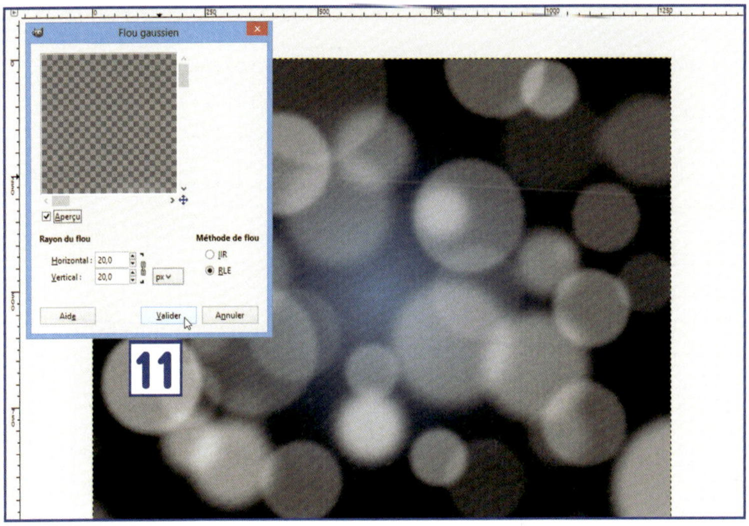

11/ Appliquer un flou gaussien

Rendez-vous dans le menu Filtres/Flou/Flou gaussien. Dans la fenêtre Flou gaussien, indiquez cette fois-ci un rayon de flou horizontal et vertical de 10 px et cochez RLE. Cliquez sur Valider.
Il s'agit là d'un second plan pour votre effet bokeh, pour donner plus de relief grâce au flou moins important. Vous donnez ainsi l'impression de diminuer la distance entre ce calque Bokeh2 et le premier plan que vous allez ajouter à présent.

VOUS POUVEZ TROUVER SUR INTERNET DES GREFFONS POUR GIMP permettant d'appliquer un effet bokeh. Reportez-vous au dernier chapitre pour apprendre comment installer un greffon !

CE TYPE D'EFFET peut également simuler les flashs d'appareils photo dans une foule. Pour cela conservez des points plus petits avec moins d'opacité et un flou gaussien plus important.

12/ Ajouter un calque

Ajoutez un calque Premier plan avec un fond transparent.

13/ Ajouter d'autres points

Prenez une dernière fois l'outil Pinceau (P) et placez plusieurs points aléatoirement sur le calque Premier plan. Faites varier la taille et l'emplacement des points comme pour les fois précédentes.

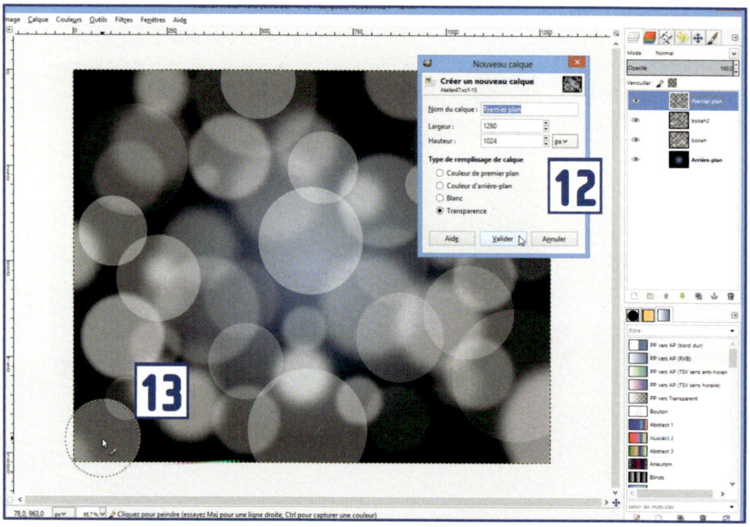

14/ Appliquer un flou gaussien

Rendez-vous dans le menu Filtres/Flou/Flou gaussien. Dans la fenêtre Flou gaussien, indiquez cette fois-ci un rayon de flou horizontal et vertical de 5 px et cochez RLE. Cliquez sur Valider. Le but n'est pas de flouter réellement ces points mais de mieux les intégrer dans l'image.

Filtres → Flou → **Flou Gaussien**

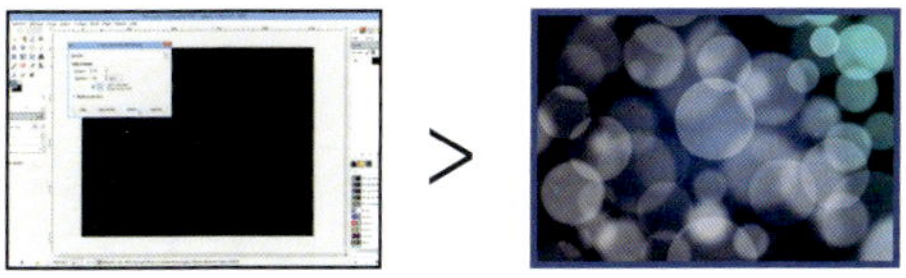

atelier

47

IL EST TOUT À FAIT POSSIBLE DE REPRODUIRE L'EFFET BOKEH avec un appareil photo permettant d'effectuer quelques réglages. Un effet bokeh réussi donnera des taches relativement rondes (comme dans cet atelier).

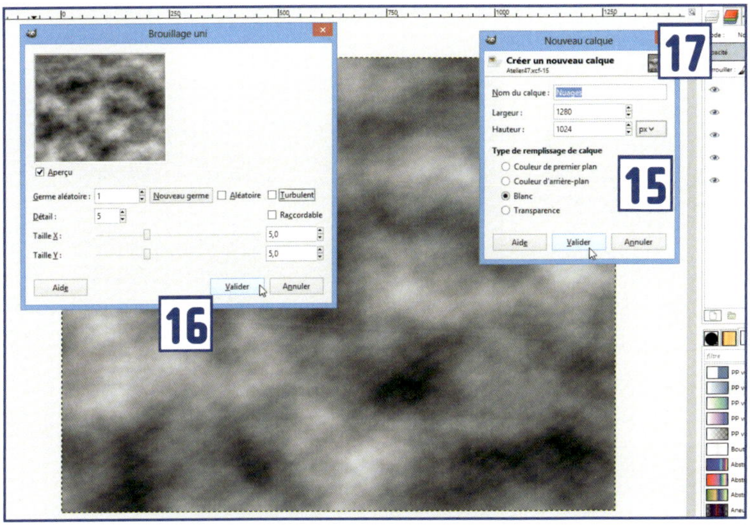

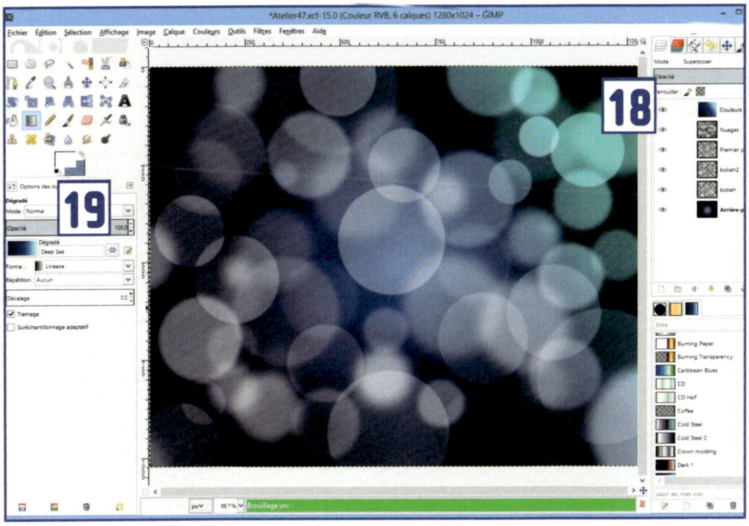

15/ Ajouter un calque

Ajoutez un calque Nuage avec un fond blanc.

16/ Ajouter un filtre Nuages

Vous allez à présent améliorer le rendu de l'image en ajoutant un léger voile sur l'ensemble. Pour cela cliquez sur le menu Filtres/Rendu/Nuages/Nuages par différence. Dans la fenêtre Brouillage uni, indiquez 1 pour Germe aléatoire, 5 pour Détail, décochez toutes les cases et indiquez 5 pour Taille X et Taille Y. Cliquez sur Valider.

17/ Régler le mode du calque

Choisissez un mode Superposer pour le calque Nuages et réglez l'opacité sur 30.

18/ Ajouter un calque

Ajoutez un calque Couleurs, peu importe le fond.

19/ Ajouter un dégradé

Prenez l'outil de Dégradé (L) et appliquez un dégradé Deep Sea de forme Linéaire partant du coin inférieur gauche jusqu'au coin supérieur droit puis appliquez un mode Superposer sur ce calque. Votre image est terminée !

DESSINER SUR UN SUPPORT FROISSÉ

0h30

Lorsque vous avez réalisé un dessin, vous pouvez l'appliquer sur un support froissé pour donner l'impression qu'il a été réalisé sur ce support en appliquant quelques filtres avec GIMP.

1/ Ouvrir l'image de fond

Ouvrez la photographie [Atelier48_01.jpg] qui servira de support à votre dessin.

2/ Ouvrir le dessin

Ouvrez le dessin [Atelier42_02.jpg] réalisé lors d'un atelier précédent en cliquant sur Fichier/Ouvrir en tant que calques.

3/ Redimensionner le dessin

Le dessin est trop grand, il faut donc le mettre à la taille du support. Prenez l'outil de Mise à l'échelle et cliquez sur l'image. Cliquez sur [icône chaîne] et indiquez une largeur de 1000 px. Validez et cliquez sur Échelle pour appliquer la transformation.

4/ Positionner le dessin

Rendez-vous dans le menu Image/Aligner les calques visibles et dans la fenêtre qui s'ouvre, choisissez Rassembler pour Style horizontal et pour Style vertical. Choisissez Centrer pour Base horizontale et Base verticale. Cochez Utiliser le calque le plus bas (invisible) comme base et cliquez sur Valider.

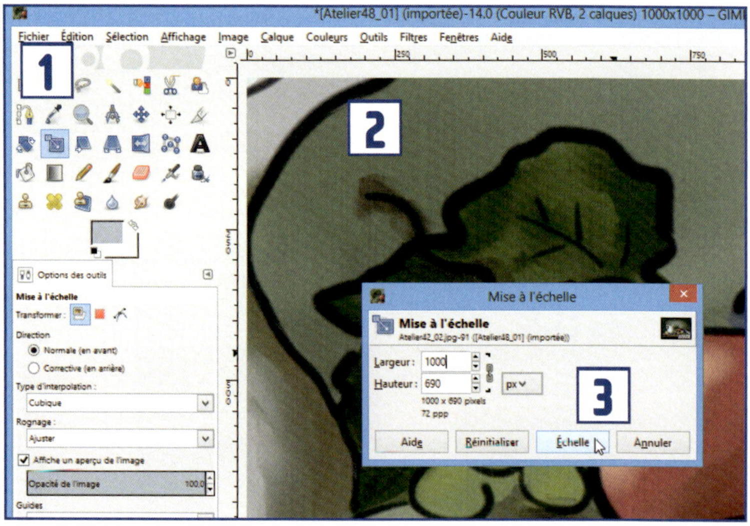

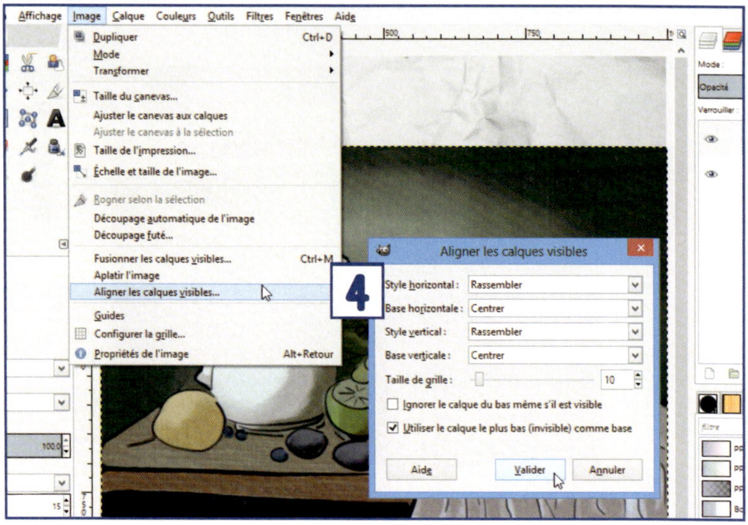

Calques → Calque aux dimensions de l'image

atelier **48**

CETTE MANIPULATION PEUT ÉGALEMENT ÊTRE APPLIQUÉE pour du texte, par exemple pour simuler un brouillon de lettre qui aurait été jeté à la corbeille.

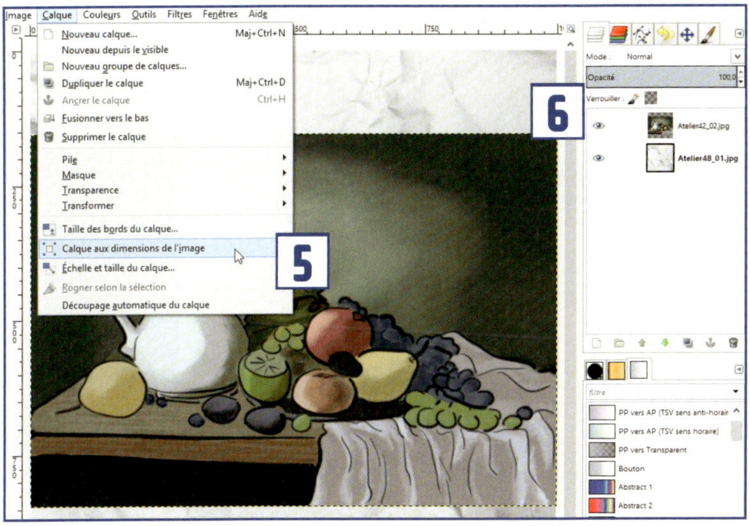

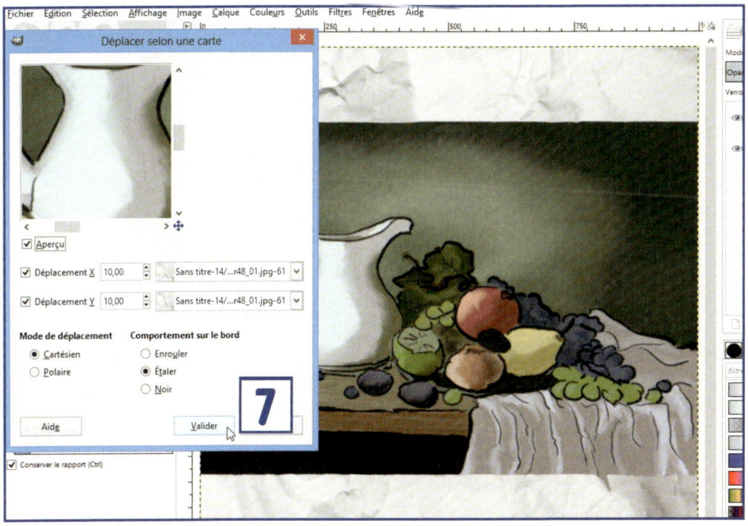

5/ Ajuster la taille du calque

Pour l'instant, le calque avec le dessin fait la taille du dessin et non pas la taille de la feuille complète. Pour corriger cela et pour pouvoir appliquer l'effet suivant, rendez-vous dans le menu Calque/Calque aux dimensions de l'image.

6/ Sélectionner le calque

Afin que l'image épouse les déformations du papier, vous allez modifier le dessin selon le calque inférieur. Pour cela, sélectionnez le calque avec le dessin et rendez-vous dans le menu Filtres/Mappage/Déplacer selon une carte.

7/ Déplacer selon une carte

Dans la fenêtre Déplacer selon une carte, cochez Déplacement X, indiquez une valeur de 10 et dans le menu déroulant à droite du champ choisissez la vignette représentant le calque inférieur avec le papier froissé. Faites de même pour Déplacement Y. Sélectionnez Cartésien pour le Mode de déplacement et Étaler pour le Comportement sur le bord afin d'éviter d'obtenir des zones blanches sur les bords suite à la déformation de l'image. Cliquez sur Valider.

VOUS POUVEZ ÉGALEMENT APPLIQUER CET EFFET sur une photographie.

SI VOUS APPLIQUEZ CET EFFET SUR UNE PHOTOGRAPHIE, évitez l'étape 8 car vous risquez de trop dégrader la prise de vue.

8/ Ajuster l'effet

Afin d'ajuster l'effet mis en place, rendez-vous dans le menu Filtres/Répéter « Déplacer selon une carte » pour répéter l'étape précédente. Recommencez autant que nécessaire, dans le cas présent, deux fois suffiront.

9/ Changer le mode du calque

Le dessin est à présent déformé mais ne semble pas encore incrusté dans la feuille. Pour parvenir à ce résultat, vous devez modifier le mode de fusion du calque contenant le dessin. Choisissez Fusion de grain. Votre dessin semble à présent parfaitement suivre la déformation du papier ! Il a toutefois été éclairci lors de cette opération.

10/ Corriger le contraste

Pour corriger cela, vous allez augmenter légèrement le contraste et diminuer la luminosité en vous rendant dans le menu Couleurs/Luminosité-Contraste.

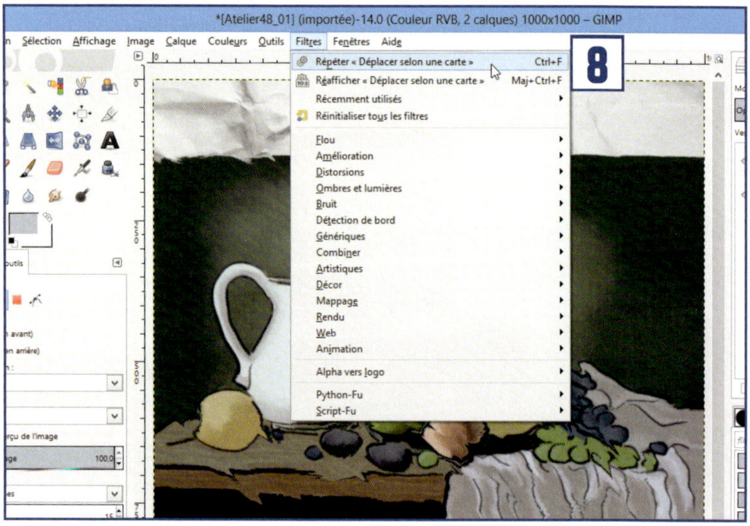

Filtres → **Répéter**

atelier 48

PLUS LE SUPPORT FROISSÉ AURA DES ZONES D'OMBRE IMPORTANTES plus l'effet sera visible.

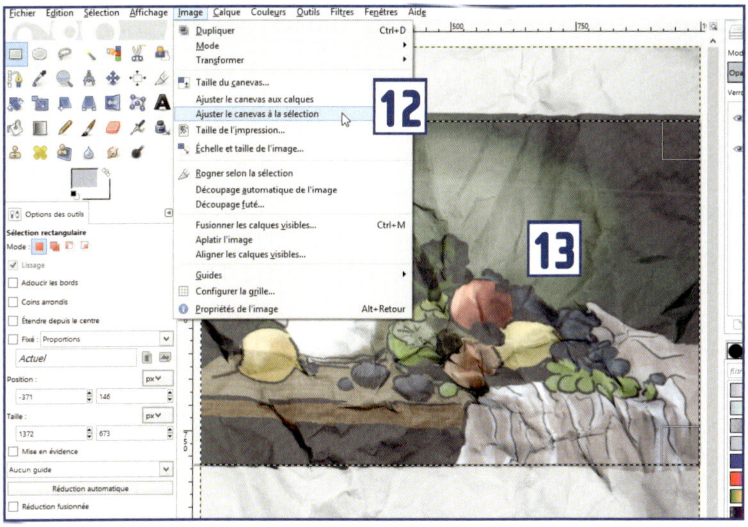

11/ Corriger le contraste (suite)

Dans la fenêtre Luminosité-Contraste, indiquez une Luminosité de -80 et un Contraste de 25. N'hésitez pas à cocher la case Aperçu et à faire varier ces valeurs en fonction de l'image que vous avez ajoutée afin d'obtenir le résultat souhaité. Cliquez enfin sur Valider lorsque les réglages vous conviennent.

12/ Recadrer l'image

Pour finir, il ne vous reste plus qu'à recadrer l'image au niveau du dessin. Pour cela, prenez l'outil de Sélection rectangulaire et sélectionnez votre dessin puis rendez-vous dans le menu Image/Ajuster le canevas à la sélection.

13/ L'image est froissée

Votre image froissée est terminée, il ne vous reste plus qu'à l'enregistrer. Vous pouvez voir le résultat dans le fichier [Aterlier48_02.jpg].

ANIMER UNE IMAGE AVEC LE FORMAT GIF

0h20

Le format GIF vous permet de réaliser de petites animations en faisant défiler plusieurs images.

1/ Ouvrir une nouvelle image

Rendez-vous dans le menu Fichier/Nouvelle image et choisissez une taille d'image de 50 pixels de large sur 100 pixels de haut. Cliquez sur Valider. Vous allez réaliser une animation très simple d'un ballon qui va tomber et rebondir.

2/ Augmenter le niveau de zoom

En bas de la zone de travail, augmentez le niveau de zoom à 400 %. L'image étant très petite, vous serez plus à l'aise pour réaliser votre animation.

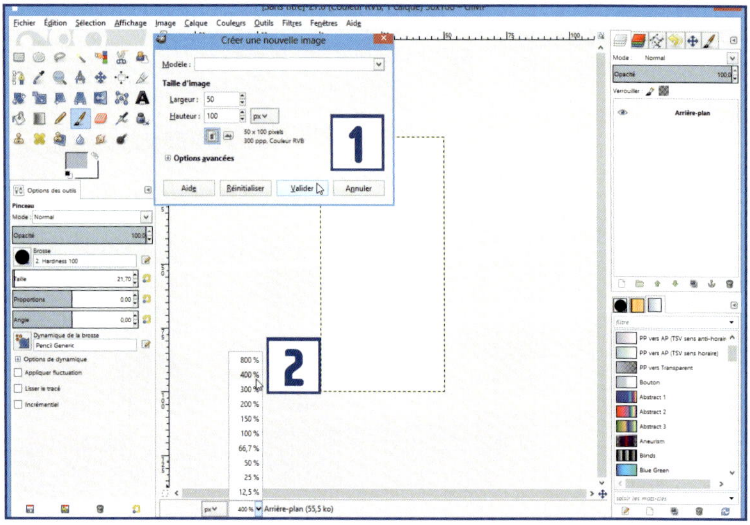

3/ Ajouter un calque

Chaque calque ajouté correspond à une image de votre animation, mais est également présent tout au long de l'animation. Commencez donc par ajouter un premier calque. Choisissez Blanc comme type de remplissage et nommez ce calque image1. Grâce au fond blanc, l'ancienne image sera masquée lorsque la nouvelle apparaîtra.

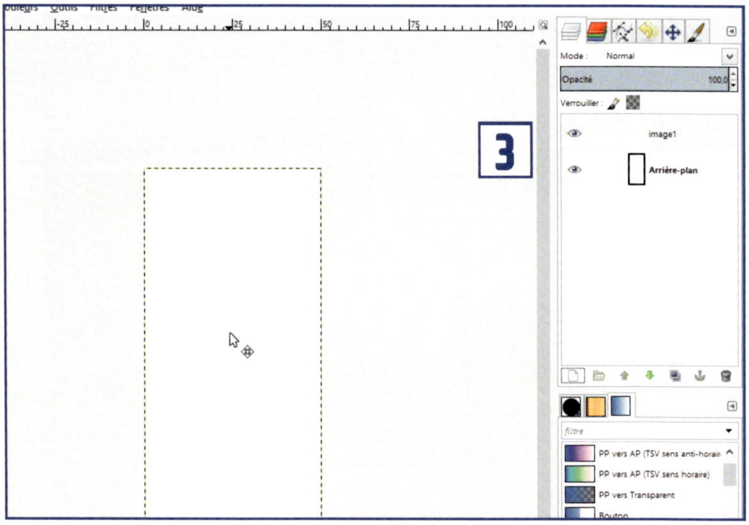

 Outil de Déplacement (M)

atelier **49**

POUR VISIONNER UN GIF ANIMÉ vous pouvez utiliser votre navigateur Internet : déplacez l'image dans celui-ci pour la voir s'animer. En effet, la plupart des visionneuses d'images ne vous laisseront voir que la première image de l'animation, sans aucun défilement.

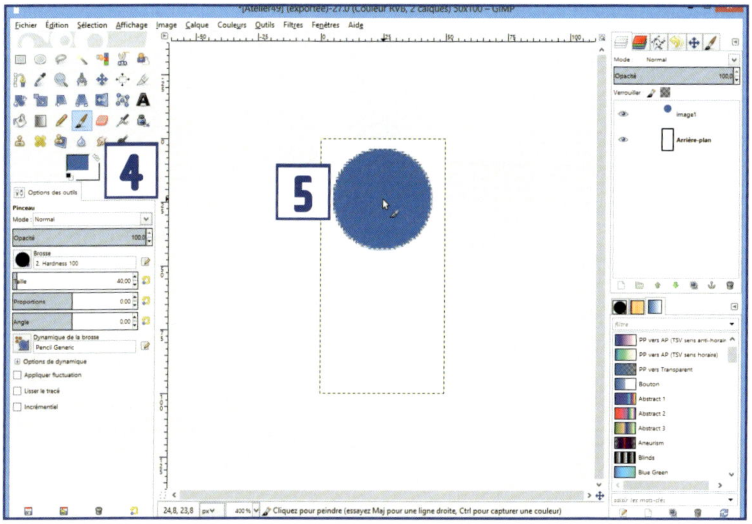

4/ Configurer le pinceau

Prenez l'outil Pinceau (P) et dans la fenêtre Options des outils, choisissez une taille de 40. Choisissez la couleur de votre balle en modifiant la couleur de premier plan, ici un bleu avec pour notation HTML 276cab.

5/ Dessiner la première image

Cliquez sur l'image, n'importe où, afin de dessiner votre balle.

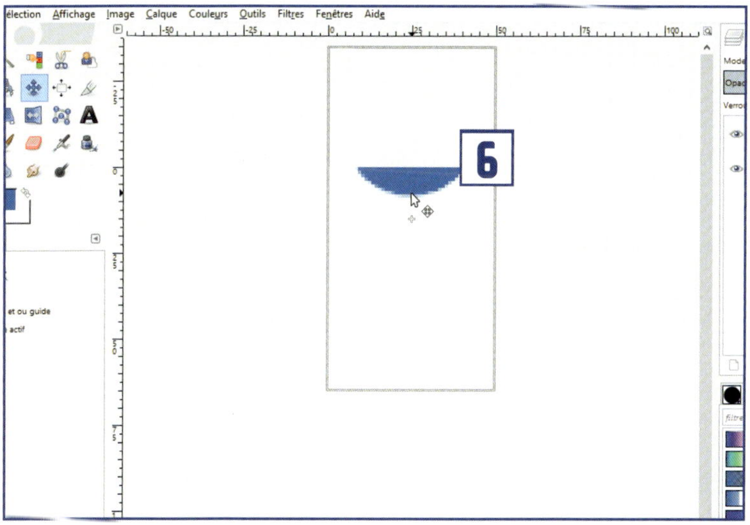

6/ Placer la balle

Avec l'outil de Déplacement (M), vous allez positionner correctement votre balle. Afin de donner l'impression que celle-ci provient de loin, déplacez-la en haut de l'image, de telle sorte que seule la partie basse soit visible.

RÉALISEZ UN GIF À PARTIR D'UNE VIDÉO en utilisant quelques captures d'écran réalisées à quelques secondes d'intervalle pour reproduire votre séquence au format GIF.

LES IMAGES ANIMÉES AU FORMAT GIF sont par exemple utilisées dans certaines bannières publicitaires, pour faire clignoter un prix ou animer simplement un élément.

7/ Dupliquer le calque

Cliquez avec le bouton droit de la souris sur le calque image1 dans la fenêtre Calques et choisissez Dupliquer le calque. Nommez ce nouveau calque image2.

8/ Déplacer la balle

Avec l'outil de Déplacement, déplacez la balle légèrement vers le bas de l'image.

9/ Ajouter des images

Répétez les étapes 7 à 8 pour ajouter quatre autres calques en déplaçant chaque fois la balle vers le bas jusqu'à la dernière image où la balle doit toucher le bas de l'image.

10/ Déformer la balle

Pour simuler l'écrasement de la balle une fois arrivée au sol avant de rebondir, dupliquez le dernier calque puis prenez l'outil de Mise à l'échelle et écrasez légèrement la balle sur ce calque image7.

11/ Placer la balle

Avec l'outil de Déplacement, replacez la balle correctement car en écrasant le calque, celle-ci est descendue de quelques pixels.

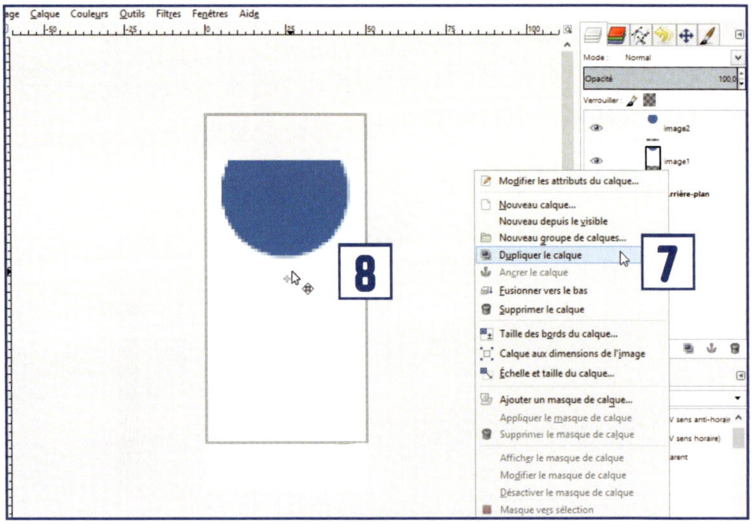

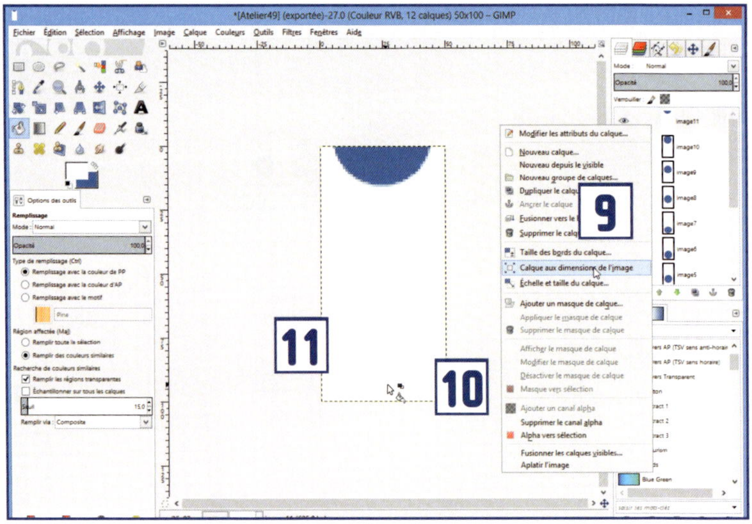

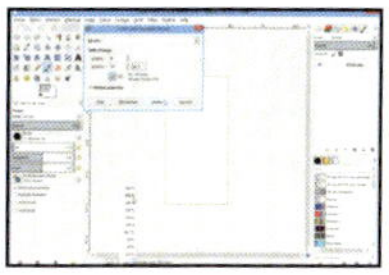

>

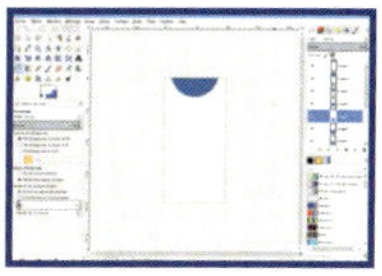

Fichier → Exporter

SI VOUS SOUHAITEZ RÉALISER DES PETITS DESSINS ANIMÉS UN PEU PLUS LONGS réduisez la taille globale de l'image au maximum afin que le poids reste acceptable.

atelier 49

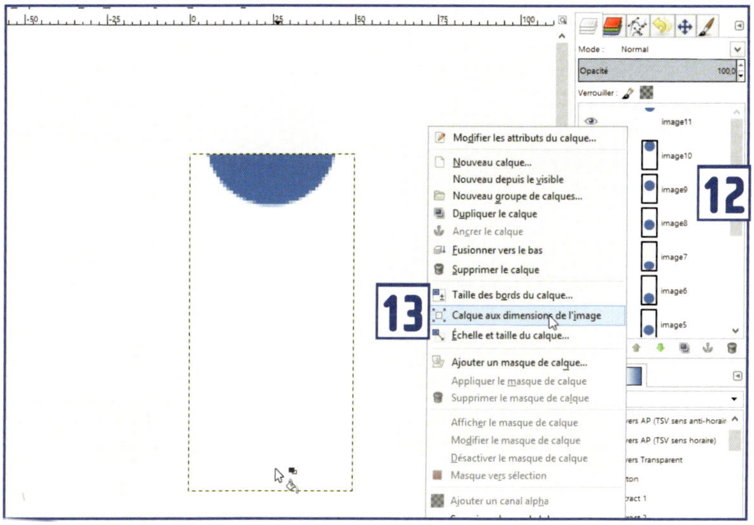

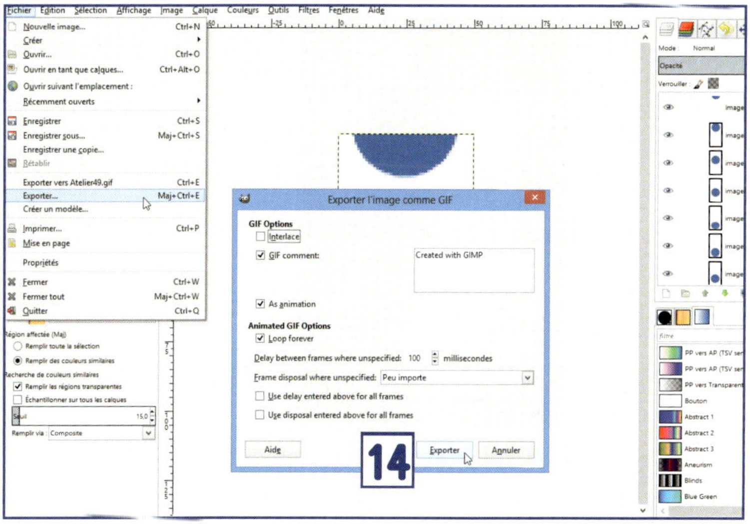

12/ Dupliquer le calque

Dupliquez le calque image6, avec la balle non écrasée, placez-le au-dessus du calque image7, nommez-le image8 et déplacez-le de quelques pixels vers le haut.
Répétez l'opération pour faire remonter la balle en haut de l'image dans les calques image9, image10 et image11.

13/ Remplir les calques

Chaque calque doit couvrir entièrement l'image et ne pas dépasser de cette zone. Pour cela, sur chaque calque, cliquez avec le bouton droit et cliquez sur Calque aux dimensions de l'image. Prenez ensuite l'outil de Remplissage et remplissez la partie vide avec la couleur blanche.

14/ Exporter le GIF

Rendez-vous dans le menu Fichier/Exporter et dans le champ Nom, indiquez le nom de votre GIF en n'oubliant pas d'indiquer l'extension, ici Atelier49.gif. Cliquez sur Exporter. Dans la fenêtre qui s'ouvre, cochez As animation. Cochez Loop forever pour que l'animation soit rejouée sans cesse et cliquez sur Exporter. Votre GIF animé est créé !

RÉALISER UN TABLEAU AVEC UNE PHOTOGRAPHIE FAÇON POP ART

0h50

Vous allez voir comment réaliser un montage photographique rappelant la célèbre œuvre d'art d'Andy Warhol représentant plusieurs fois le visage de Marylin Monroe avec des teintes très vives, proches de la bande dessinée.

1/ Ouvrir une nouvelle image

Rendez-vous dans le menu Fichier/Nouvelle image et choisissez une taille de 200 millimètres sur 200 millimètres.
Dans les Options avancées, indiquez une résolution X et Y de 300 pixels par pouce.
Cliquez sur Valider.

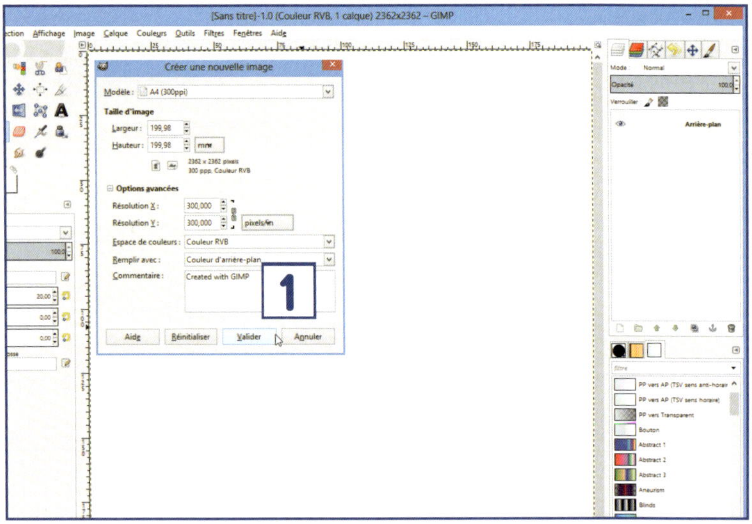

2/ Ouvrir le dessin

Ouvrez la photographie [Atelier50_01.jpg] en cliquant sur Fichier/Ouvrir en tant que calques.

3/ Redimensionner l'image

Prenez l'outil de Mise à l'échelle et cliquez sur la photographie. Cliquez sur et indiquez une largeur de 95 px. Validez et cliquez sur Échelle pour appliquer la transformation.

Calques →
Taille des bords du calque

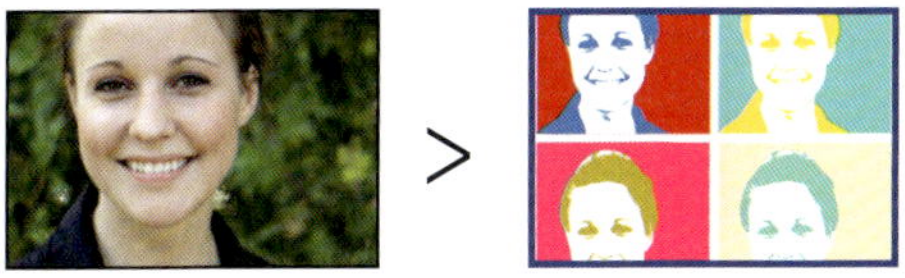

atelier **50**

CHANGEZ LES COULEURS POUR adapter la composition à vos goûts.

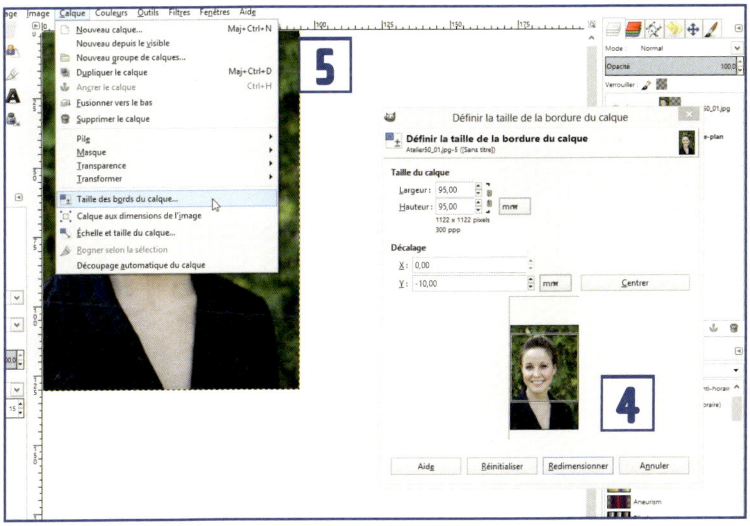

4/ Recadrer la photographie

Le tableau sera composé de quatre photographies carrées. Il faut donc recadrer la photographie qui est trop haute. Pour cela, sélectionnez son calque et rendez-vous dans le menu Calque/Taille des bords du calque. Dans la fenêtre Définir la taille de la bordure du calque, veillez à désactiver et indiquez une hauteur de 95 millimètres. Dans Décalage, indiquez une valeur Y de -10 millimètres. Cliquez sur Redimensionner.

5/ Déplacer la photographie

Placez la photographie dans l'angle supérieur gauche de l'écran à l'aide de l'outil de Déplacement (M).

6/ Détourer le personnage

Avec l'outil Chemins, faites le tour du personnage. Cliquez ensuite sur Sélection depuis un chemin dans la fenêtre Options des outils.

VOUS POUVEZ AUGMENTER OU DIMINUER LA TAILLE DU TABLEAU pour l'adapter à votre intérieur.

POUR AUGMENTER L'EFFET DE TABLEAU DE VOTRE COMPOSITION, vous pouvez utiliser un papier qui imite la texture d'une toile.

7/ Désaturer la photographie

Sélectionnez le calque avec la photographie et rendez-vous dans le menu Couleurs/Désaturer. Dans la fenêtre qui apparaît, choisissez Clarté et cliquez sur Valider. Votre sélection passe en niveaux de gris.

8/ Modifier le seuil

Rendez-vous dans le menu Couleurs/Seuil. Dans la fenêtre qui apparaît, déplacez le curseur pour ajuster le niveau de détails visibles dans le visage. Faites en sorte de laisser les yeux et la bouche bien visibles puis cliquez sur Valider.

9/ Appliquer la couleur de fond

Rendez-vous dans le menu Sélection/Inverser puis dans Édition/Effacer. Prenez la couleur de premier plan avec la notation HTML cc0003 et avec l'outil de Remplissage et cliquez sur le fond qui est à présent sélectionné pour appliquer cette couleur rouge.

10/ Sélectionner le noir

Prenez l'outil de Sélection par couleur et cliquez dans une zone noire pour toutes les sélectionner.

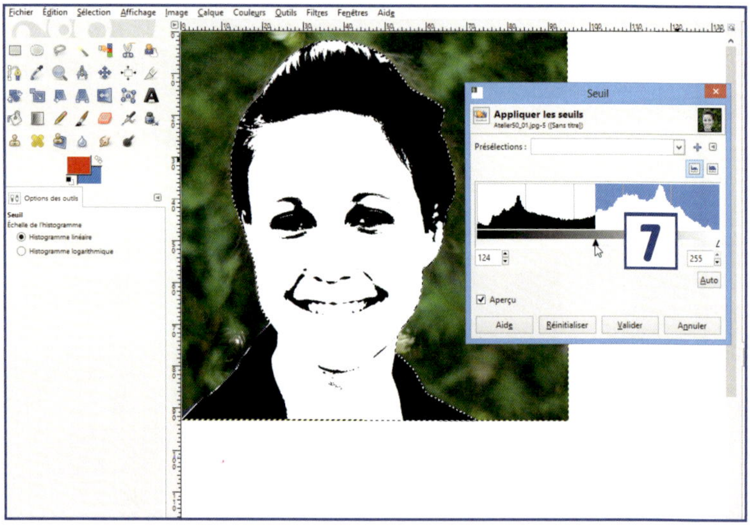

Outil de Sélection par couleur

atelier **50**

IL EXISTE DE NOMBREUX SERVICES D'IMPRESSION EN LIGNE qui vous permettront d'imprimer votre tableau dans une taille bien supérieure au A4 ou A3 permis par les imprimantes pour les particuliers.

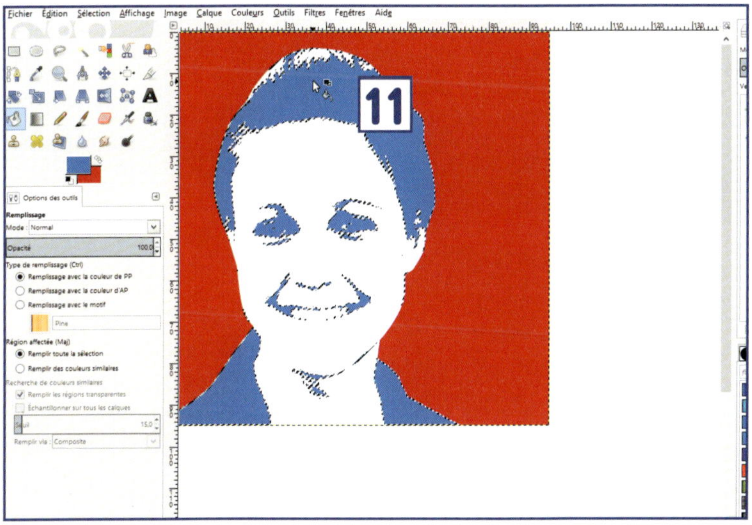

11/ Ajouter la couleur

Choisissez la couleur de premier plan 017bc4. Sélectionnez l'outil de Remplissage. Dans la fenêtre Options des outils, cochez Remplir toute la sélection et cliquez dans une des zones sélectionnées.

12/ Dupliquer le calque

Cliquez avec le bouton droit sur le calque contenant la photographie et dupliquez-le à trois reprises. Dans le menu Sélection choisissez Aucune.

13/ Déplacer les calques

Placez les copies de calque aux trois autres angles de l'image. Vous pouvez laisser une petite marge sur l'extérieur du cadre.

14/ Changer les couleurs

Pour les trois nouveaux calques, avec l'outil de Sélection par couleur et l'outil de Remplissage, changez les couleurs du personnage et la couleur de fond.
Utilisez les couples de couleur fond/personnage suivants : 49d2ca/fbdd01, ec0184/ c2aa00, ffedc4/63dcbd. Retrouvez le résultat dans le fichier [Atelier50_02.jpg].

5

AJOUTER DES EFFETS ET DES TRUCAGES

Le logiciel GIMP est si puissant que vous allez pouvoir l'utiliser pour apporter à vos photographies différents effets et trucages. Vieillir un portrait, créer des caricatures de vos proches, transformer une photographie en dessin ou en aquarelle, créer des dents de vampire, tous ces effets sont accessibles facilement via GIMP et sauront vous séduire et vous amuser.

VIEILLIR UNE PHOTOGRAPHIE

0h15

L'un des effets les plus courants est le vieillissement d'une photographie, qu'il s'agisse d'un portrait, d'un paysage, etc. C'est pourquoi, vous allez commencer ce chapitre avec cet atelier fort intéressant.

1/ Ouvrir la photographie

Ouvrez la photographie [Atelier51_01.jpg]. Celle-ci représente un pont et un cours d'eau, paysage idéal pour cet atelier.

2/ Désaturer la photographie

La première partie va consister à désaturer la photographie. Pour cela, depuis le menu Couleurs de GIMP, sélectionnez Désaturer. Dans la boîte de dialogue apparue à l'écran, choisissez Clarté.

3/ Valider

Confirmez votre choix en cliquant sur le bouton Valider.

4/ Photographie désaturée

La photographie apparaît désormais en noir et blanc.

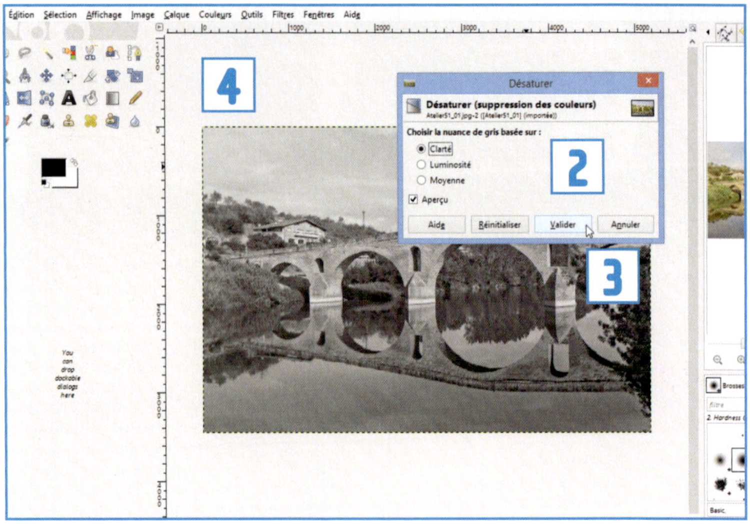

Menu Fenêtre → **Couleur**

atelier **51**

L'UNE DES CARACTÉRISTIQUES PRINCIPALES des anciennes photographies est leur ton sépia. Vous allez donc appliquer ici un tel effet sur cette photographie de paysage, et verrez aussi qu'en accentuant le contraste, le vieillissement semblera encore plus naturel.

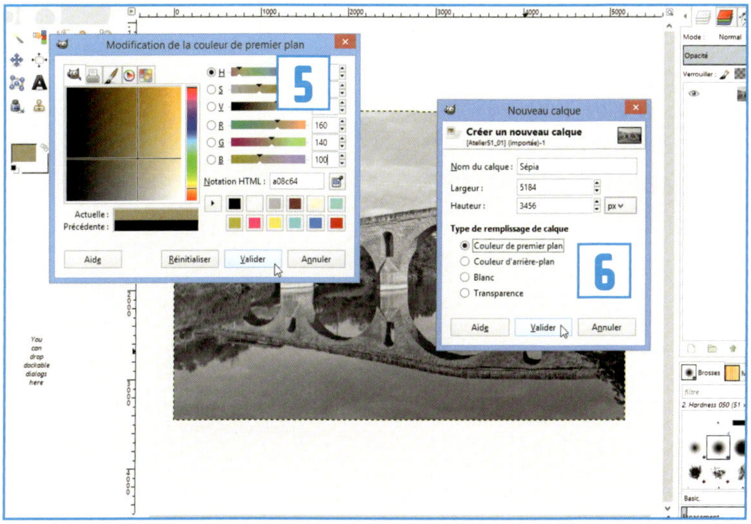

5/ Couleur sépia

Sélectionnez maintenant la couleur sépia comme couleur de premier plan. Pour cela, cliquez sur cette couleur dans la boîte à outils de GIMP, et indiquez les valeurs 160, 140 et 100 pour R, G et B.

6/ Nouveau calque

Créez un nouveau calque et appelez-le Sépia. Dans Type de remplissage de calque, sélectionnez Couleur de premier plan. Validez.

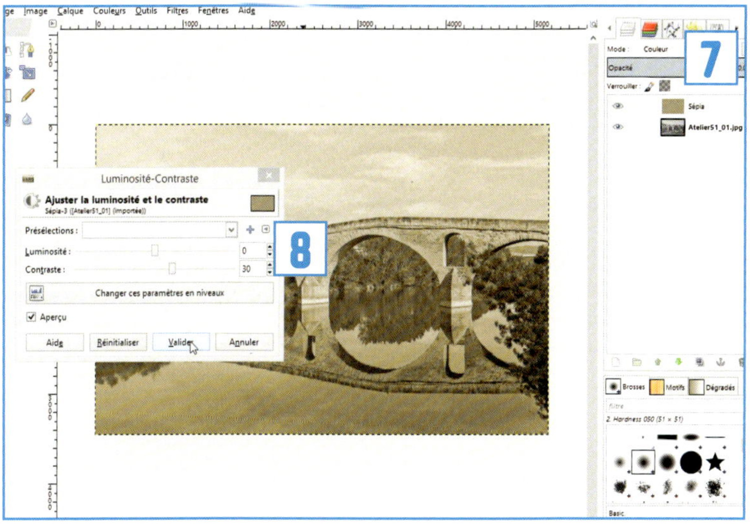

7/ Mode couleur

À droite de l'interface de GIMP, sélectionnez le calque Sépia et choisissez Couleur dans le menu déroulant Mode. Votre photographie apparaît alors en sépia et vieillie.

8/ Luminosité-Contraste

Affichez la fenêtre Luminosité-contraste depuis le menu Couleur, et indiquez une valeur de 30 pour le contraste, afin de l'accentuer. Il ne vous reste plus qu'à valider votre travail !

FLOUTER UNE PLAQUE D'IMMATRICULATION

0h10

Lorsque vous mettez en vente votre véhicule sur Internet, il est préférable de flouter sa plaque d'immatriculation. Vous pouvez faire cela grâce à GIMP, en seulement quelques clics de souris.

1/ Ouvrir la photographie

Ouvrez la photographie [Atelier52_01.jpg]. Il s'agit dans cet atelier de sélectionner la plaque d'immatriculation de la voiture et de lui appliquer un flou.

2/ Sélectionner la plaque

Dans la barre d'outils de GIMP, sélectionnez l'outil en forme de lasso, appelé aussi outil de sélection à main levée.

3/ Sélectionner la plaque (suite)

Avec votre souris, cliquez sur chacun des coins de la plaque d'immatriculation.

4/ Sélectionner la plaque (fin)

Pour terminer la sélection, cliquez sur le point de départ qui devient jaune au passage de la souris.

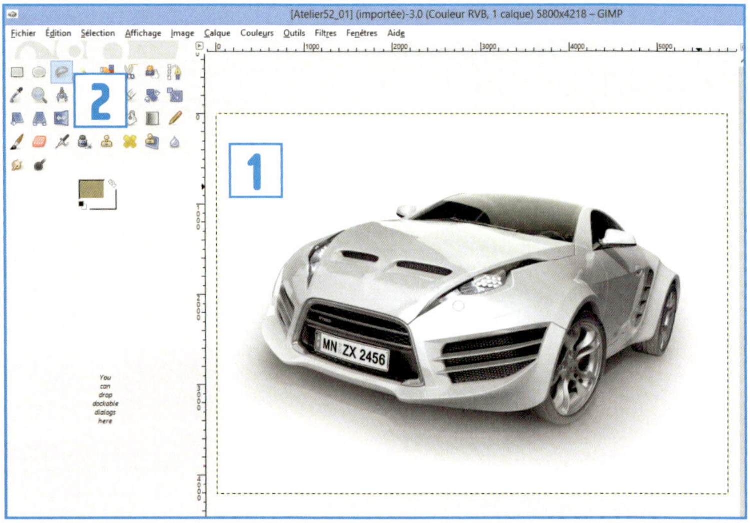

Menu Filtres → **Flou**

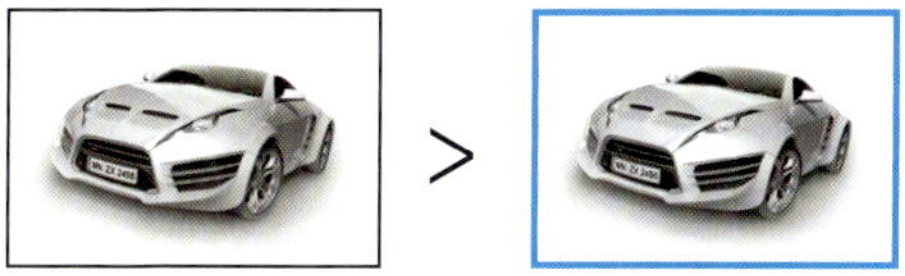

atelier

52

IL EXISTE DIFFÉRENTS TYPES DE FLOUS. Le plus courant est la pixélisation. Libre à vous d'utiliser celui que vous préférez, l'important étant de ne plus pouvoir lire les chiffres.

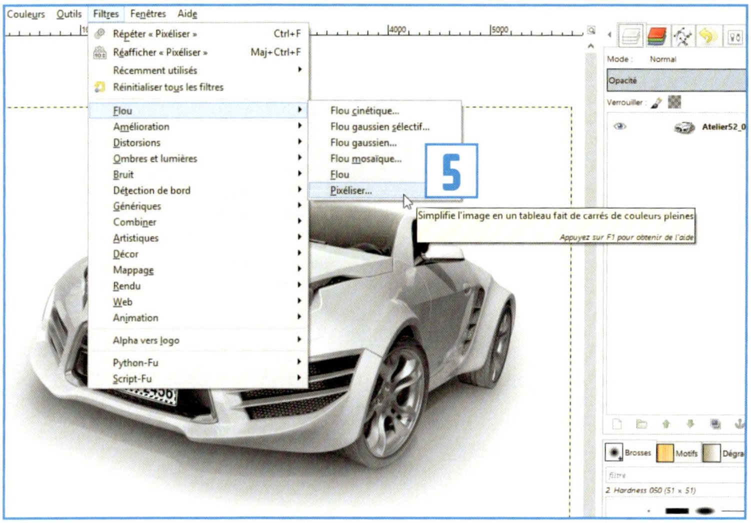

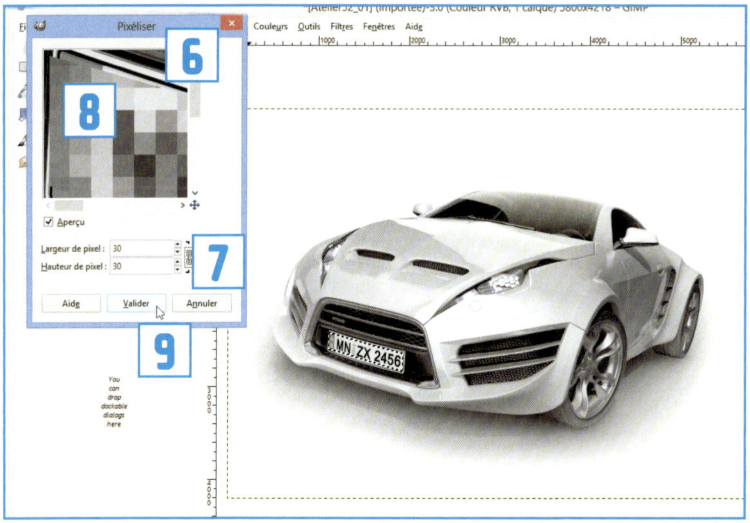

5/ Appliquer un flou

Une fois la sélection définie, cliquez sur le menu Filtres, Flou puis Pixéliser.

6/ Pixéliser

La fenêtre Pixéliser apparaît alors à l'écran.

7/ Pixéliser (suite)

Choisissez une largeur de pixel de 30, et une hauteur de 30 également. Plus les pixels sont petits, moins le flou est prononcé.

8/ Aperçu

Un aperçu est immédiatement visible dans la fenêtre, ce qui vous permet de vous faire une idée du rendu final.

9/ Valider

Il ne vous reste alors plus qu'à valider votre travail en cliquant sur le bouton du même nom.

CRÉER UNE CARICATURE

0h45

Parce que GIMP ne permet pas seulement d'obtenir d'excellents résultats professionnels, vous allez voir dans cet atelier comment utiliser ce formidable logiciel pour vous amuser et créer une caricature à partir d'un portrait.

1/ Ouvrir la photographie

Ouvrez la photographie [Atelier53_01.jpg].

2/ Choisir l'outil Perspective

Dans la barre d'outils, choisissez l'outil Perspective. Assurez-vous que le paramètre Direction de l'outil est bien Normale (en avant) et sélectionnez Rogner dans le menu déroulant Rognage.

3/ Modifier la perspective

Avec votre souris, cliquez sur l'image pour faire apparaître le quadrillage de la perspective et les poignées de transformation.

4/ Modifier la perspective (suite)

Déplacez les poignées supérieures de manière à augmenter la taille du front. Cliquez sur le bouton Transformer. La perspective est alors modifiée.

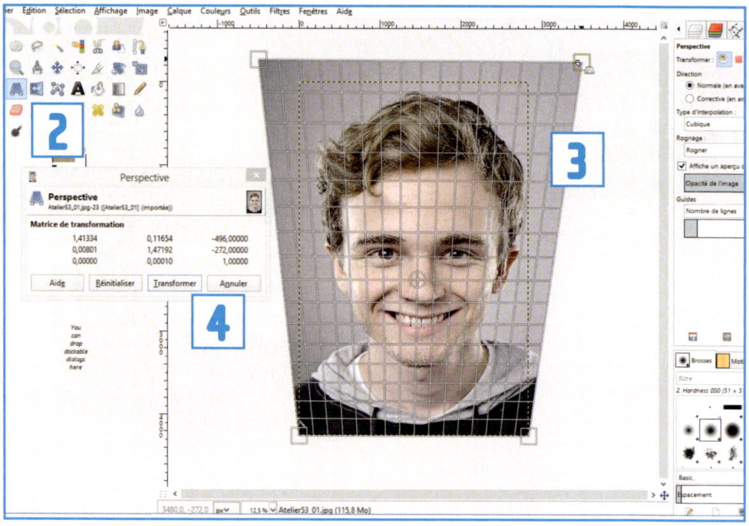

Outil Perspective

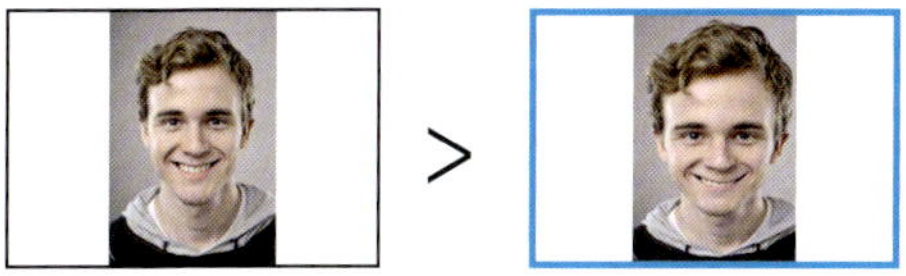

atelier **53**

POUR ACCENTUER L'EFFET CARICATURE, vous modifierez dans cet atelier la perspective de la photographie de manière à déformer le visage disproportionnellement.

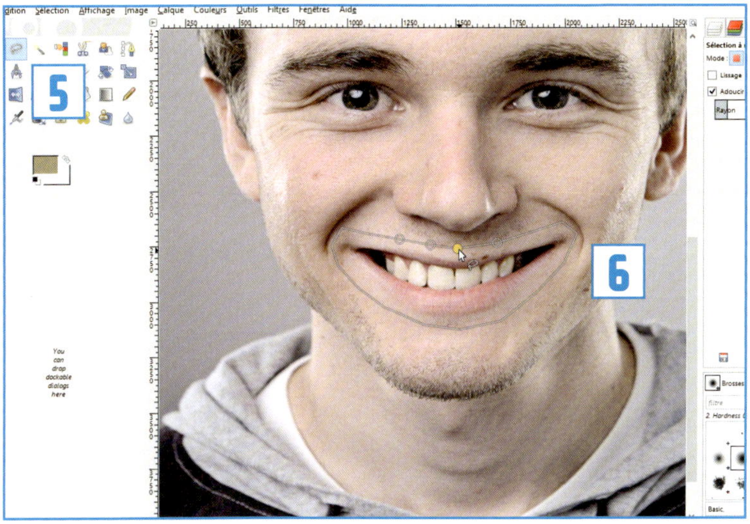

5/ Sélectionner le sourire

Vous allez maintenant modifier le sourire et la bouche du personnage. Choisissez dans la barre d'outils l'outil Sélection à main levée et vérifiez que la case Adoucir les bords est cochée dans les options de l'outil.

6/ Sélectionner le sourire (suite)

Cliquez alors tout autour de la bouche afin de déterminer une sélection. N'hésitez pas à zoomer sur l'image pour travailler avec précision.

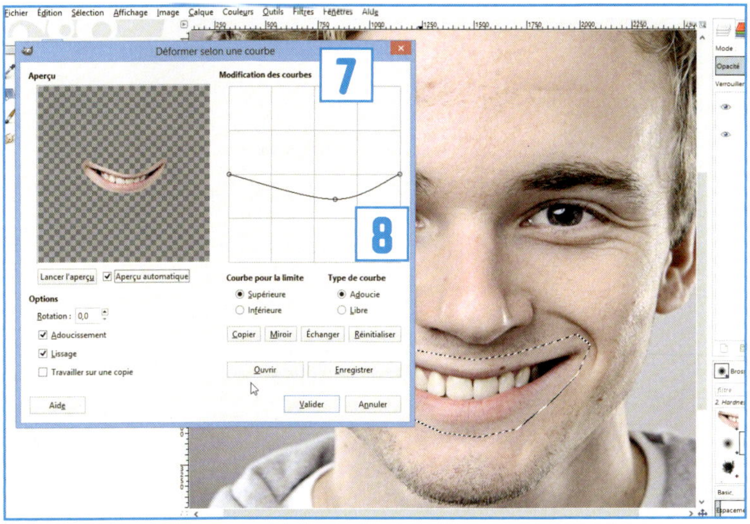

7/ Courber le sourire

Cliquez sur Filtres/Distorsions/Courber. La boîte de dialogue s'affiche.

8/ Courber le sourire (suite)

Cochez la case Aperçu automatique, puis déplacez le centre de la ligne située à droite de la fenêtre d'un demi-carreau vers le bas, et d'un demi-carreau vers la droite. Validez.

EN UTILISANT LE FILTRE DISTORSION, vous allez courber le sourire de la personne.

EN APPLIQUANT PLUSIEURS FOIS LE FILTRE DISTORSION, vous obtiendrez des résultats parfois surprenants et déroutants. Essayez !

9/ Déplacer le sourire

Comme vous le constatez, la bouche du personnage a été décalée vers le bas. Avec votre souris, replacez-la correctement sur le portrait.

10/ Ancrer le calque

Puisque la sélection a été modifiée à l'aide du filtre Courber, elle se retrouve désormais flottante. Ancrez-la au reste de l'image via le menu Calque/Ancrer le calque.

11/ Corriger les imperfections

Une fois le calque ancré, vous vous apercevez de quelques imperfections autour de la bouche du personnage. Vous allez les corriger avec l'outil Correcteur, que vous avez déjà utilisé dans le chapitre 02.

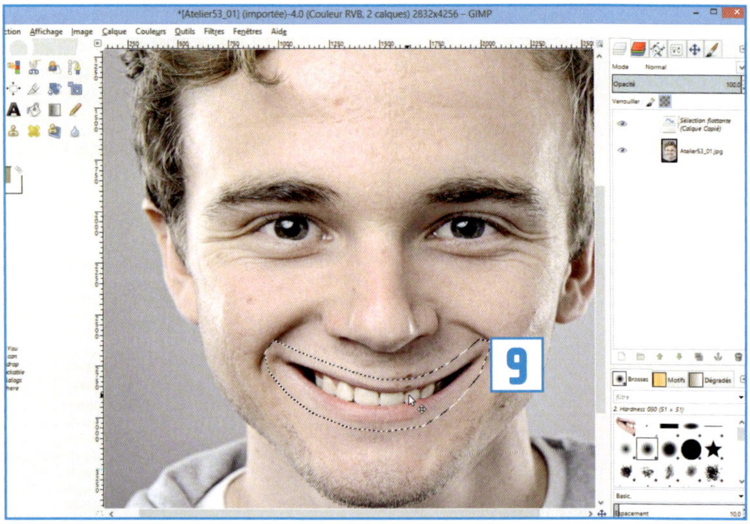

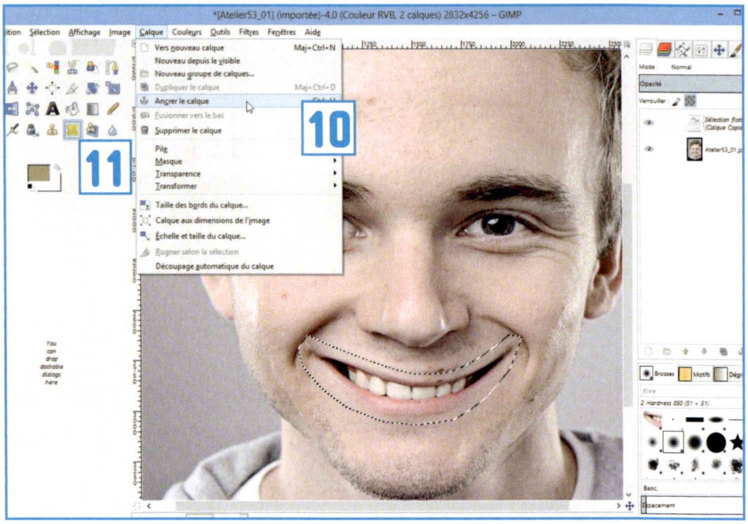

Outil Correcteur

Menu Calque → **Ancrer le calque**

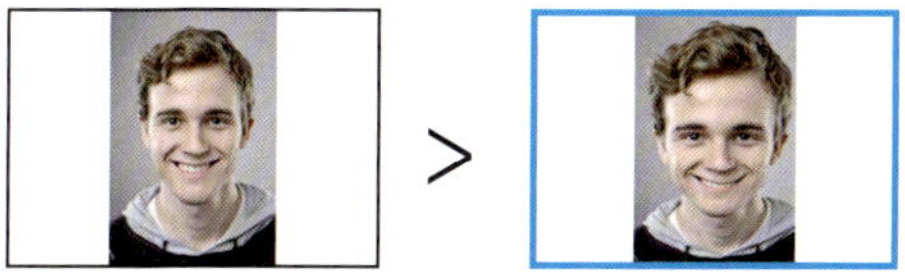

atelier 53

AFIN D'ACCENTUER DAVANTAGE L'EFFET CARICATURE, vous pourriez également modifier la forme des oreilles, toujours en utilisant la distorsion. Laissez parler votre imagination !

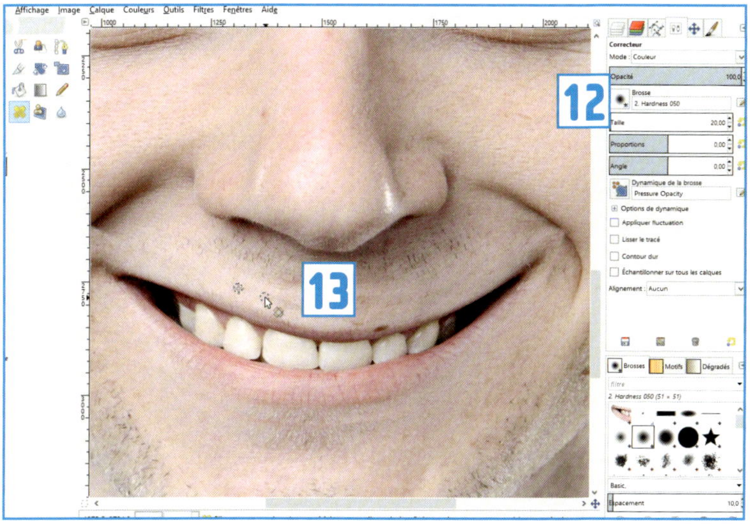

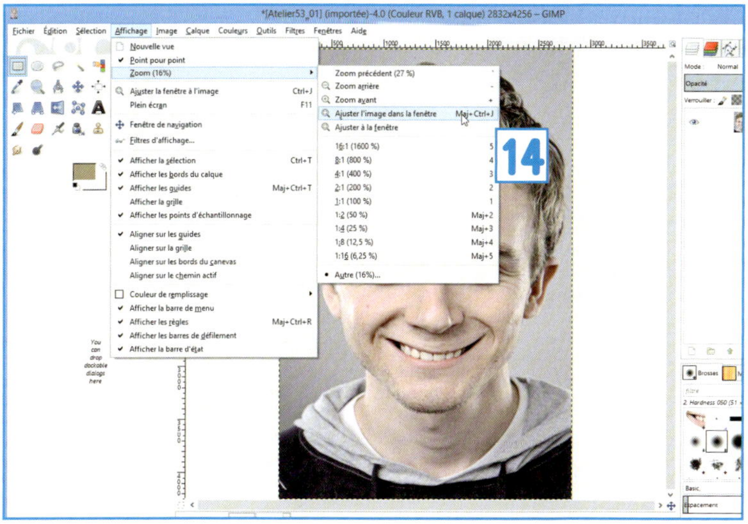

12/ Utiliser le correcteur

Vérifiez tout d'abord les options de l'outil : Mode Couleur, Alignement Aucun.

13/ Utiliser le correcteur (suite)

Déterminez alors la source de l'outil Correcteur, puis déplacez-vous le long de la bouche et des lèvres pour corriger les imperfections.

14/ Ajuster le zoom

Une fois l'opération de correction terminée, ajustez le zoom de l'image pour apprécier votre travail. Pour cela, cliquez sur Affichage/Zoom/Ajuster l'image dans la fenêtre.

TRANSFORMER UNE PHOTOGRAPHIE EN DESSIN

0h15

Il est des paysages qui se prêtent autant à être pris en photo qu'à être dessinés. Si vous êtes plus doué avec un appareil photographique qu'avec des crayons de couleur, utilisez GIMP pour transformer vos plus beaux clichés en magnifiques dessins.

1/ Ouvrir la photographie

Ouvrez la photographie [Atelier54_01.jpg]. Cette dernière représente un paysage toscan.

2/ Ajouter un filtre

Depuis le menu Filtres, cliquez sur Artistiques/Dessin au crayon.

3/ Dessiner au crayon

La boîte de dialogue du même nom s'affiche.

4/ Utiliser l'aperçu

L'aperçu présent dans la boîte de dialogue affiche le coin supérieur gauche de la photographie, c'est-à-dire une partie du ciel. Descendez en utilisant les barres de défilement pour mieux vous rendre compte de l'effet créé.

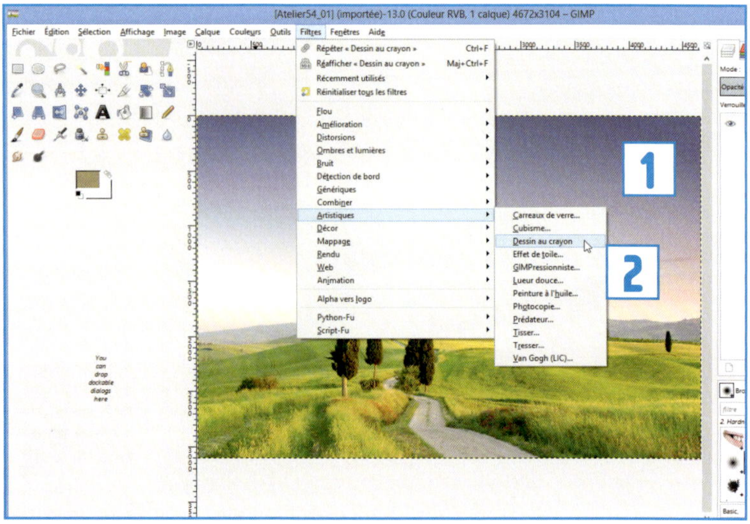

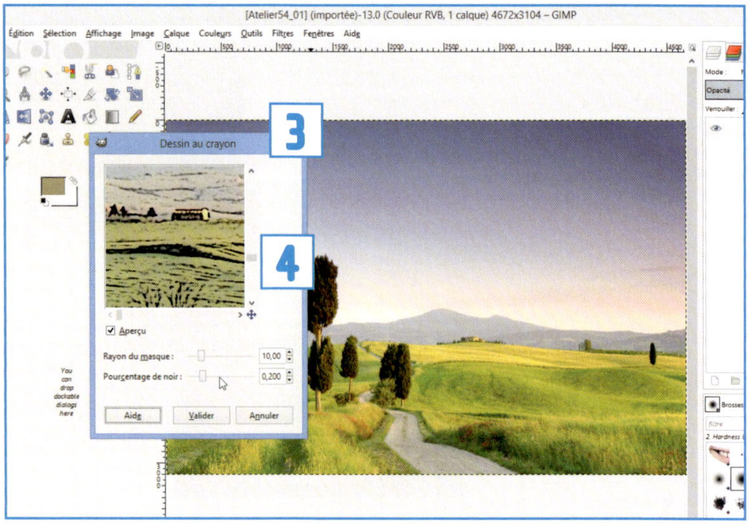

Menu Filtres → **Artistiques**

atelier **54**

GIMP OFFRE DE NOMBREUX FILTRES ARTISTIQUES. Vous verrez à l'atelier 56 comment donner un effet « toile de maître » à une photographie.

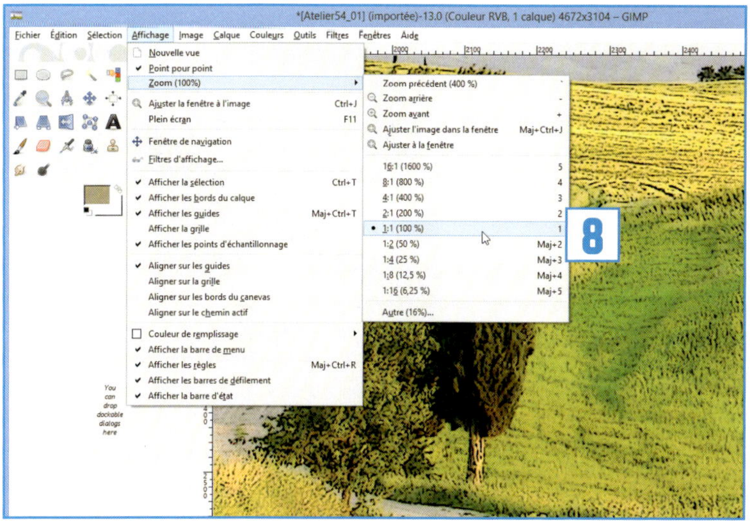

5/ Régler le rayon du masque

Indiquez la valeur 5 pour le paramètre Rayon du masque. Les traits de crayon seront plus fins.

6/ Régler le pourcentage de noir

Indiquez la valeur 0,100 pour le paramètre Pourcentage de noir. Cela limitera les coups de crayon noir sur le dessin.

7/ Valider son travail

Il ne vous reste plus qu'à valider votre travail.

8/ Valider son travail (suite)

Après quelques dizaines de secondes de traitement, la photographie s'affiche à l'écran. Pour mieux vous rendre compte de l'effet créé, augmentez le zoom en cliquant sur le menu Affichage/Zoom/1:1(100 %).

CRÉER DES DENTS DE VAMPIRE

0h25

Les vampires sont à la mode actuellement : séries TV, films, poupées… Pourquoi ne pas profiter de cette mode et ajouter des dents de vampire à l'une de vos connaissances ? Avec GIMP, cela se fait en seulement quelques clics de souris.

1/ Ouvrir la photographie

Ouvrez la photographie [Atelier55_01.jpg].

2/ Dupliquer le calque

Dupliquez le calque principal de la photographie en cliquant sur Calque/ Dupliquer le calque.

3/ Ajouter un canal

Le fait d'ajouter un canal alpha au calque précédemment créé va le rendre invisible. Pour cela, cliquez avec le bouton droit de votre souris et choisissez Ajouter un canal alpha.

4/ Zoomer

Pour travailler avec précision, utilisez l'outil Zoom de GIMP pour zoomer sur la canine du modèle. C'est sur cette dent que vous allez ajouter un effet vampire.

5/ Sélectionner le lasso

Dans la barre d'outils, sélectionnez l'outil Sélection à main levée.

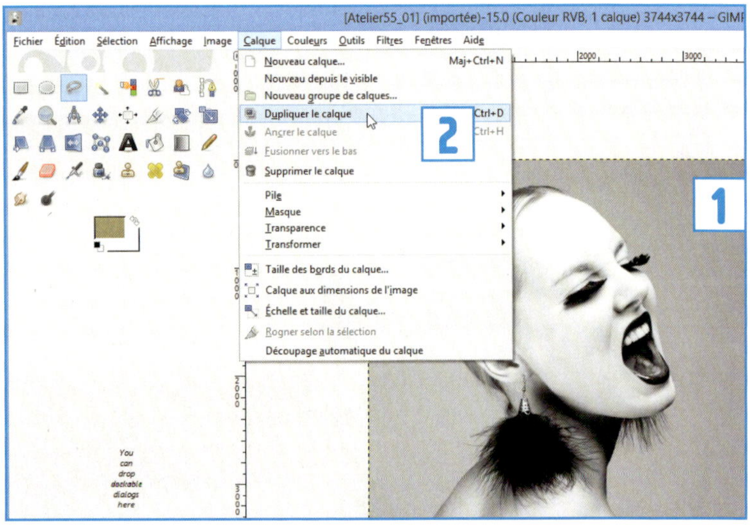

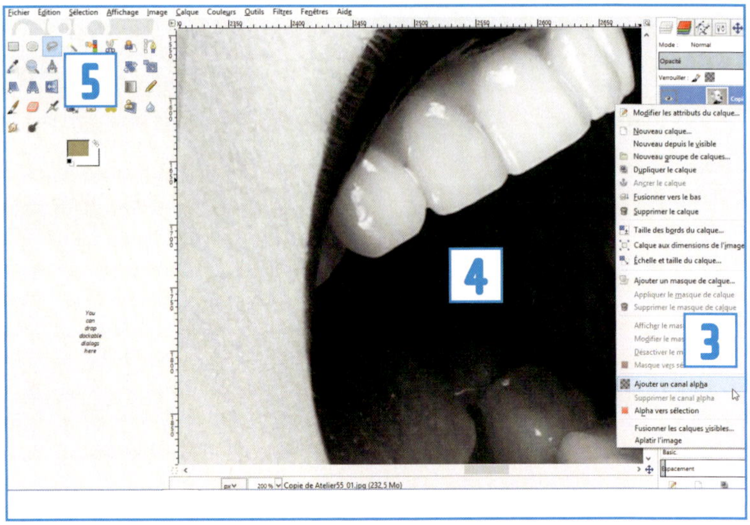

Menu Calque → **Dupliquer le calque**

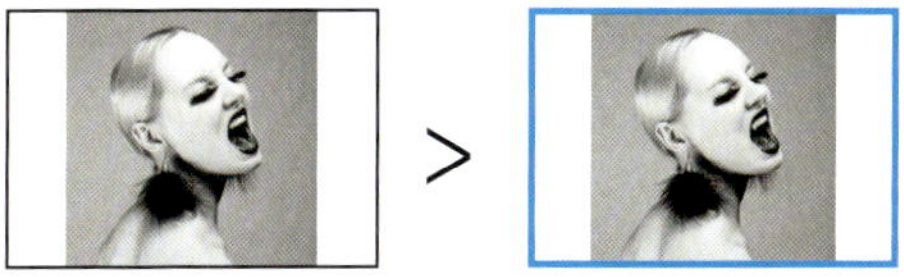

atelier **55**

POUR SÉPARER L'IMAGE ORIGINALE des dents que vous allez créer, vous travaillerez dans cet atelier sur un calque supplémentaire. Ainsi, il sera facile d'afficher ou de masquer le trucage réalisé.

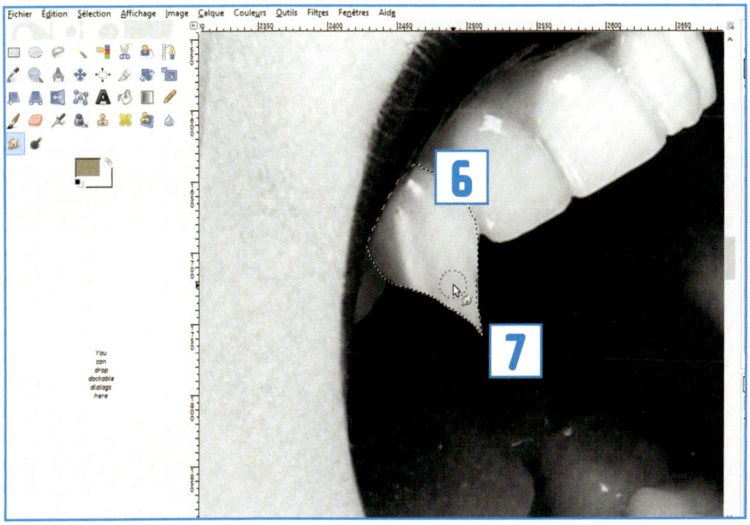

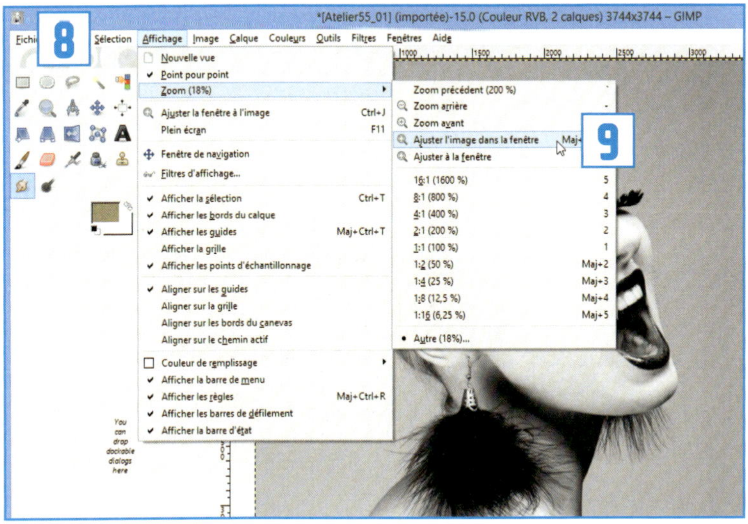

6/ Dessiner la dent

Dessinez alors la dent de vampire en incluant la canine du modèle.

7/ Dessiner la dent (suite)

Choisissez l'outil Barbouillage et prolongez l'émail de la dent dans la pointe que vous venez de dessiner.

8/ Annuler la sélection

Annulez maintenant la sélection en cliquant sur le menu Sélection/Aucune.

9/ Ajuster le zoom

Ajustez le zoom de l'image pour apprécier votre travail. Pour cela, cliquez sur Affichage/Zoom/Ajuster l'image dans la fenêtre.

CRÉER UN TABLEAU À PARTIR D'UNE PHOTOGRAPHIE

0h15

Vous avez vu au cours de l'atelier 54 comment transformer une photographie en dessin. Ici, vous allez voir comment en transformer une en peinture. Vous verrez que le résultat est bluffant et vous distinguerez sur votre photo de véritables coups de pinceau !

1/ Ouvrir la photographie

Ouvrez la photographie [Atelier56_01.jpg]. Ce paysage de Provence est idéal pour être transformé en toile.

2/ Appliquer un filtre

Cliquez sur le menu Filtres/Artistiques/Peinture à l'huile.

3/ Régler la taille du masque

Dans la fenêtre Peinture à l'huile qui s'est affichée à l'écran, saisissez la valeur 10 pour le paramètre Taille du masque. Plus cette valeur est grande, moins le rendu final a de détails.

4/ Valider le filtre

Cliquez sur Valider. Le traitement de la photographie peut prendre quelques dizaines de secondes. Cela dépend essentiellement de sa taille originale.

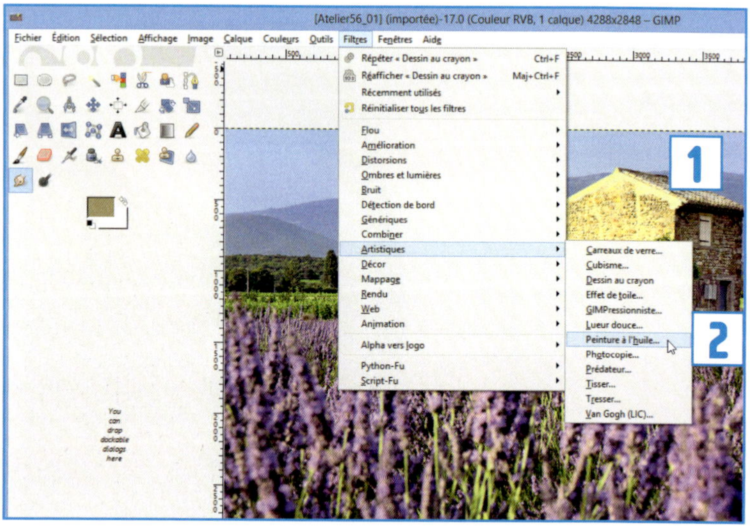

Menu Filtres → **Artistiques**

atelier 56

LA PUISSANCE DES FILTRES DE GIMP vous permet de transformer toutes vos photographies en un seul clic, avec des résultats éblouissants. Combinez-en plusieurs et laissez parler votre créativité !

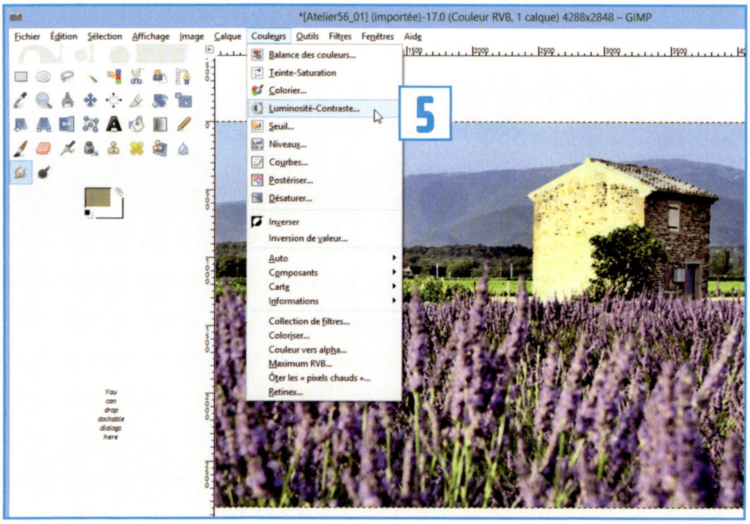

5/ Modifier la luminosité

Pour obtenir un résultat plus réaliste, vous allez augmenter la luminosité de la photographie. Cliquez sur Couleurs/ Luminosité-Contraste.

6/ Modifier la luminosité (suite)

Saisissez 40 pour le paramètre Luminosité.

7/ Modifier le contraste

Saisissez 20 pour le paramètre Contraste. Cela va permettre d'accentuer la couleur noire de la photographie.

8/ Valider votre travail

Cliquez sur Valider et admirez le résultat !

CRÉER UN FONDU ENTRE DEUX PHOTOGRAPHIES

0h30

Créer un fondu entre deux clichés est un effet couramment utilisé dans le monde de la photographie, et le résultat souvent très joli. Dans cet atelier, vous allez utiliser deux photographies : un ciel et ses nuages, et un enfant.

1/ Ouvrir la photographie

Ouvrez en premier la photographie [Atelier57_01_02.jpg].

2/ Modifier la hauteur

La hauteur de cette photographie est de 4672 px. Vous allez corriger cela pour qu'elle ait la même hauteur que le deuxième cliché. Cliquez sur Image/Échelle et taille de l'image.

3/ Modifier la hauteur (suite)

Saisissez dans la fenêtre Échelle et taille de l'image la valeur 2592 pour la hauteur.

4/ Valider le redimensionnement

Cliquez sur le bouton Échelle pour valider les nouvelles dimensions de l'image.

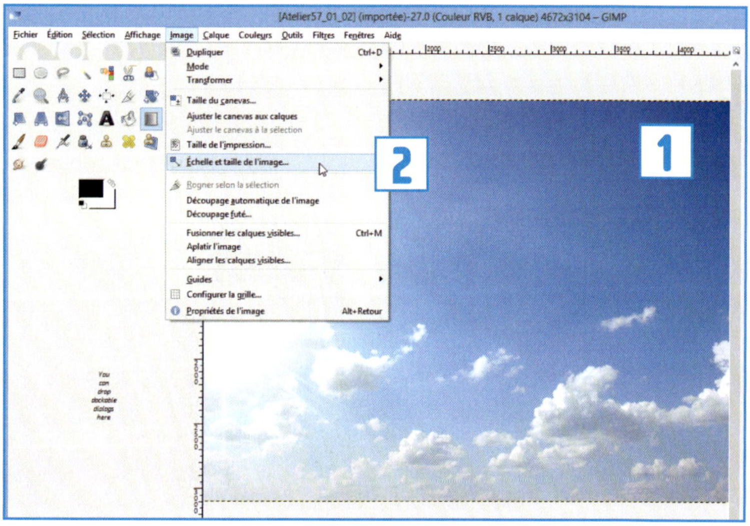

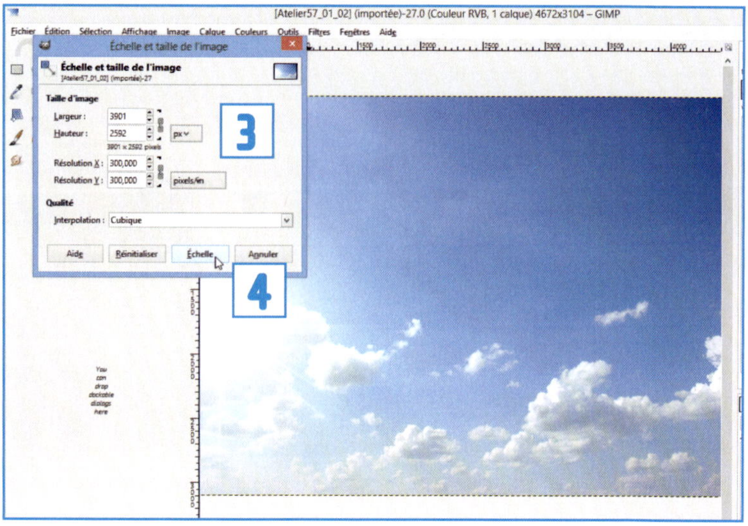

Menu Édition → **Coller**

>

atelier
57

POUR QUE L'EFFET SOIT RÉUSSI, l'idéal est de travailler avec deux clichés ayant la même hauteur. Or, les deux photographies de cet atelier ont des dimensions différentes. Il va donc falloir dans un premier temps en redimensionner une.

5/ Ouvrir le deuxième cliché

Ouvrez maintenant la photographie [Atelier57_01_01.jpg]. Il s'agit du portrait de l'enfant sur fond blanc.

6/ Copier la photographie

Copiez le cliché en cliquant sur le menu Édition/Copier.

7/ Coller la photographie

Cliquez sur l'onglet de la première photographie et collez le second cliché en cliquant sur Édition/Coller.

8/ Ancrer le calque

Dans la boîte de dialogue Calques à droite de l'interface de GIMP, cliquez sur Nouveau calque pour transformer la sélection flottante en calque.

DANS CETTE DEUXIÈME PARTIE DE L'ATELIER, vous allez créer un masque de calque, comme vous l'avez vu au chapitre 02. Ce masque permettra de créer le fondu entre les deux photographies.

POUR QUE L'IMAGE FINALE SOIT LA PLUS JOLIE POSSIBLE, vous allez déplacer le portrait de l'enfant sur l'une des extrêmités de la photographie. Ainsi le fondu ne se fera que sur un seul côté et le rendu sera plus réussi.

9/ Déplacer le calque

Dans la barre d'outils de GIMP, choisissez l'outil Déplacement.

10/ Déplacer le calque (suite)

Cliquez sur le cliché de l'enfant et déplacez-le à l'extrémité droite.

11/ Créer un masque de calque

Dans la boîte de dialogue Calques, cliquez avec le bouton droit de votre souris sur le calque Calque copié et choisissez Ajouter un masque de calque. La boîte de dialogue s'affiche.

12/ Initialiser le masque

Choisissez Blanc (opacité complète).

13/ Ajouter le masque

Validez en cliquant sur Ajouter.

Outil de Dégradé

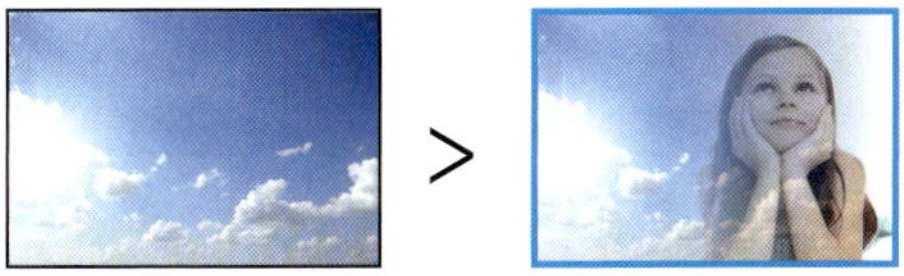

atelier 57

LE PORTRAIT DE L'ENFANT CHOISI POUR CET ATELIER est sur fond blanc. C'est l'idéal car cela permet d'améliorer le fondu entre les deux images, puisque la couleur blanche n'apparaîtra pas entre les deux clichés.

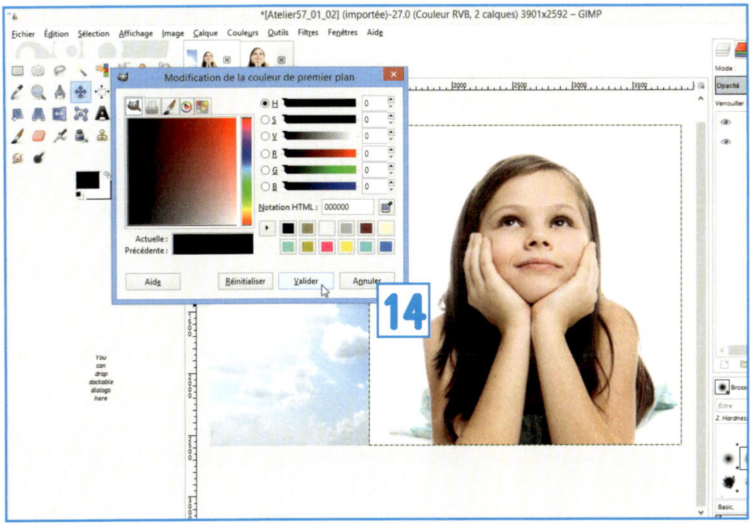

14/ Choisir les couleurs

Dans la barre d'outils, cliquez sur la couleur de premier plan, et choisissez dans la boîte de dialogue, la couleur noire. Recommencez l'opération pour la couleur d'arrière-plan, en choisissant cette fois la couleur blanche.

15/ Sélectionner l'outil Dégradé

Dans la barre d'outils, cliquez sur l'outil Dégradé.

16/ Appliquer le dégradé

Sélectionnez le masque dans la boîte de dialogue Calques, à droite de l'interface de GIMP.

17/ Appliquer le dégradé (suite)

Appliquez le dégradé de la gauche vers la droite, en débutant à environ 5 mm du bord gauche du cliché de l'enfant. Le fondu est alors créé avec succès.

DONNER DU RELIEF À UNE PHOTOGRAPHIE

0h45

Vous allez dans cet atelier donner du relief à une photographie en utilisant les filtres Distorsions de GIMP et en ajoutant une ombre portée. La photographie semblera alors être posée sur un vieux support.

1/ Ouvrir les photographies

Ouvrez les deux photographies [Atelier58_01_01.jpg] et [Atelier58_01_02.jpg]. Chacune apparaît dans un onglet.

2/ Redimensionner

Placez-vous dans l'onglet de la photographie [Atelier58_01_02.jpg]. Celle-ci étant plus grande que le deuxième cliché, vous allez la redimensionner. Pour cela, cliquez sur Image/Échelle et taille de l'image. La boîte de dialogue s'affiche.

3/ Redimensionner (suite)

Saisissez la valeur 1600 pour la largeur.

4/ Valider le redimensionnement

Cliquez sur le bouton Échelle.

Menu Édition → **Coller**

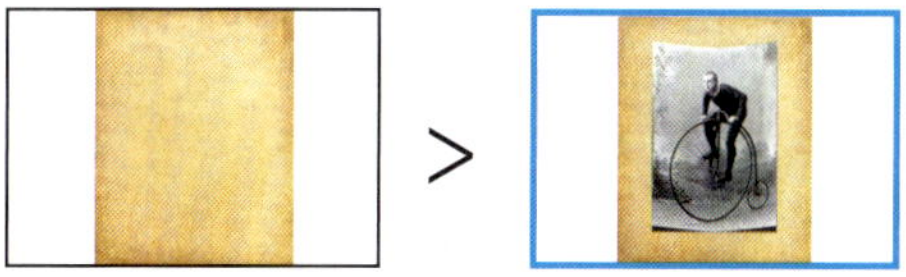

atelier

58

POUR CET ATELIER, vous allez utiliser deux photographies. La première servira de support à la seconde et permettra d'accentuer l'effet souhaité.

5/ Copier le cliché

Vous allez maintenant copier le cliché sur un nouveau calque de la première photographie. Pour cela, cliquez sur Édition/Copier. Affichez ensuite l'onglet de la photographie [Atelier58_01_01.jpg] et collez le cliché en cliquant sur le menu Édition/Coller.

6/ Cliché centré

Puisque GIMP fait très bien les choses, vous vous apercevez que le deuxième cliché est parfaitement centré sur le premier.

7/ Ancrer le calque

Dans la boîte de dialogue Calques située à droite de GIMP, cliquez sur Nouveau calque afin de transformer la sélection flottante en nouveau calque.

8/ Nouveau calque créé

Ce dernier apparaît désormais dans la boîte de dialogue Calques.

EN FONCTION DE LA PUISSANCE DE VOTRE ORDINATEUR, certains filtres peuvent prendre plusieurs dizaines de secondes à être appliqués. C'est notamment le cas des filtres Distorsions, qui demandent beaucoup de ressources.

LORSQUE VOUS AJOUTEZ UNE OMBRE PORTÉE à un calque, vous pouvez accentuer le flou de l'ombre en augmentant son rayon dans la boîte de dialogue Ombre portée.

9/ Créer une ombre

Pour ajouter une ombre au cliché, cliquez sur le menu Filtres/Ombres et lumières/Ombre portée. La boîte de dialogue s'affiche.

10/ Créer une ombre (suite)

Saisissez la valeur 5 pour les différents paramètres Décalage X, Décalage Y et Rayon du flou. Laissez l'opacité à 80. Validez. L'ombre est immédiatement créée sur un nouveau calque.

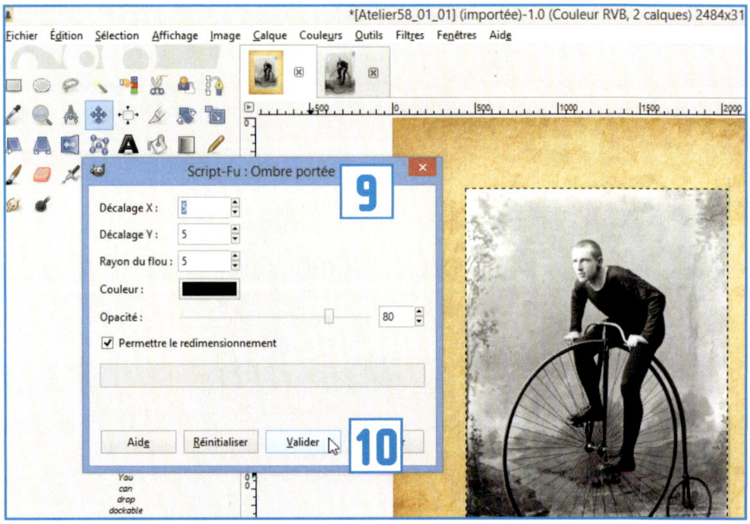

11/ Appliquer le filtre

Il s'agit maintenant de courber la photographie. Pour cela, cliquez sur le menu Filtres/Distorsions/Courber. La fenêtre s'affiche.

12/ Courber la photographie

Comme vous l'avez vu au cours de l'atelier 53, déplacez avec votre souris la courbe d'un quart de carreau vers le bas.

13/ Choisir la limite inférieure

Cliquez sur Inférieure pour modifier la courbe inférieure du cliché.

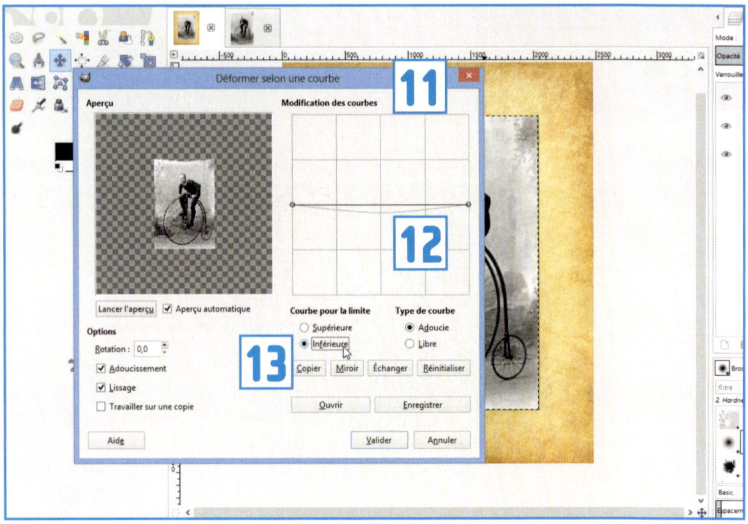

Menu Filtres → **Distorsions**

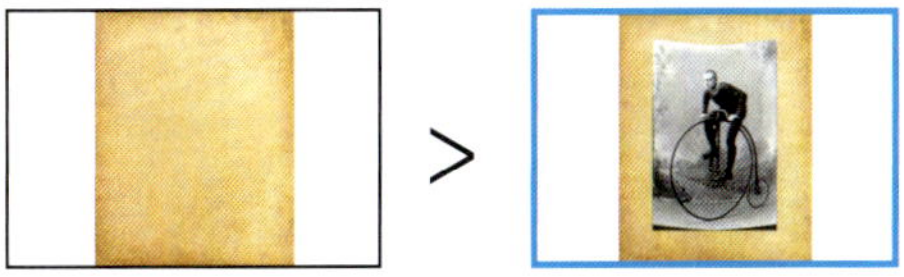

DANS LA BOÎTE DE DIALOGUE DÉFORMER SELON UNE COURBE, vous pouvez également cliquer sur le bouton Échanger pour passer de la courbe supérieure à la courbe inférieure.

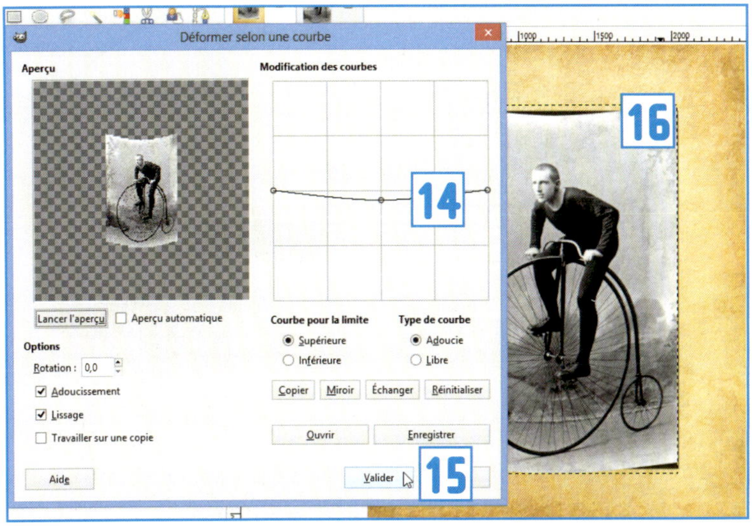

14/ Déplacer la courbe inférieure

Déplacez la courbe inférieure de façon qu'elle se superpose à la courbe supérieure. Ainsi, la distorsion sera symétrique.

15/ Valider

Vous pouvez alors valider votre travail. Le traitement peut prendre quelques secondes.

16/ Cliché courbé

Le cliché courbé s'affiche. Comme vous le constatez, il faut désormais le déplacer vers le haut pour masquer l'ombre portée supérieure.

17/ Déplacer le calque

Dans la barre d'outils, sélectionnez l'outil Déplacement.

18/ Déplacer le calque (suite)

Cliquez alors sur le calque et déplacez-le vers le haut jusqu'à ce que l'ombre portée soit masquée.

CRÉER UNE VOITURE MINIATURE

0h50

Vous allez voir dans cet atelier comment créer une voiture miniature à partir d'une photographie. Cette voiture ressemblera à celles dont raffolent les enfants.

1/ Ouvrir la photographie

Ouvrez la photographie [Atelier59_01.jpg].

2/ Dupliquer le calque

La première partie consiste à dupliquer le calque principal. Pour cela, cliquez sur Calque/Dupliquer le calque.

3/ Mettre à l'échelle

Il faut maintenant réduire la taille du calque dupliqué. Sélectionnez l'outil Mise à l'échelle de GIMP.

4/ Mettre à l'échelle (suite)

Cliquez maintenant sur l'image et réduisez la largeur de l'image de 1700 px (la fenêtre Mise à l'échelle doit indiquer une valeur de 4800 pour la largeur).

5/ Valider

Cliquez sur Échelle pour valider la mise à l'échelle.

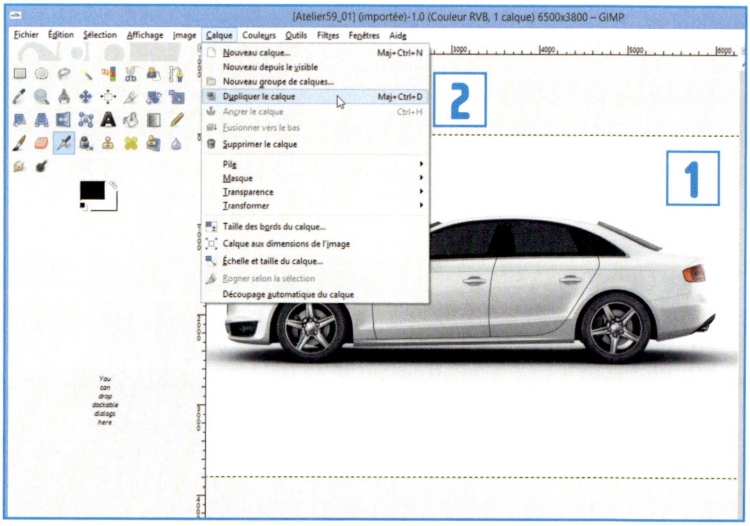

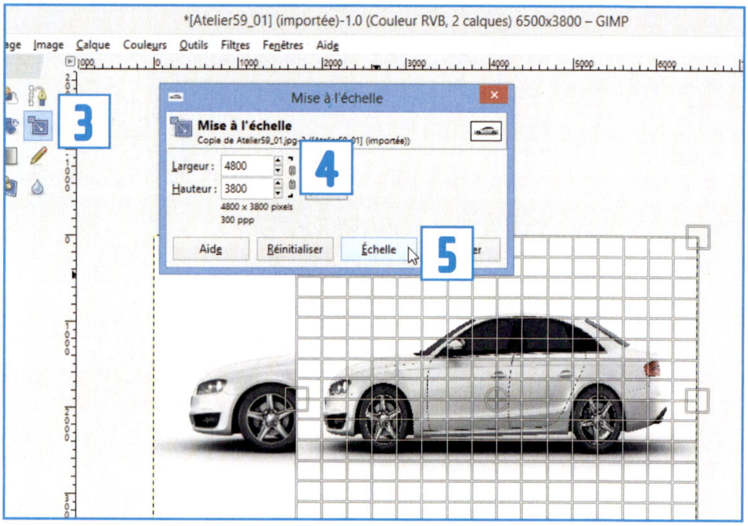

Menu Édition → **Copier**

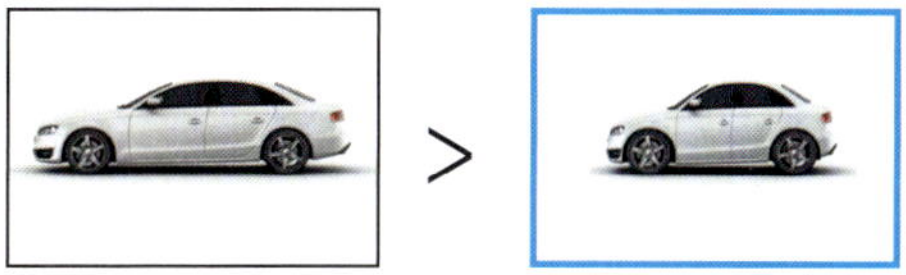

atelier

59

LA PARTICULARITÉ DE CES VOITURES MINIATURES est qu'elles sont disproportionnées : leur carrosserie semble raccourcie, alors qu'elles adoptent les mêmes pneus et jantes que les voitures classiques. C'est donc sur cette particularité que vous allez baser votre travail.

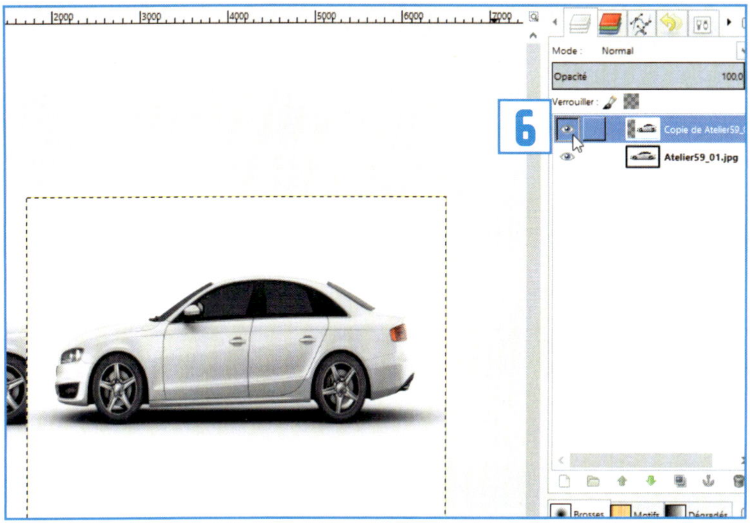

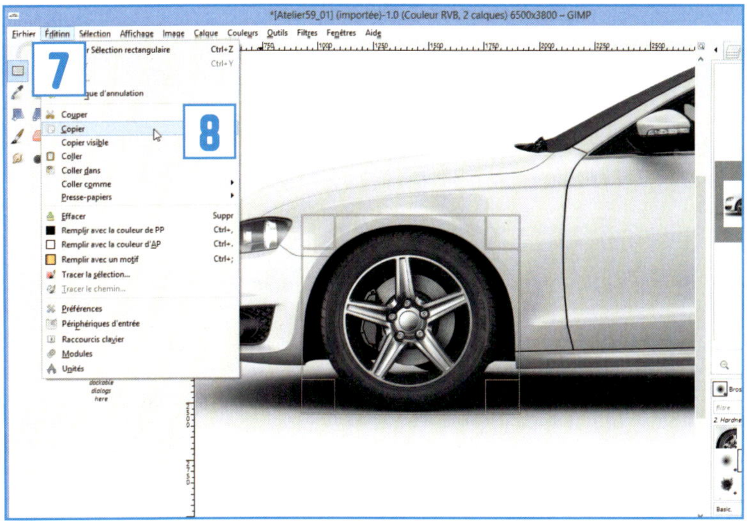

6/ Masquer le calque

Masquez le calque dupliqué en cliquant sur l'œil situé dans l'onglet Calques. Cela va vous permettre de travailler sur le calque original.

7/ Sélectionner la roue avant

Sélectionnez l'outil Sélection rectangulaire dans la boîte à outils, puis cliquez sur l'image afin de tracer un rectangle autour de la roue avant de la voiture. Pour travailler avec précision, vous pouvez utiliser le zoom de GIMP.

8/ Copier la sélection

Copiez la sélection en cliquant sur Édition/ Copier.

VOUS ALLEZ COMMENCER À TRAVAILLER SUR LA ROUE AVANT, et passerez dans la troisième partie de cet atelier à la roue arrière.

VOUS ALLEZ JONGLER ICI entre les deux calques principaux de l'image. Pour cela, vous utiliserez la visibilité de ces calques pour travailler avec précision.

9/ Coller la sélection

Collez maintenant la sélection dans un nouveau calque. Pour cela, cliquez sur Édition/Coller comme/Nouveau calque.

10/ Coller la sélection

Renommez le calque Roue avant, en double-cliquant dessus.

11/ Inverser la visibilité

Masquez maintenant le calque original, et rendcz visiblc lc calquc dupliqué cn cliquant sur les yeux situés dans l'onglet Calques de GIMP.

12/ Modifier l'opacité

Pour travailler avec précision, modifiez l'opacité du calque Roue avant afin de voir par transparence l'aile avant de la voiture.

13/ Déplacer la roue avant

Sélectionnez l'outil Déplacement et déplacez le calque Roue avant en le positionnant au-dessus de la roue de la voiture dupliquée. Une fois la roue correctement placée, remettez l'opacité à 100%.

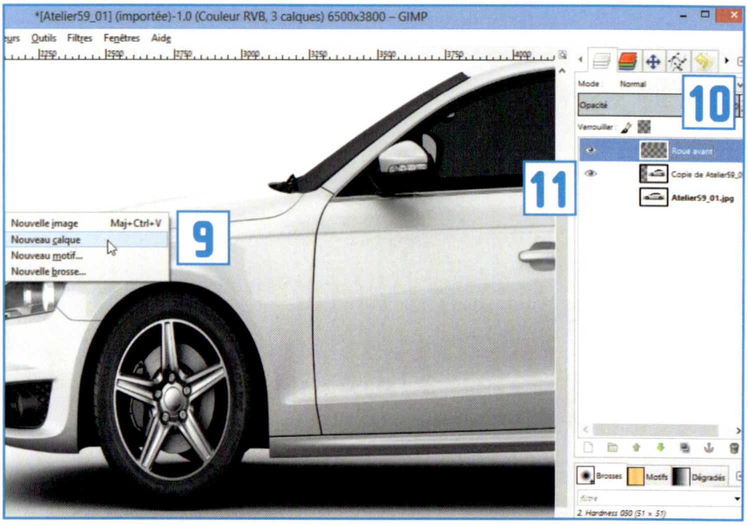

Menu Édition → **Coller comme**

>

atelier

59

UNE FOIS DE PLUS, vous allez travailler dans cet atelier avec les masques de calque. Ici, ils vont vous permettre de supprimer une partie du calque Roue avant, afin de faire apparaître les éléments se trouvant sur les calques inférieurs.

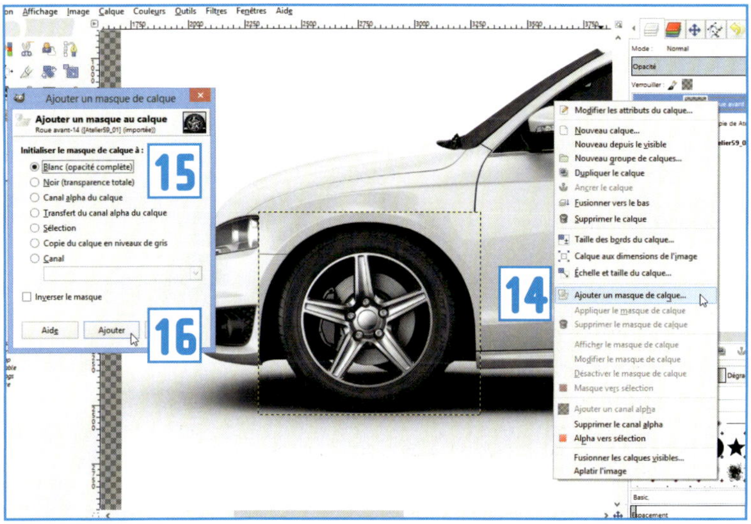

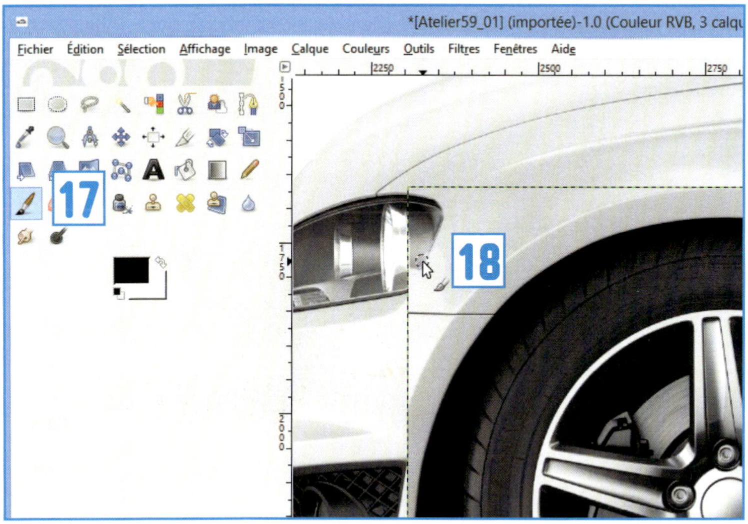

14/ Ajouter un masque de calque

Il s'agit maintenant de supprimer tout ce qui n'est pas utile au calque Roue avant, de façon à ce que les raccords entre les différents calques soient parfaits. Pour cela, cliquez avec le bouton droit sur le calque Roue avant, et sélectionnez Ajouter un masque de calque.

15/ Initialiser le masque

Choisissez l'option Blanc (opacité complète) dans la fenêtre Ajouter un masque de calque.

16/ Valider

Cliquez sur Ajouter.

17/ Masquer les éléments

Sélectionnez dans la barre d'outils l'outil Pinceau, et choisissez le noir comme couleur de premier plan.

18/ Masquer les éléments (fin)

Avec le pinceau, passez sur les éléments à supprimer dans le masque de calque afin de faire apparaître les éléments du dessous.

MAINTENANT QUE LA ROUE AVANT EST PARFAITEMENT INTÉGRÉE, vous allez travailler sur la roue arrière de la voiture.

LE PRINCIPE EST IDENTIQUE : copier la roue de la voiture d'origine, la coller sur la voiture rétrécie, et améliorer les raccords en utilisant les masques de calque.

19/ Inverser la visibilité

Inversez la visibilité des deux calques principaux en cliquant sur les yeux de l'onglet Calques.

20/ Sélectionner la roue arrière

Choisissez l'outil Sélection rectangulaire et sélectionnez la roue arrière de la voiture.

21/ Copier-coller la sélection

Copiez la sélection dans le Presse-papiers en cliquant sur Édition/Copier, puis collez-la dans un nouveau calque en cliquant sur Édition/Coller comme/Nouveau calque.
Le calque s'affiche dans l'onglet Calques.
Renommez-le Roue arrière.

22/ Inverser la visibilité

Masquez maintenant la voiture d'origine et affichez la version rétrécie.

23/ Placer la roue arrière

Placez maintenant la roue arrière par-dessus la voiture rétrécie en prenant garde de modifier l'opacité du calque Roue arrière.
Augmentez l'opacité à 100%.

Outil Pinceau

Menu Édition → **Copier**

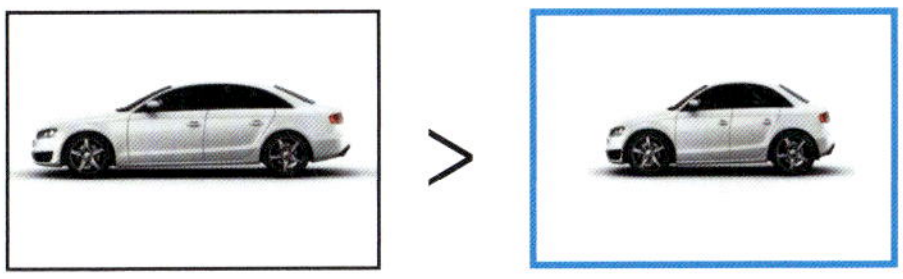

atelier 59

DU FAIT DE LA FORME DE L'AILE ARRIÈRE DE LA VOITURE, améliorer les raccords va certainement vous prendre plus de temps que n'en a demandé la roue avant. Mais le jeu en vaut la chandelle !

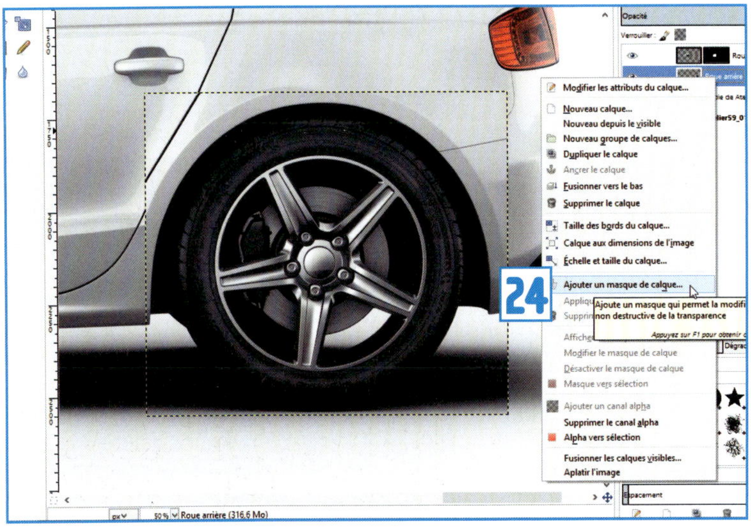

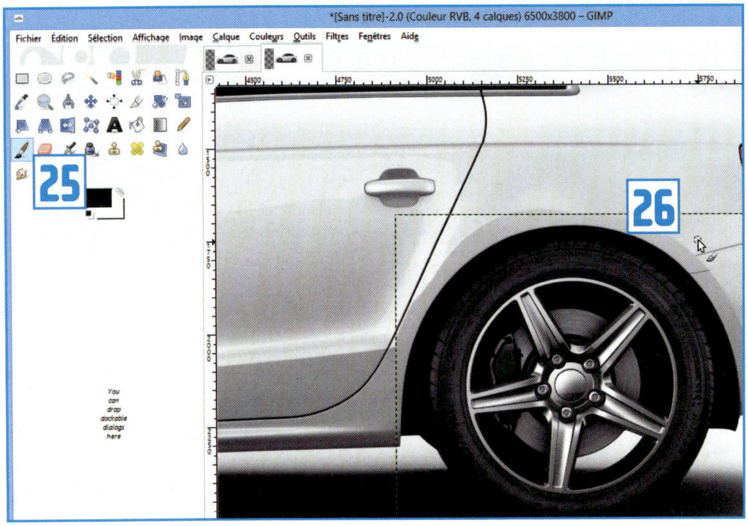

24/ Ajouter un masque de calque

Comme pour la roue avant, vous allez supprimer tout ce qui n'est pas utile au calque Roue arrière, de façon que les raccords entre les différents calques soient parfaits. Cliquez avec le bouton droit sur le calque Roue arrière, et sélectionnez Ajouter un masque de calque. Choisissez l'option Blanc (opacité complète) dans la fenêtre Ajouter un masque de calque.

25/ Masquer les éléments

Sélectionnez dans la boîte à outils l'outil Pinceau.

26/ Masquer les éléments (fin)

Avec le pinceau, passez sur les éléments à supprimer dans le masque de calque afin de faire apparaître les éléments du dessous et de parfaire les raccords. Votre travail est alors terminé !

AJOUTER UNE PLANÈTE DANS UN CIEL

0h20

Vous allez dans cet atelier créer une photographie surnaturelle, en ajoutant une planète dans un ciel nocturne.

1/ Ouvrir les photographies

Ouvrez les deux photographies [Atelier60_01_01.jpg] et [Atelier60_01_02.jpg].

2/ Copier la planète

Affichez le fichier [Atelier60_01_02.jpg] en cliquant sur l'onglet correspondant, et copiez le calque en cliquant sur Édition/Copier.

3/ Coller la planète

Affichez maintenant le fichier [Atelier60_01_01.jpg] et collez le calque en cliquant sur Édition/Coller comme/Nouveau calque. La planète s'affiche bien par-dessus la photographie du ciel.

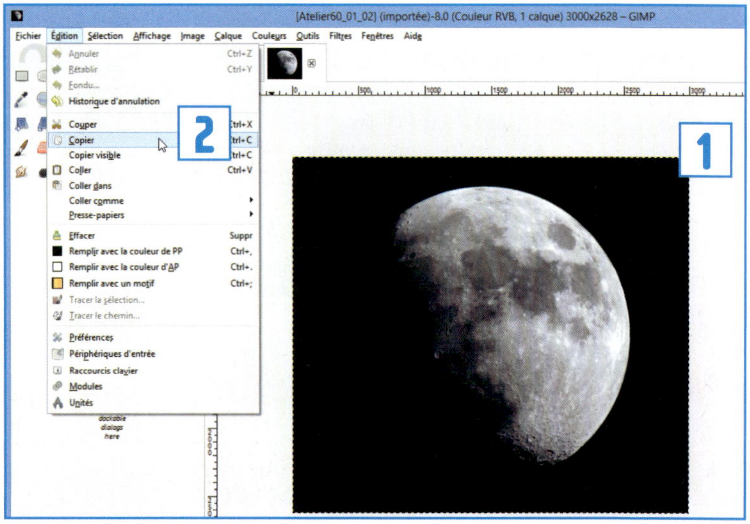

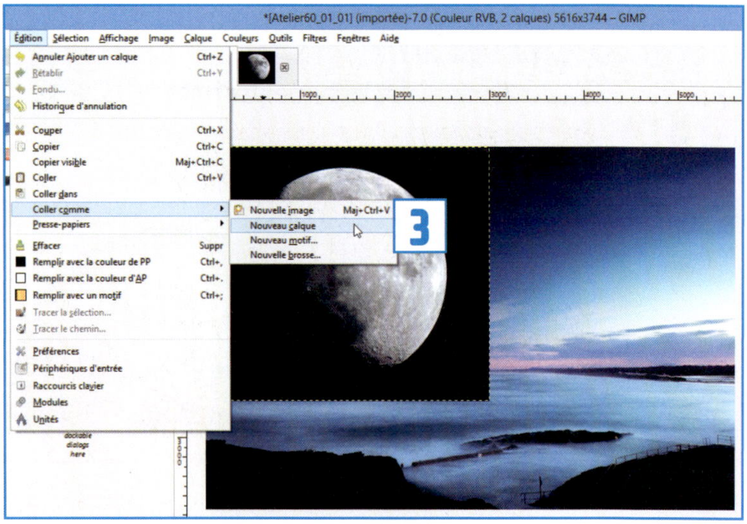

Outil de Déplacement

Menu Calque → **Transformer**

atelier **60**

POUR INTÉGRER PARFAITEMENT LA PLANÈTE DANS LE CIEL, vous allez utiliser le paramètre Mode des calques.

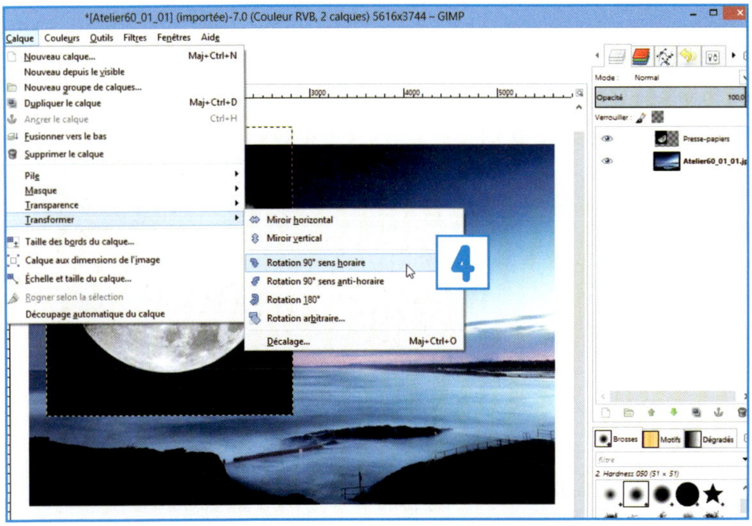

4/ Faire pivoter la planète

Il s'agit maintenant de faire pivoter la planète de façon que sa face cachée soit dans le coin supérieur gauche de la photographie. Pour cela, cliquez sur Calque/ Transformer/Rotation 90° sens horaire.

5/ Changer le mode du calque

Pour intégrer la planète dans le ciel, changez le mode du calque. Pour cela, choisissez Éclaircir seulement dans le menu déroulant Mode, à droite de l'interface.

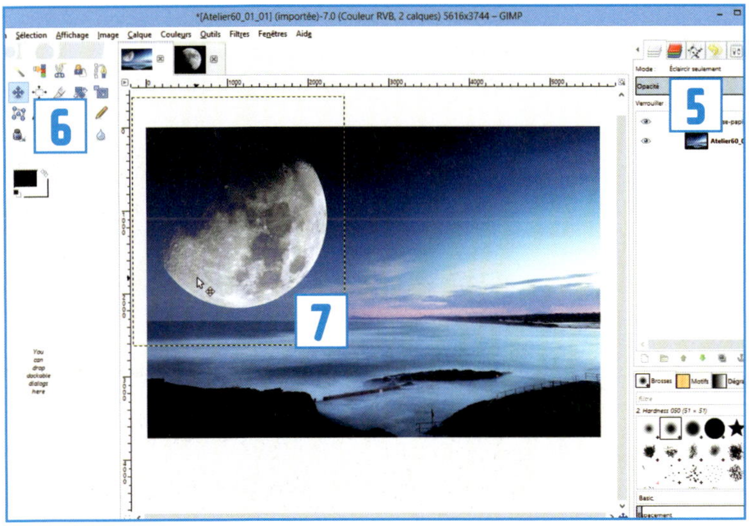

6/ Déplacer la planète

Sélectionnez l'outil Déplacement dans la barre d'outils de GIMP.

7/ Déplacer la planète (suite)

Cliquez sur la planète et déplacez-la dans le coin supérieur gauche du ciel.

REPRODUIRE UN EFFET LOMO

0h30

Les appareils photo LOMO sont d'anciens appareils fabriqués en URSS dans les années 80. Leur particularité est de réaliser des photographies avec un fort vignetage (coins assombris) et une restitution des couleurs saturée.

1/ Ouvrir la photographie

Ouvrez la photographie [Atelier61_01jpg].

2/ Créer une sélection ovale

Sélectionnez l'outil Sélection elliptique dans la barre d'outils de GIMP et tracez un ovale à partir du coin supérieur gauche de la photographie.

3/ Inverser la sélection

Pour ne garder que les coins sélectionnés, cliquez sur le menu Sélection/Inverser. Seuls les quatre coins font maintenant partie de la sélection.

4/ Adoucir la sélection

Adoucissez la sélection en cliquant sur Sélection/Adoucir afin de lui donner un contour progressif. Indiquez une valeur de 300 px dans la fenêtre qui s'affiche et validez.

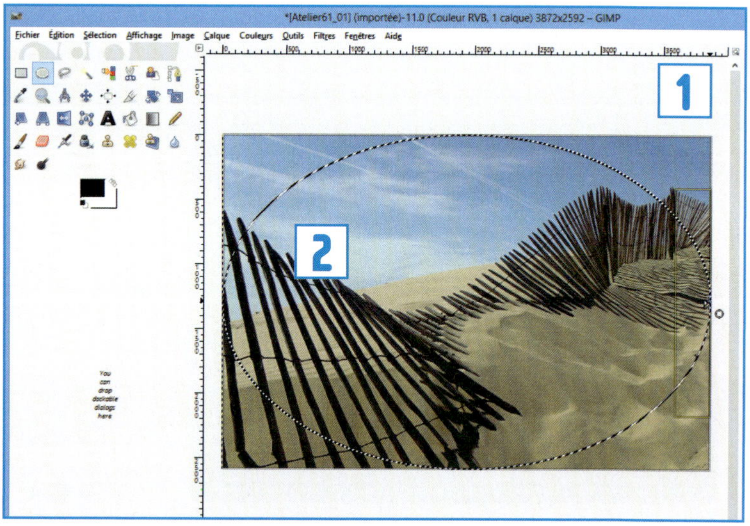

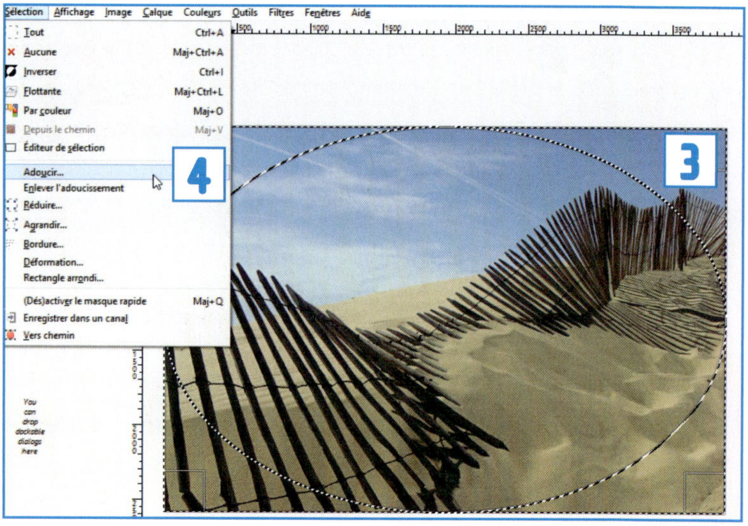

Menu Sélection → Inverser

atelier **61**

DE NOMBREUX PHOTOGRAPHES tentent aujourd'hui de reproduire l'effet caractéristique de cet appareil photo en post-traitement. C'est ce que vous allez faire dans cet atelier. La première partie va consister à créer le vignetage.

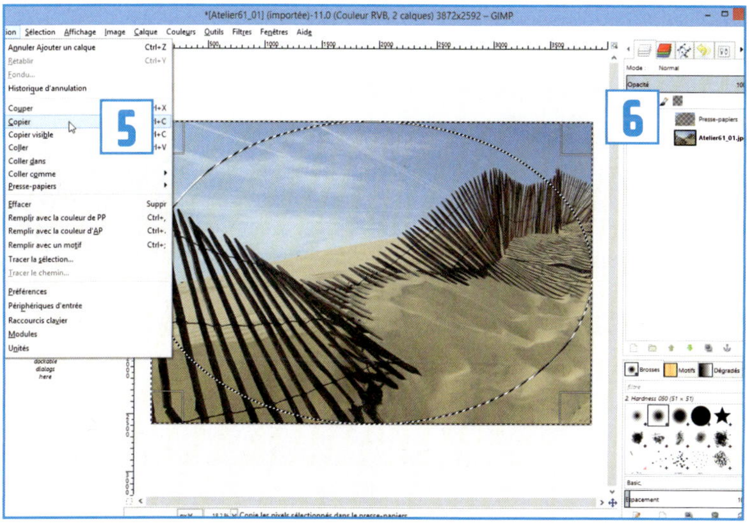

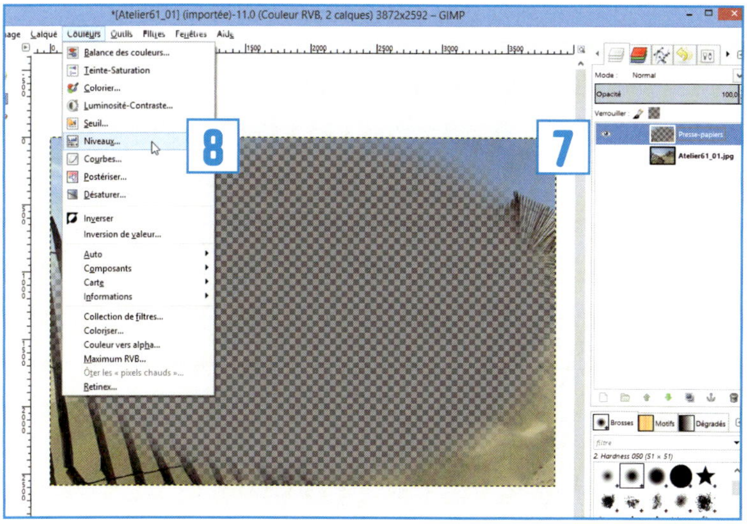

5/ Copier la sélection

Cliquez sur Édition/Copier pour copier la sélection.

6/ Coller la sélection

Collez la sélection dans un nouveau calque en cliquant sur Édition/Coller comme/Nouveau calque. Le nouveau calque apparaît alors dans l'onglet Calques.

7/ Masquer le calque

Masquez le calque Atelier61_01.jpg en cliquant sur l'œil puis sélectionnez le calque Presse-papiers.

8/ Ajuster les niveaux

Vous allez maintenant ajuster les niveaux de couleur afin d'assombrir les coins de l'image. Cliquez sur Couleurs/Niveaux.

LE SUCCÈS DE L'APPAREIL PHOTO LOMO ORIGINAL est tel qu'aujourd'hui il s'arrache à prix d'or sur les sites de ventes aux enchères ! Si vous en possédez un, gardez-le !

AUJOURD'HUI, le LOMO est devenu l'emblème de tout un mouvement artistique. De nombreux sites lui sont dédiés, comme l'excellent www.lomography.fr.

9/ Ajuster les niveaux (suite)

Dans la boîte de dialogue qui s'affiche, déplacez le curseur central de la gauche vers la droite. Le résultat est immédiatement visible sur la photographie en arrière-plan.

10/ Valider

Confirmez l'ajustement en cliquant sur Valider.

11/ Afficher le masque

Affichez le calque Atelier61_01.jpg en cliquant sur l'œil dans l'onglet Calques. Le vignetage s'affiche bien sur l'ensemble de la photographie.

12/ Fusionner les calques

Cliquez sur Calque/Fusionner vers le bas. La photographie est alors constituée d'un seul calque.

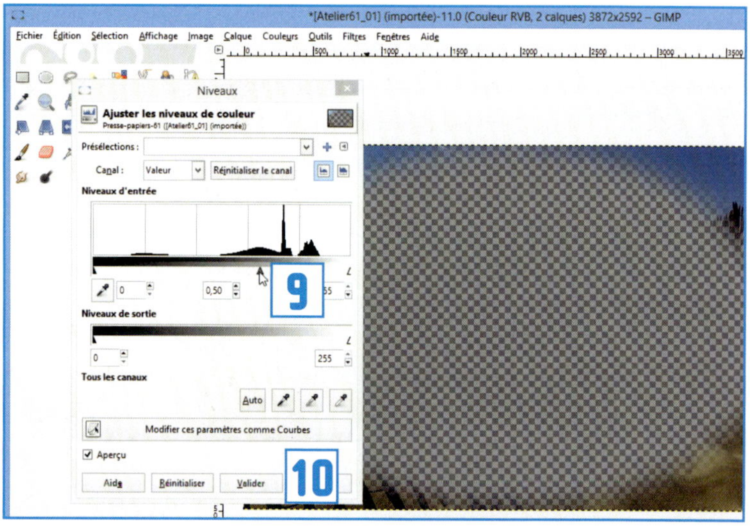

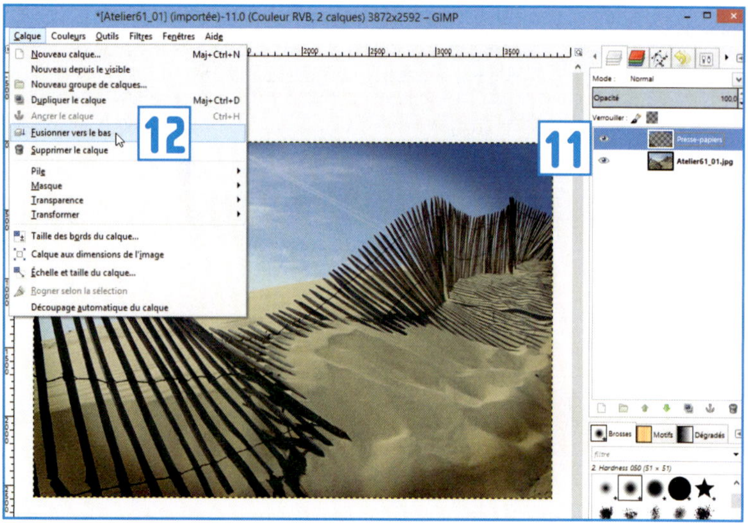

Menu Couleurs → **Courbes**

atelier 61

LA DEUXIÈME PARTIE DE CET ATELIER consiste à modifier les couleurs de la photographie. Pour bien reproduire l'effet LOMO, il faut les accentuer exagérément et diminuer légèrement la luminosité.

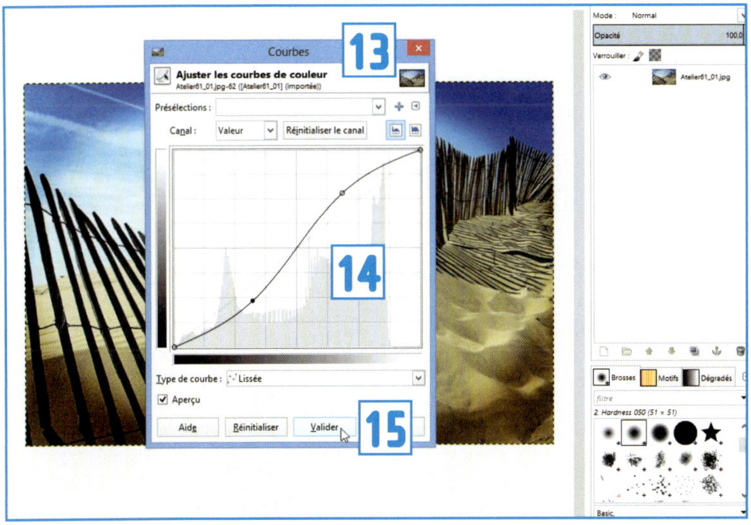

13/ Ajuster les courbes

Cliquez sur le menu Couleurs/Courbes. La boîte de dialogue s'affiche à l'écran.

14/ Ajuster les courbes (suite)

Modifiez la diagonale en formant un S.
La photographie en arrière-plan adopte immédiatement des couleurs plus criardes.

15/ Valider

Validez votre travail.

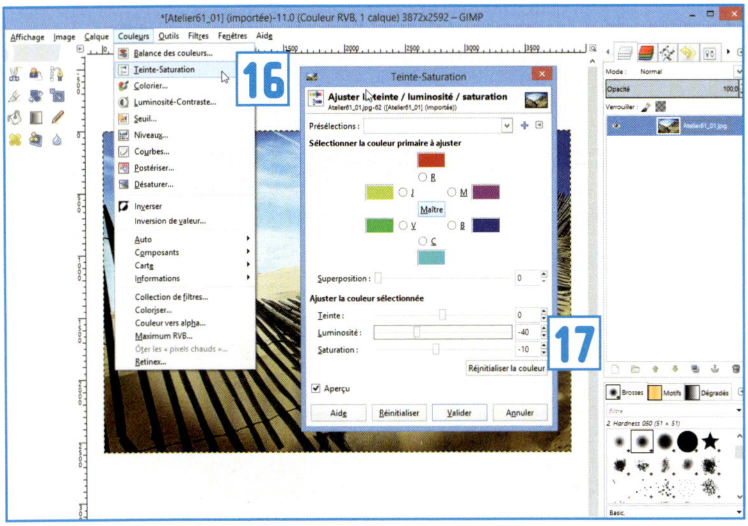

16/ Désaturer les couleurs

Vous allez maintenant achever votre travail en saturant légèrement les couleurs. Cliquez sur Couleurs/Teinte-Saturation.

17/ Désaturer les couleurs (fin)

Modifiez les valeurs des paramètres Luminosité et Saturation en indiquant respectivement -40 et -10. Validez !

AJOUTER DE LA FUMÉE À UNE PHOTOGRAPHIE

0h25

Vous allez apprendre dans cet atelier à créer facilement de la fumée avec GIMP, au-dessus d'une tasse de café.

1/ Ouvrir la photographie

Ouvrez la photographie [Atelier62_01jpg].

2/ Créer un nouveau calque

Cliquez sur Calque/Nouveau calque. Nommez-le Fumée et choisissez Transparence comme Type de remplissage de calque. Validez.

3/ Créer la sélection

Sur ce nouveau calque, créez une sélection rectangulaire au-dessus de la tasse, en utilisant l'outil Sélection rectangulaire.

4/ Adoucir la sélection

Adoucissez les bords de la sélection en cliquant sur Sélection/Adoucir et en indiquant 300 px dans la boîte de dialogue qui s'affiche. Validez.

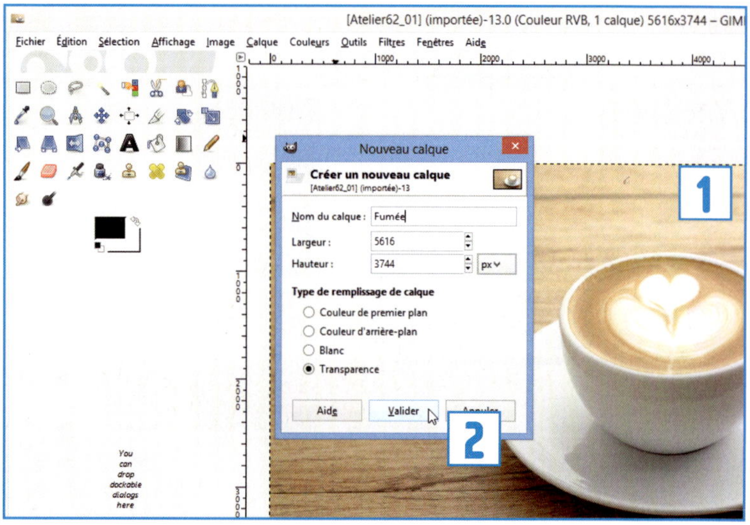

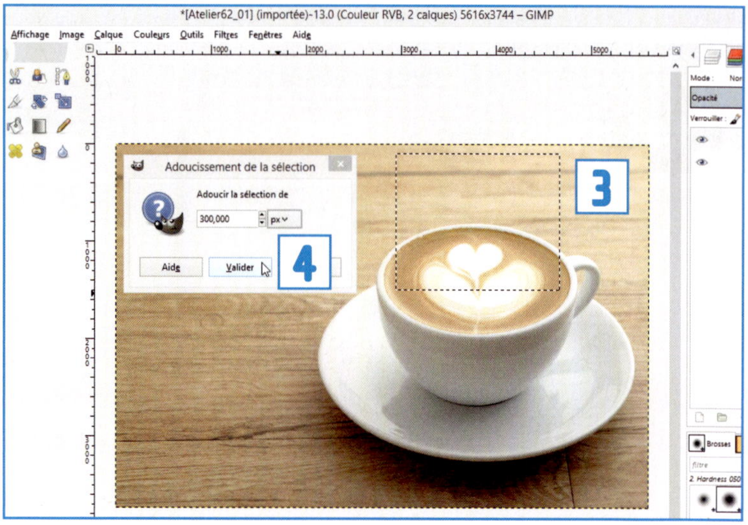

Menu Filtres → **Rendu**

atelier

62

LA CRÉATION DE LA FUMÉE VA SE DÉROULER EN DEUX PARTIES : ajouter un filtre de brouillard, puis donner du mouvement à ce filtre pour gagner en réalisme.

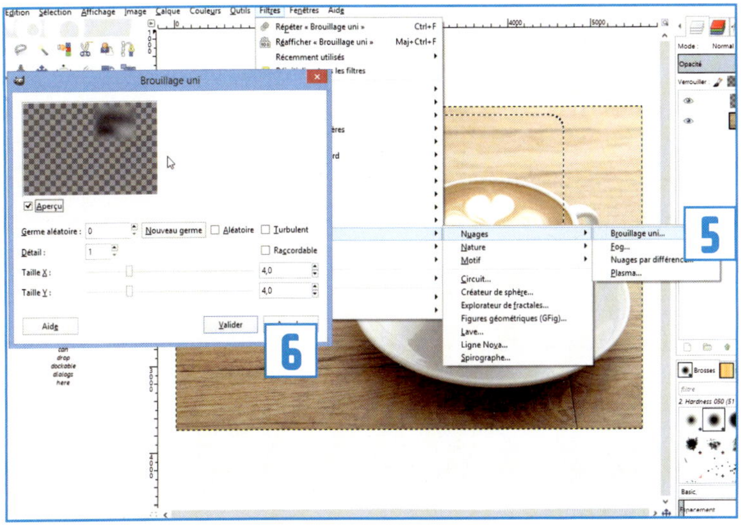

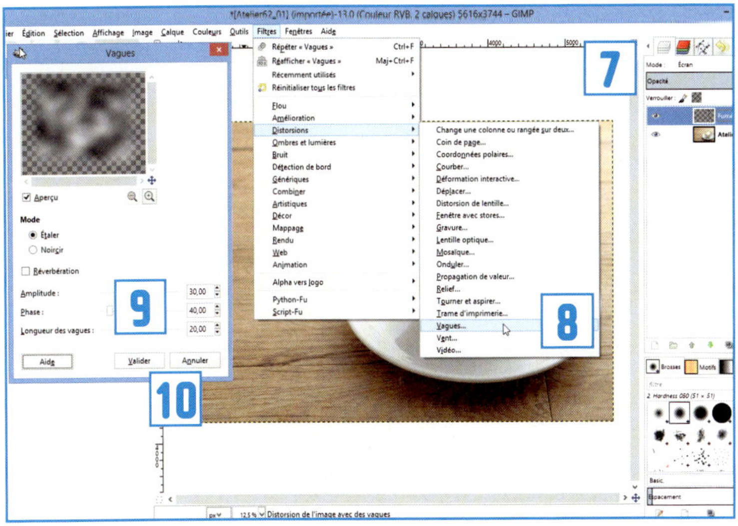

5/ Ajouter un filtre

Cliquez sur le menu Filtres/Rendu/Nuages/Brouillage uni...

6/ Ajouter un filtre (suite)

Dans la fenêtre qui s'affiche, laissez les valeurs par défaut et cliquez sur Valider.

7/ Modifier le mode

Modifiez le mode du calque Fumée en choisissant Écran dans le menu déroulant.

8/ Ajouter du mouvement

Cliquez sur Filtres/Distorsions/Vagues pour donner du mouvement au calque.

9/ Ajouter du mouvement (suite)

Dans la fenêtre qui s'affiche, indiquez les valeurs 30, 40 et 20 pour les paramètres Amplitude, Phase et Longueur des vagues.

10/ Valider le travail

Cliquez sur Valider. Votre café est désormais bien chaud et fumant !

6

FINALISER, PARTAGER ET IMPRIMER

Vous l'aurez sans doute remarqué, le poids des images sur lesquelles vous avez travaillé tout au long de cet ouvrage est souvent important. Si vous les consultez depuis votre ordinateur, cela ne posera pas de problème. Par contre, si vous souhaitez les envoyer par e-mail à vos amis, cela sera plus compliqué. Ce chapitre va donc vous expliquer comment réduire le poids de ces fichiers pour les partager sur Internet... Vous en profiterez également pour apprendre à imprimer vos plus belles réalisations.

PARAMÉTRER UNE IMAGE POUR LA PARTAGER SUR INTERNET

0h20

DANS CET ATELIER, VOUS ALLEZ APPRENDRE à configurer les paramètres de sortie d'une photographie, pour la partager sur Internet (blog, e-mail...).

1/ Ouvrir la photographie

Ouvrez la photographie [Atelier63_01.jpg]. Soin poids est de 11 Mo et ses dimensions de 4000 x 2267 px.

2/ Redimensionner

Vous allez tout d'abord redimensionner l'image. Pour un envoi par e-mail, une taille de 800 x 600 px est généralement convenable. Cliquez sur Image/Échelle et taille de l'image.

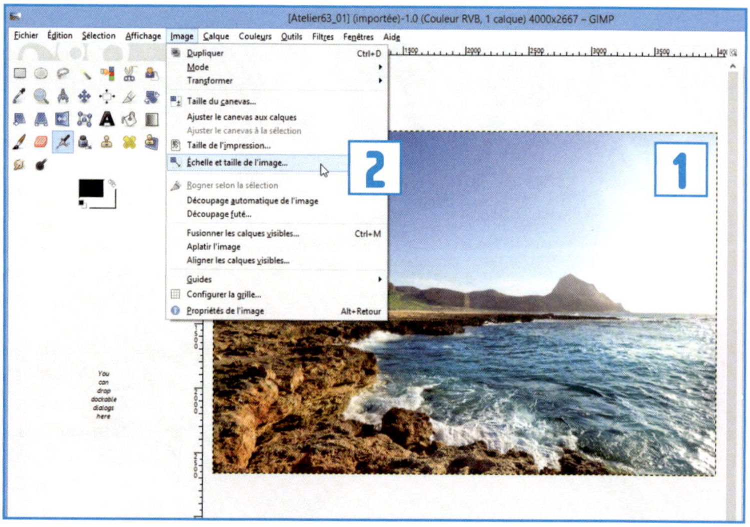

3/ Redimensionner (suite)

Dans la boîte de dialogue, indiquez les valeurs 800 pour la largeur et 600 pour la hauteur. Avec une photographie en mode portrait, il faudrait inverser ces valeurs.

4/ Valider

Validez le redimensionnement de l'image en cliquant sur le bouton Échelle.

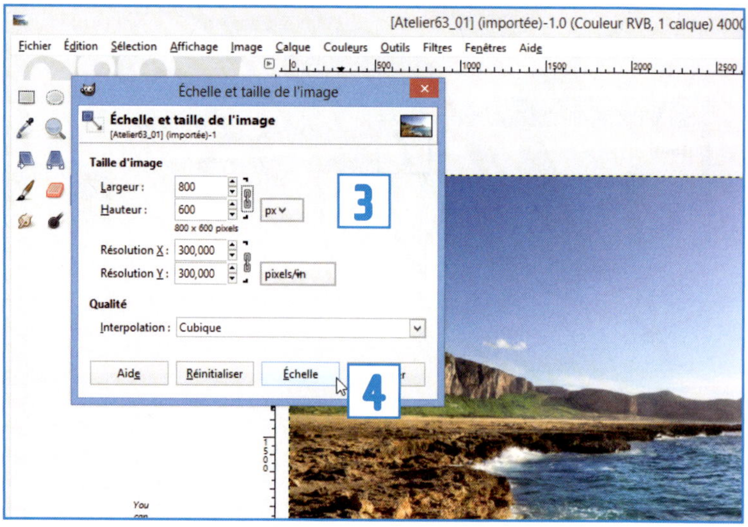

Menu Fichier → **Exporter**

atelier **63**

RARES SONT LES MESSAGERIES AUTORISANT LA RÉCEPTION d'e-mails dont le poids dépasse les 10 Mo. Or, la plupart des photographies utilisées dans les ateliers excèdent ce poids. C'est pourquoi, vous allez voir comment GIMP peut vous aider à réduire la taille de ces fichiers tout en gardant une qualité d'image correcte pour le partage via Internet.

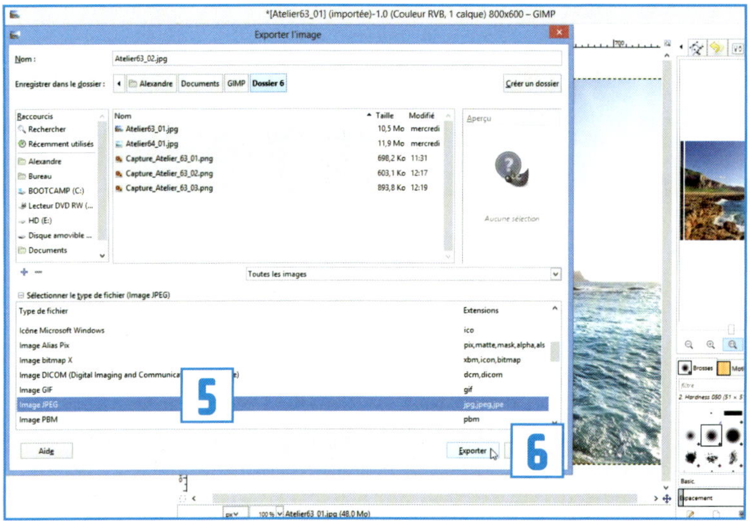

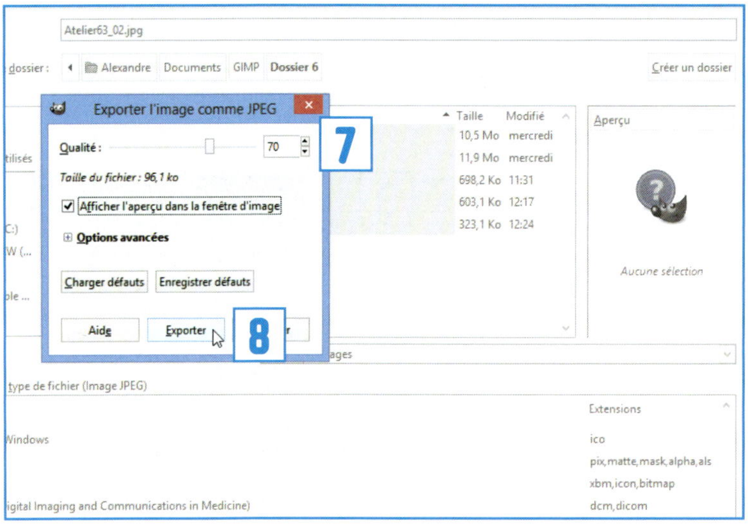

5/ Enregistrer le fichier

Il s'agit maintenant d'exporter le fichier au format JPEG. Cliquez sur Fichier/Exporter. La boîte de dialogue s'affiche. Saisissez le nom du fichier puis sélectionnez Image JPEG comme type de fichier.

6/ Exporter

Cliquez sur le bouton Exporter.

7/ Exporter (suite)

Dans la boîte de dialogue Exporter l'image comme JPEG, indiquez 70 comme qualité d'image. La taille du fichier final s'affiche instantanément. Il est ici de 96,1 ko, soit près de cent fois moins lourd que le fichier original.

8/ Exporter (fin)

Cliquez sur Exporter pour terminer votre travail. Vous pouvez alors envoyer cette photographie par e-mail.

PARAMÉTRER UNE IMAGE POUR L'IMPRESSION

0h20

Il peut paraître facile d'imprimer une photographie depuis GIMP. En réalité, cette opération peut s'avérer plus complexe si l'on veut une qualité d'impression optimale.

1/ Ouvrir la photographie

Ouvrez la photographie [Atelier64_01.jpg]. C'est cette photo de vacances que vous allez paramétrer pour l'impression. Ses dimensions sont de 4992 x 3328 px.

2/ Régler la taille d'impression

Vous allez définir la taille d'impression de votre photographie. Il faut savoir que pour obtenir une qualité irréprochable, une résolution de 300 dpi est nécessaire. En dessous, vous risquez d'obtenir une photographie pixelisée. Cliquez sur Image/Taille de l'impression pour afficher la boîte de dialogue Ajuster la définition d'impression de l'image.

3/ Indiquer les dimensions

Indiquez la hauteur et la largeur de l'impression : 150 mm et 100 mm. Il s'agit là du format standard des photographies numériques. Comme vous pouvez le constater, la résolution est passée de 300 dpi à plus de 800 dpi. Cela signifie que la qualité sera optimale. Validez.

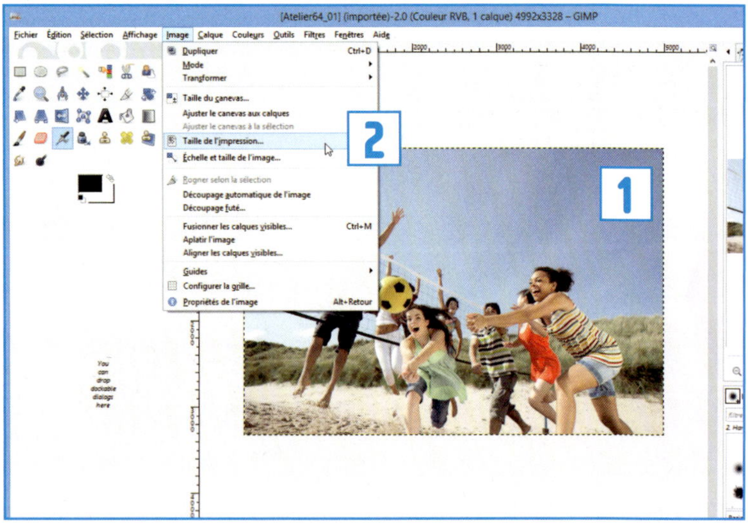

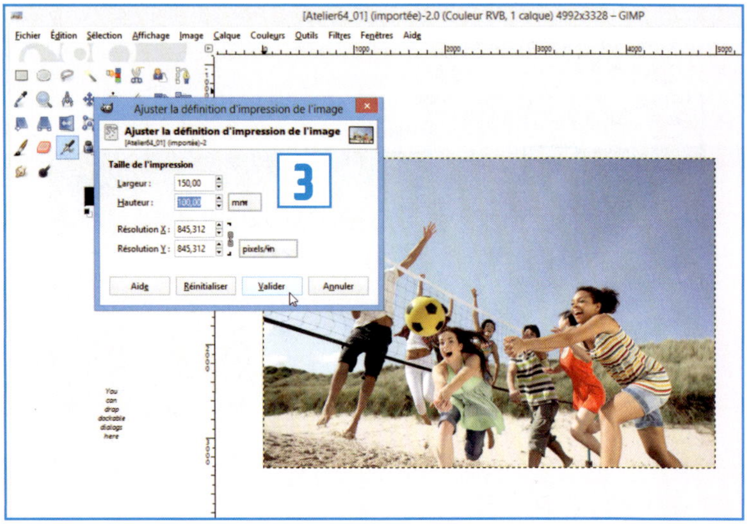

Menu Image → **Taille de l'impression**

atelier **64**

DIFFÉRENTS FACTEURS SONT EN EFFET À PRENDRE EN COMPTE, comme la résolution (en dpi) qui correspond au nombre de points imprimés sur une ligne de 2,54 cm, soit 1 pouce. Il faut aussi tenir compte du papier, de la taille de l'image, etc.

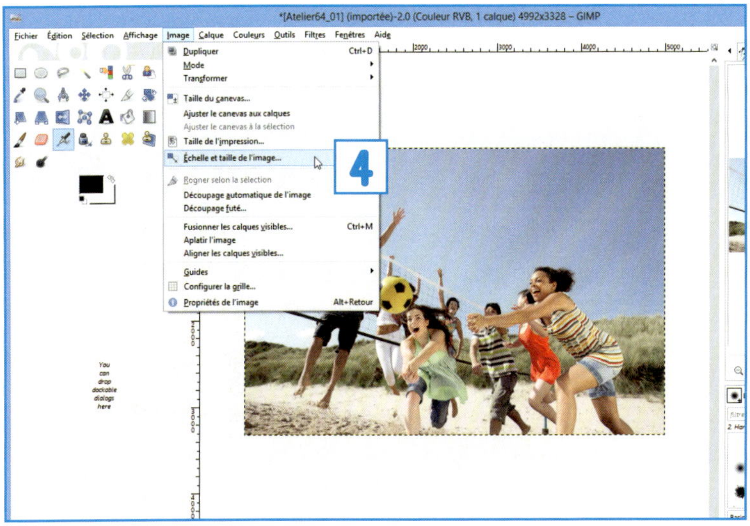

4/ Modifier la résolution

Sachez cependant que vous pouvez modifier la résolution si pour l'une de vos photos, elle est inférieure à 300 dpi. Cliquez sur Image/ Échelle et taille de l'image.

5/ Modifier la résolution

Dans la boîte de dialogue Échelle et taille de l'image, modifiez la valeur des champs Résolution X et Résolution Y. Attention à ne pas trop augmenter la résolution, vous risqueriez de perdre en netteté.

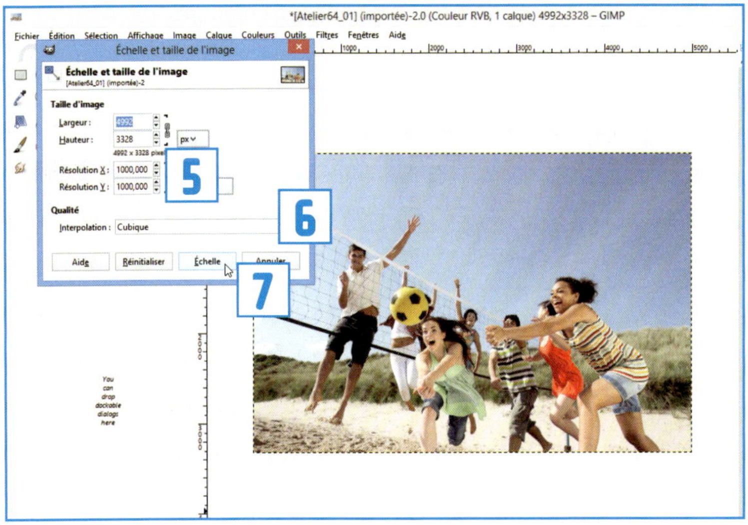

6/ Choisir la qualité

Choisissez Cubique dans le menu déroulant Interpolation.

7/ Valider

Vous pouvez alors valider le paramétrage en cliquant sur Échelle.

SIMULER UNE IMPRESSION

0h20

Vous allez apprendre dans cet atelier à simuler une impression. Il s'agit là d'une fonction très intéressante de GIMP. En effet, il est fréquent d'obtenir des couleurs imprimées ne correspondant pas à celles que vous voyez sur l'écran de votre ordinateur.

1/ Ouvrir la photographie

Ouvrez la photographie [Atelier65_01.jpg]. Vous allez commencer par ajouter un filtre d'affichage à la liste des filtres actifs de GIMP.

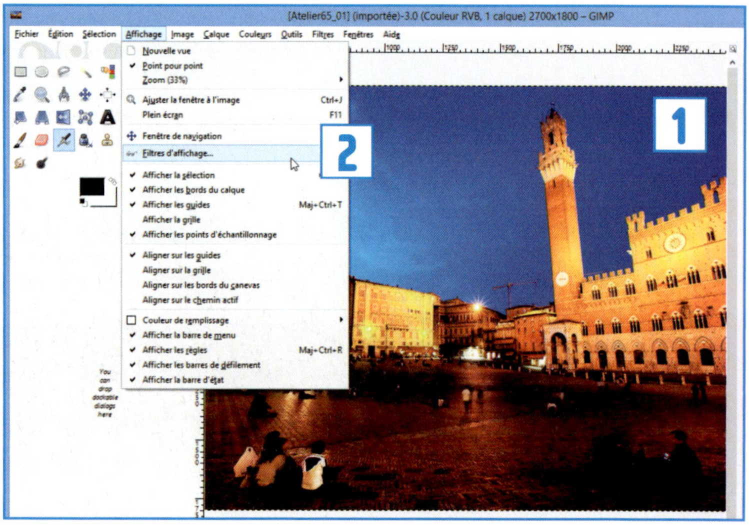

2/ Ajouter un filtre

Cliquez sur le menu Affichage/Filtres d'affichage.

3/ Supprimer un filtre

La boîte de dialogue Filtres d'affichage couleur s'affiche à l'écran. À gauche sont listés tous les filtres disponibles, à droite les filtres actifs. Sélectionnez Gestion des couleurs puis cliquez sur la flèche verte dirigée vers la gauche. Cela aura pour effet de supprimer le filtre.

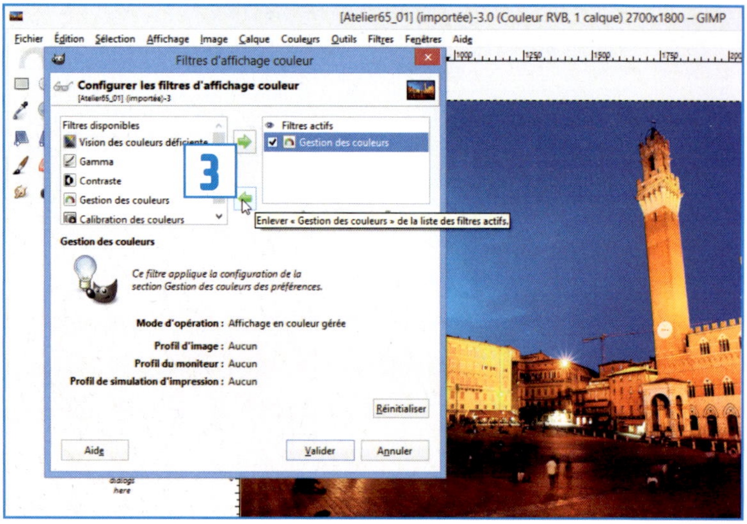

Menu Affichage → **Filtres d'affichage**

atelier **65**

CE PHÉNOMÈNE S'EXPLIQUE PAR PLUSIEURS FACTEURS : profil colorimétrique de votre écran, profil de l'imprimeur, papier photo, modèle d'imprimante, etc. Ici, vous allez apprendre à appliquer un filtre d'affichage, qui simule l'impression, en se reposant sur les profils ICC. Ces profils sont utilisés par les imprimeurs pour maîtriser les couleurs tout au long de la chaîne graphique.

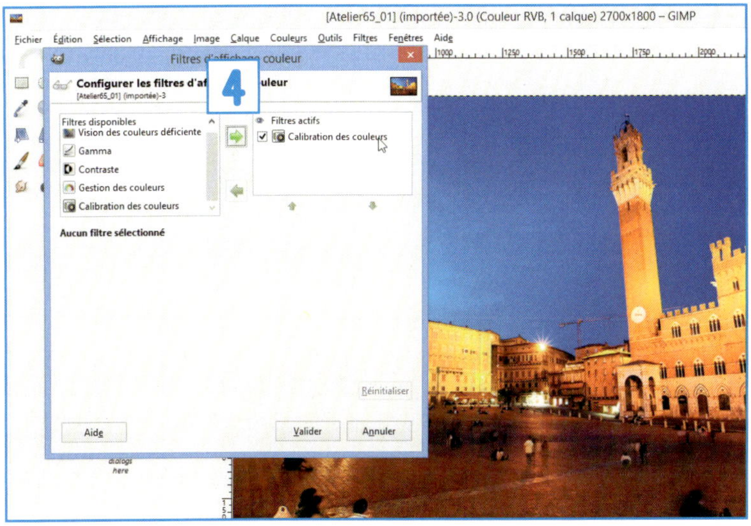

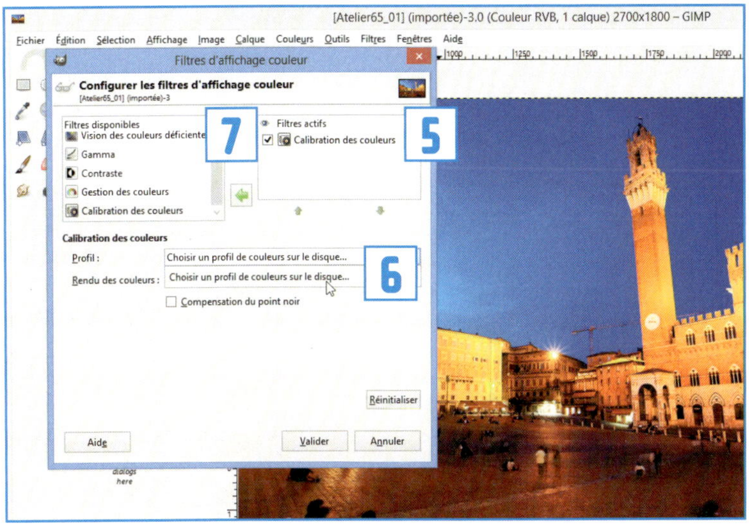

4/ Ajouter un filtre

Sélectionnez maintenant Calibration des couleurs dans la colonne de gauche et cliquez sur la flèche orientée vers la droite. Cela ajoutera ce filtre aux filtres actifs.

5/ Choisir un profil

Cliquez une fois sur Calibration des couleurs dans la colonne de droite.

6/ Choisir un profil (suite)

Dans le menu déroulant Profil, sélectionnez Choisir un profil de couleurs sur le disque, puis choisissez un profil dans la boîte de dialogue qui s'affiche, de préférence le même que celui de votre imprimeur.

7/ Activer/désactiver le profil

En activant le profil, vous aurez un aperçu précis des couleurs telles qu'elles ressortiront sur votre photographie imprimée.

IMPRIMER UNE PHOTOGRAPHIE

0h20

Si vous souhaitez vous passer des services d'un imprimeur pour imprimer vos plus beaux clichés, sachez que GIMP vous permet de le faire et d'obtenir des résultats convaincants.

1/ Ouvrir la photographie

Ouvrez la photographie [Atelier66_01.jpg].

2/ Choisir la mise en page

Cliquez sur le menu Fichier/Mise en page.

3/ Choisir la mise en page (suite)

La boîte de dialogue Mise en page apparaît à l'écran. Sélectionnez A5 paysage dans le menu déroulant Taille.

4/ Valider la mise en page

Validez la mise en page en cliquant sur OK.

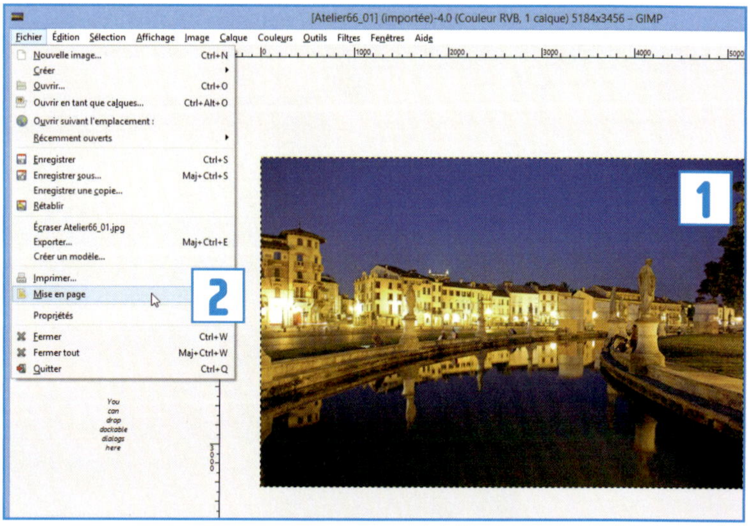

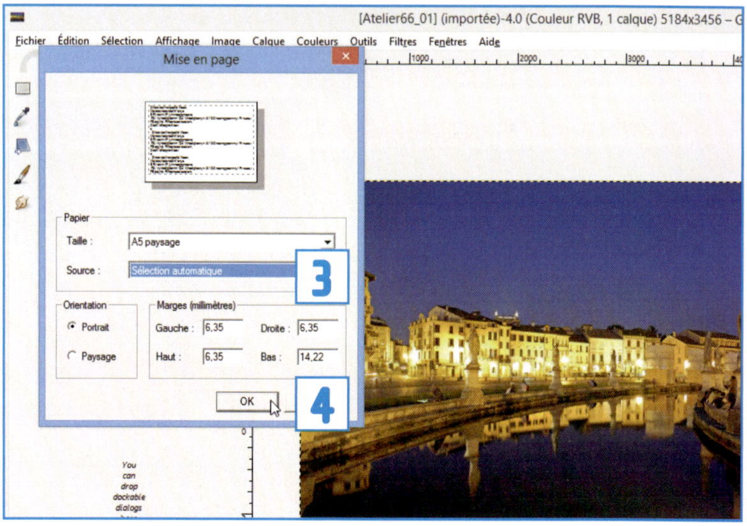

Menu Fichier → **Mise en page**

>

atelier 66

AUJOURD'HUI, DE NOMBREUSES IMPRIMANTES SEMI-PROFESSIONNELLES sont disponibles sur le marché à des prix tout à fait abordables. Sachez cependant que les coûts d'impression (cartouches d'encre, papiers photo) peuvent vite grimper.

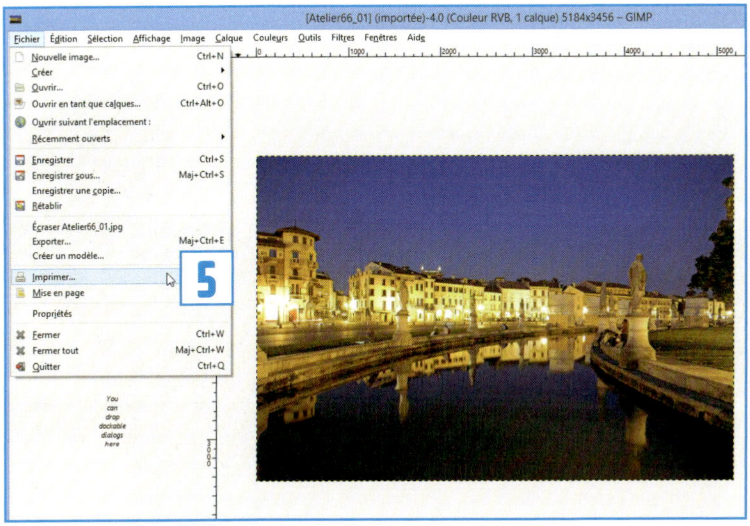

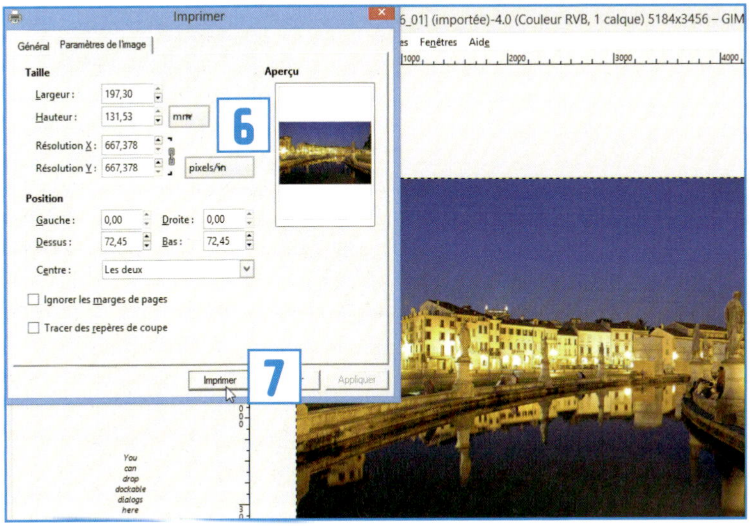

5/ Imprimer la photographie

Cliquez sur le menu Fichier/Imprimer. La boîte de dialogue s'affiche à l'écran.

6/ Vérifier la sortie

Cliquez sur l'onglet Paramètres de l'image. Vérifiez alors grâce à l'aperçu que votre image n'est pas tronquée et que sa résolution est supérieure à 300 dpi (ce qui est le cas ici). Le cas échéant, modifiez la taille de l'image comme vous l'avez vu au cours de l'atelier 64.

7/ Imprimer

Lancez l'impression en cliquant sur le bouton Imprimer.

7

ALLER PLUS LOIN AVEC GIMP

Aujourd'hui, de nombreux sites communautaires consacrés à GIMP pullulent sur la toile. Ainsi, il devient de plus en plus facile de trouver de nombreux scripts (scripts-fu), de nombreux greffons, ainsi que de très jolis thèmes vous permettant de personnaliser l'interface du logiciel, tous mis en ligne par des passionnés. Vous allez apprendre dans ce dernier chapitre à installer des scripts, des greffons, ainsi qu'à changer le thème du logiciel.

CRÉER UN RACCOURCI CLAVIER

0h15

Comme vous l'avez vu tout au long de cet ouvrage, GIMP propose de nombreux raccourcis clavier vous permettant d'accéder rapidement aux fonctionnalités principales du logiciel.

1/ Lancer GIMP

Lancez GIMP depuis votre environnement Windows ou Mac.

2/ Afficher les préférences

Affichez les préférences de GIMP en cliquant sur Édition/Préférences.

3/ Choisir Interface

Dans la boîte de dialogue Préférences qui s'est affichée à l'écran, choisissez dans la colonne de gauche Interface.

4/ Configurer les raccourcis

Cliquez alors sur Configurer les raccourcis clavier.

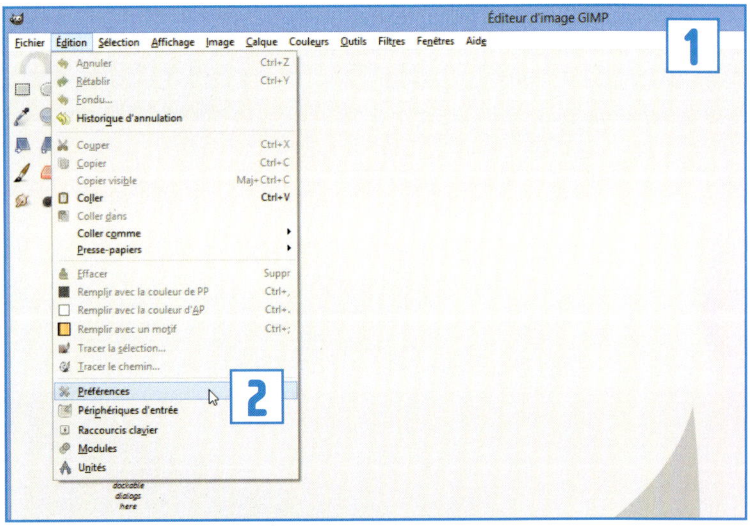

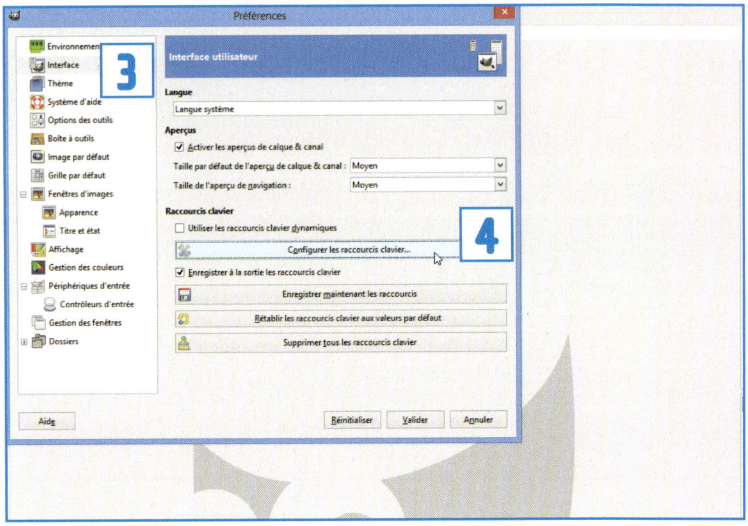

Menu Édition → **Préférences**

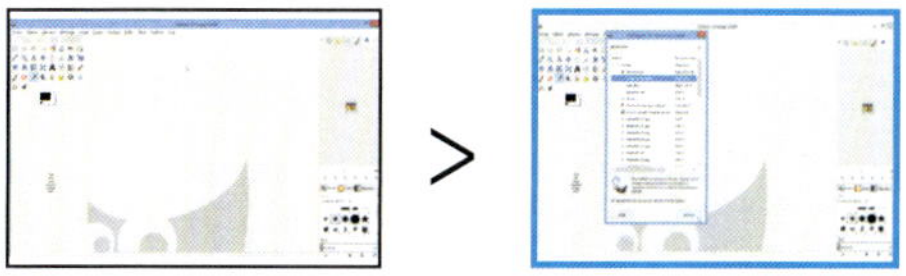

atelier **67**

CEPENDANT, SI VOUS UTILISEZ RÉGULIÈREMENT UNE FONCTIONNALITÉ qui ne possède pas de raccourci, sachez que vous pouvez en créer un. C'est le but de cet atelier.

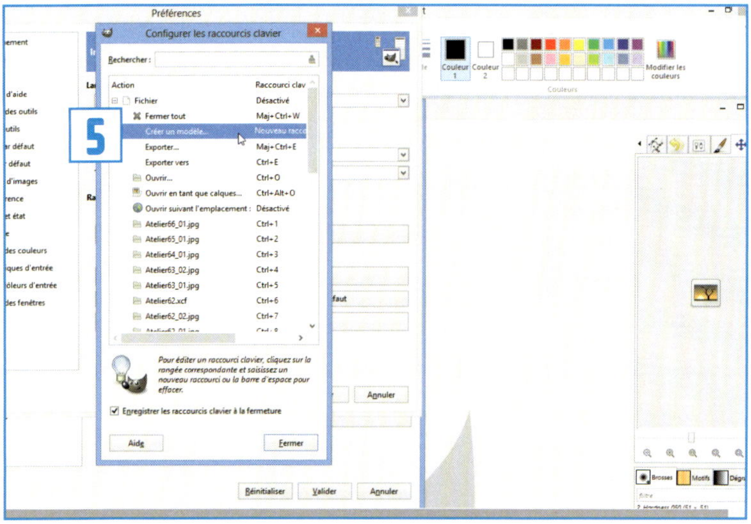

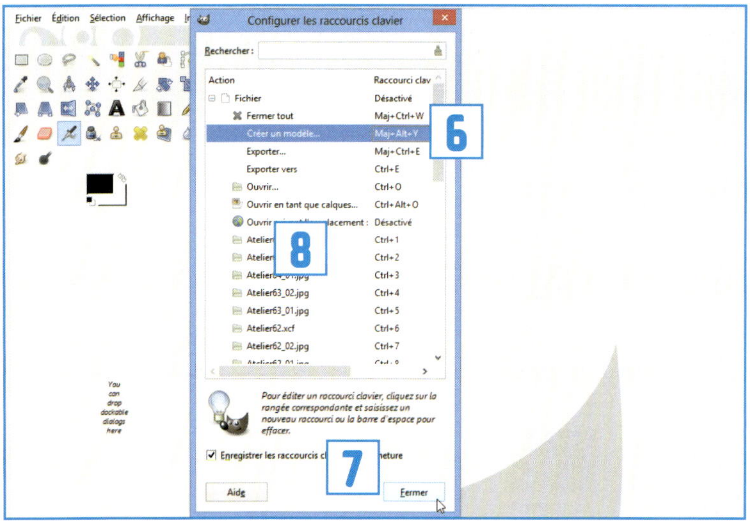

5/ Choisir une fonctionnalité

Dans la boîte de dialogue, choisissez une fonctionnalité dans la colonne de gauche, pour laquelle vous souhaitez créer un raccourci. Par exemple, cliquez sur Fichier, puis sur Créer un modèle.

6/ Créer le raccourci

Tapez sur votre clavier le raccourci que vous souhaitez mettre en place pour la fonctionnalité. Ce dernier apparaît dans la colonne Raccourci clavier.

7/ Fermer la boîte de dialogue

Cliquez sur Fermer. Le raccourci clavier est alors enregistré.

CHANGER LE THÈME DE GIMP

0h30

Comme de nombreux logiciels libres, GIMP offre à ses utilisateurs la possibilité de changer son interface.

1/ Lancer le navigateur web

La première étape de cet atelier consiste à télécharger un nouveau thème sur votre ordinateur. Pour cela, il vous faut évidemment une connexion Internet. Lancez votre navigateur web par défaut.

2/ Se connecter au site web

Saisissez l'URL du site sur lequel vous allez télécharger le thème, à savoir www.gimpstuff.org. Le site s'affiche.

3/ Changer de rubrique

Dans le menu situé à gauche du site, cliquez sur Themes. Tous les thèmes disponibles s'affichent alors.

4/ Lister les thèmes

Cliquez sur le lien Highest rated (Les mieux notés). Ainsi, les thèmes seront classés du mieux noté au moins bien noté.

5/ Choisir le thème

Cliquez sur le premier thème de la liste.

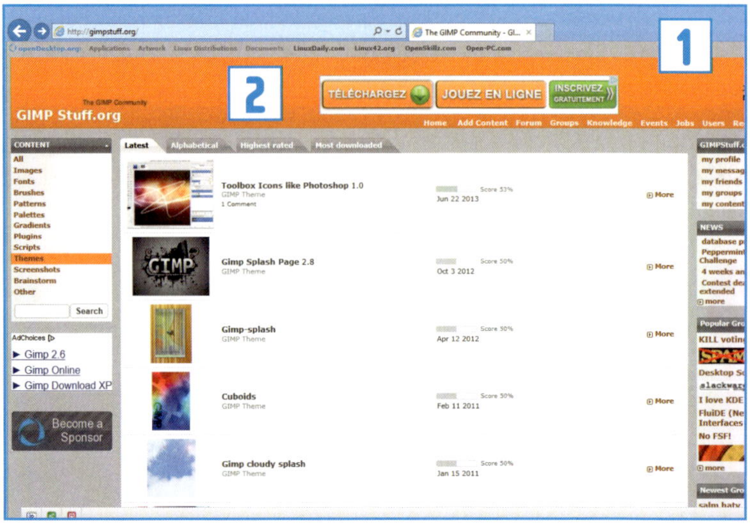

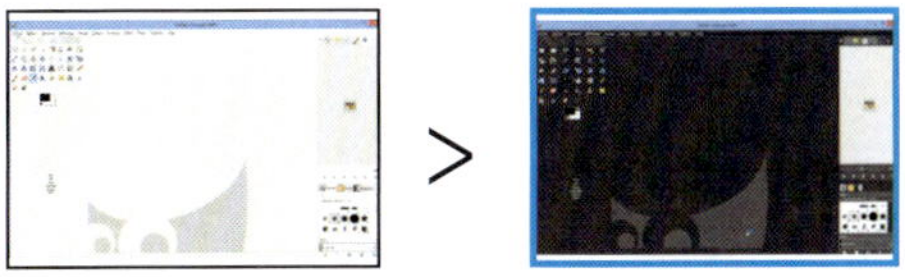

atelier

68

VOUS ALLEZ VOIR DANS CET ATELIER comment télécharger sur un site communautaire un nouveau thème pour GIMP, et comment l'installer.

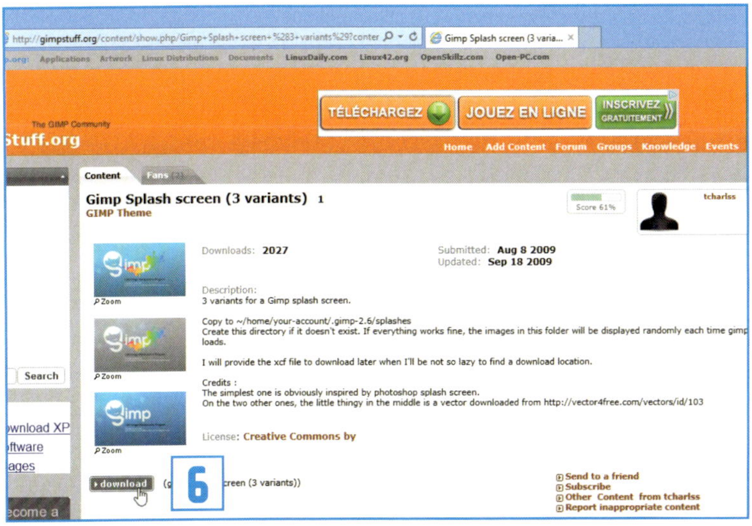

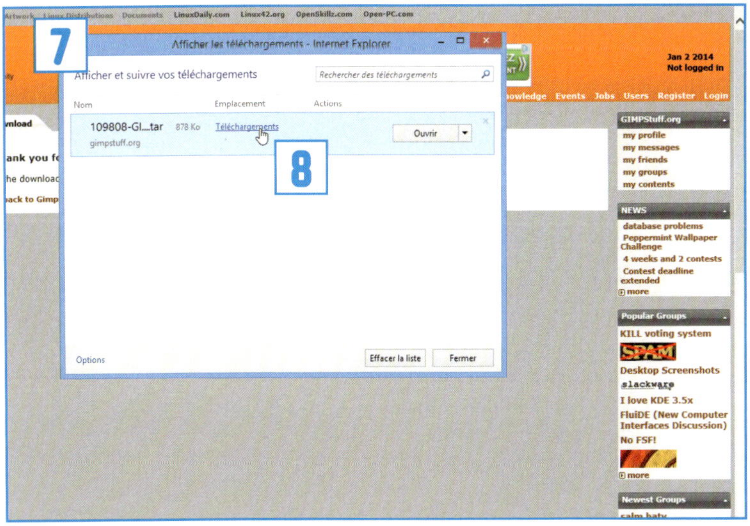

6/ Télécharger le thème

Sa fiche détaillée s'affiche à l'écran. Cliquez sur le lien Download (Télécharger).

7/ Télécharger le thème (suite)

Après quelques secondes, le téléchargement du thème démarre. Vous pouvez alors retrouver le fichier sur votre ordinateur, généralement dans le dossier Téléchargements.

8/ Télécharger le thème (fin)

Dans la boîte de dialogue Afficher les téléchargements de Windows Internet Explorer, cliquez sur Téléchargements dans la colonne Emplacement, afin d'afficher le contenu de ce dossier.

UNE FOIS LE THÈME TÉLÉCHARGÉ, vous allez l'installer dans les répertoires de GIMP, sur votre ordinateur.

LES THÈMES SONT GÉNÉRALEMENT TÉLÉCHARGÉS DANS UN FORMAT COMPRESSÉ, comme TAR, ZIP, etc. Il vous faudra pour les décompresser un logiciel comme Winzip, Winrar. De nombreuses solutions gratuites sont proposées sur Internet ou dans le Windows Store.

9/ Décompresser l'archive

Double-cliquez sur le fichier pour le décompresser. Une fois cette opération effectuée, copiez-le en cliquant sur Copier vers/Choisir un emplacement.

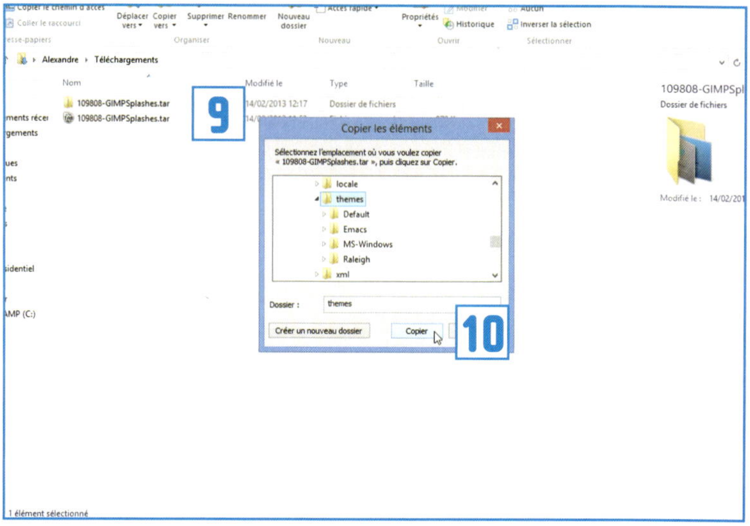

10/ Copier le thème

Dans la boîte de dialogue Copier les éléments, placez-vous dans le répertoire d'installation par défaut de GIMP, par exemple C:/Program Files/GIMP 2/share/gimp/2.0/themes/ et cliquez sur Copier.

11/ Exécuter GIMP

Vous pouvez maintenant exécuter GIMP sur votre ordinateur.

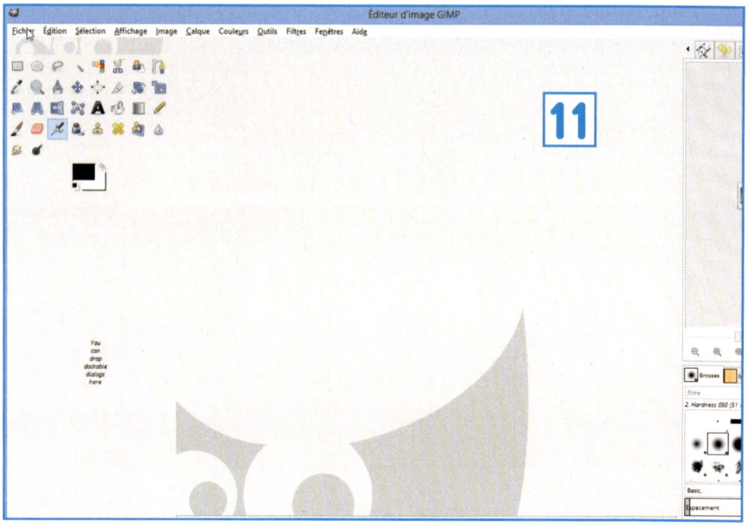

Menu Édition → **Préférences**

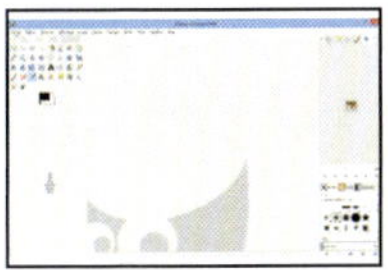

>

ATTENTION AUX VERSIONS DE GIMP : certains thèmes relativement anciens ne fonctionneront pas avec la dernière version de GIMP. Faites attention aux versions compatibles au moment de télécharger un thème.

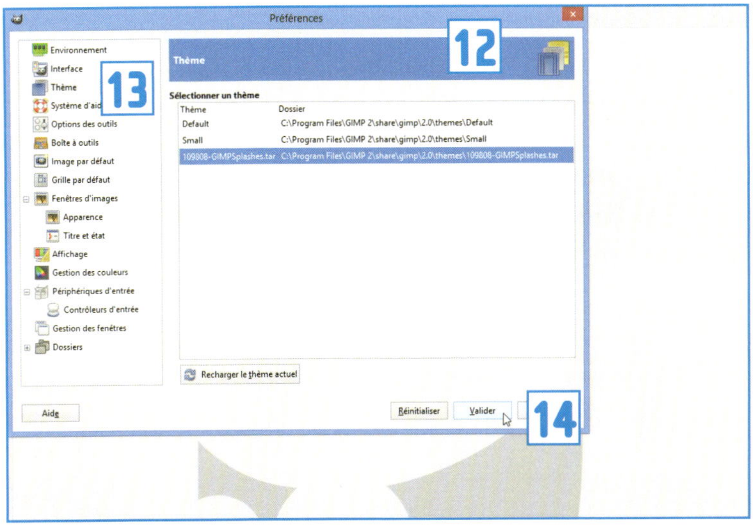

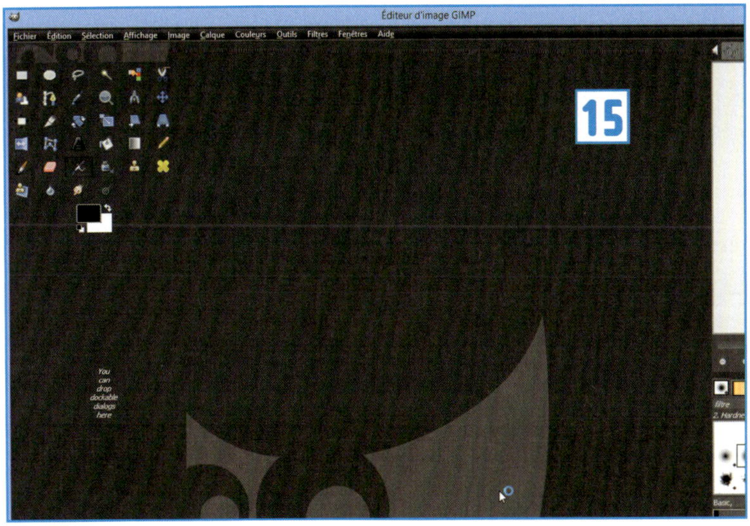

12/ Changer le thème

Cliquez sur le menu Édition/Préférences. La boîte de dialogue s'affiche.

13/ Changer le thème (suite)

Dans la colonne de gauche, cliquez sur Thème. La liste des thèmes disponibles apparaît.

14/ Changer le thème (fin)

Sélectionnez le thème que vous venez de télécharger dans la liste et cliquez sur Valider.

15/ Relancer GIMP

Il ne vous reste plus qu'à relancer GIMP de façon que les changements soient bien pris en compte.

TÉLÉCHARGER ET INSTALLER UN SCRIPT-FU

0h30

Les scripts, appelés également scripts-fu, permettent d'automatiser des tâches que vous réalisez manuellement avec le logiciel GIMP.

1/ Lancer le navigateur web

La première étape de cet atelier consiste à télécharger un script-fu sur votre ordinateur. Lancez votre navigateur web par défaut.

2/ Se connecter au site Web

Saisissez l'URL du site sur lequel vous allez télécharger le script-fu : www.gimpstuff.org. Le site s'affiche.

3/ Changer de rubrique

Dans le menu situé à gauche du site, cliquez sur Scripts. Tous les scripts téléchargeables s'affichent.

4/ Lister les scripts-fu

Cliquez sur le lien Highest rated (Les mieux notés). Ainsi, les scripts-fu seront classés du mieux noté au moins bien noté.

5/ Choisir le script-fu

Cliquez sur le premier script-fu de la liste. Il s'agit d'un script simulant un effet HDR.

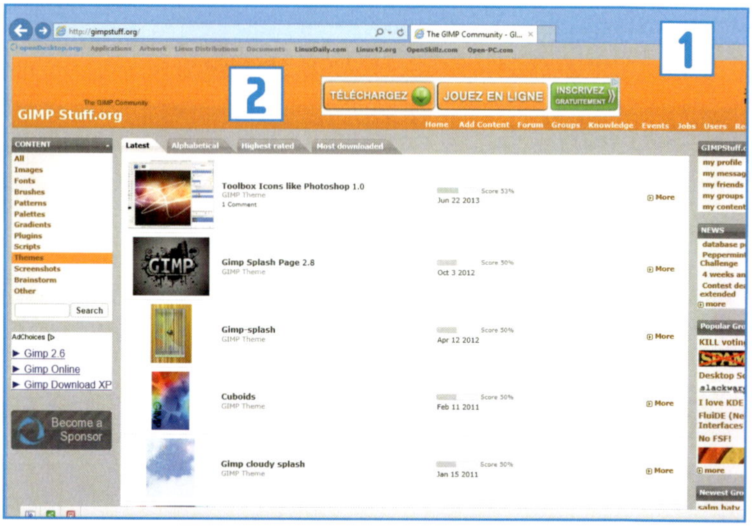

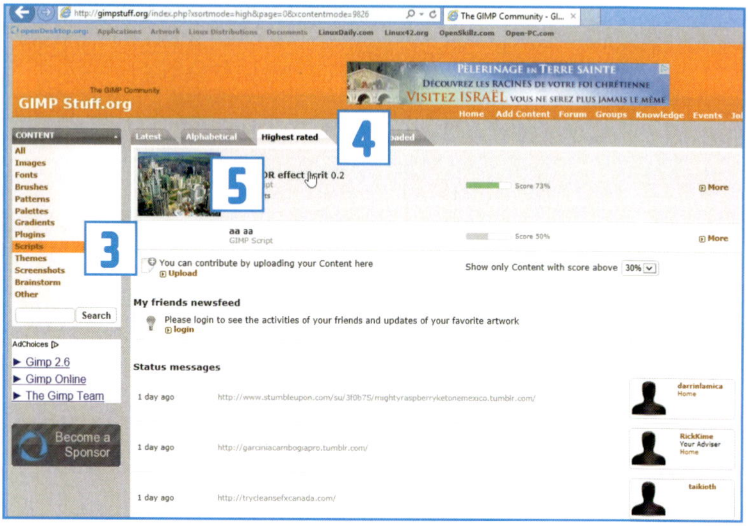

atelier

69

EN EXPLOITANT LES SCRIPTS, vous pourrez réaliser en un clic de souris des effets surprenants : explosions, fumée, nuages. Vous pourrez également appliquer des effets à vos photographies personnelles. C'est ce que vous allez voir dans cet atelier.

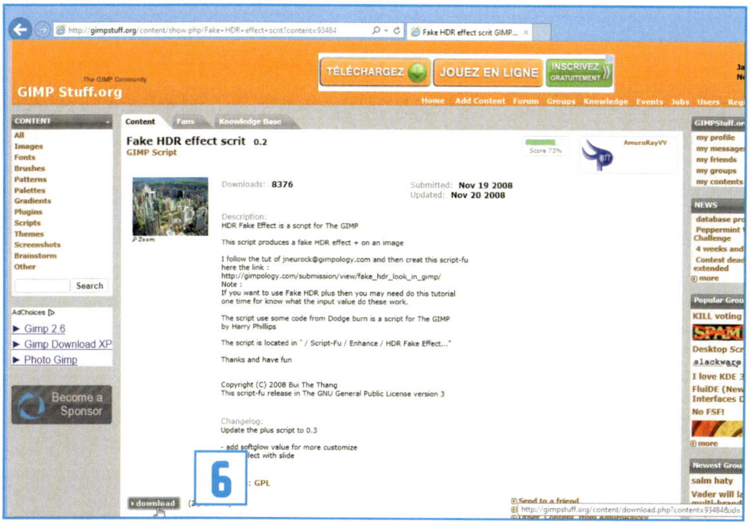

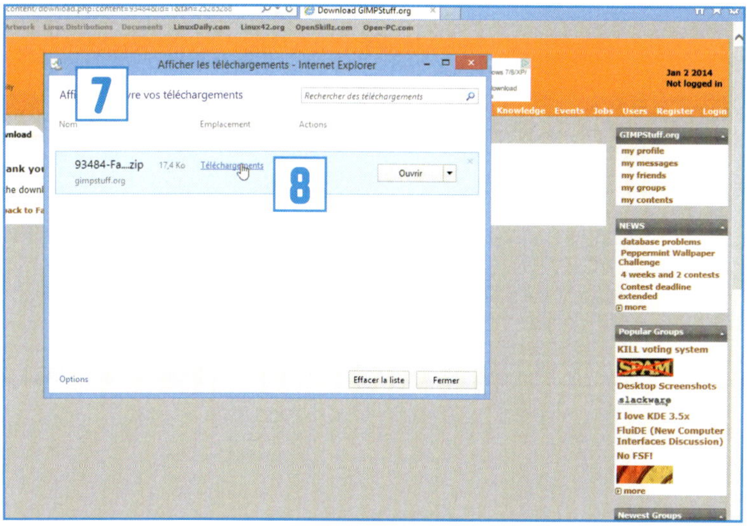

6/ Télécharger le script-fu

Sa fiche détaillée s'affiche à l'écran. Cliquez sur le lien Download (Télécharger).

7/ Télécharger le script-fu (suite)

Le téléchargement démarre. Vous pouvez alors retrouver le fichier sur votre ordinateur, généralement dans le dossier Téléchargements.

8/ Télécharger le script-fu (fin)

Dans la boîte de dialogue Afficher les téléchargements de Windows Internet Explorer, cliquez sur Téléchargements dans la colonne Emplacement, afin d'afficher le contenu de ce dossier.

L'EFFET HDR EN PHOTOGRAPHIE est une superposition de plusieurs clichés pris dans des expositions différentes. Le résultat est souvent magnifique (avis tout à fait subjectif !).

POUR CRÉER UN TEL EFFET AVEC VOTRE APPAREIL PHOTO NUMÉRIQUE, il est indispensable d'avoir un pied. En effet, les clichés doivent être absolument identiques au niveau de la prise de vue. Le moindre décalage rendrait impossible la réalisation d'une telle photographie.

9/ Décompresser l'archive

Double-cliquez sur le fichier pour le décompresser puis copiez-le en cliquant sur Copier vers/Choisir un emplacement.

10/ Copier le thème

Dans la boîte de dialogue Copier les éléments, placez-vous dans le répertoire C:/Programmes/GIMP 2/share/gimp/2.0/scripts/ et cliquez sur Copier.

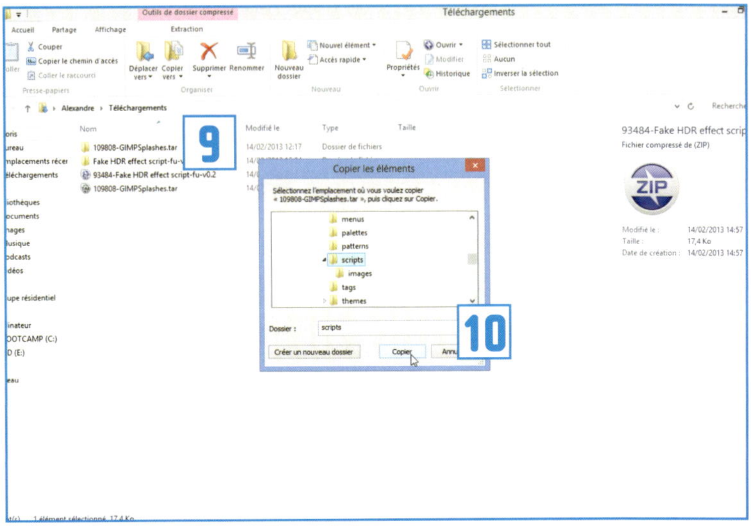

11/ Exécuter GIMP

Exécutez GIMP sur votre ordinateur et ouvrez la photographie [Atelier69_01.jpg].

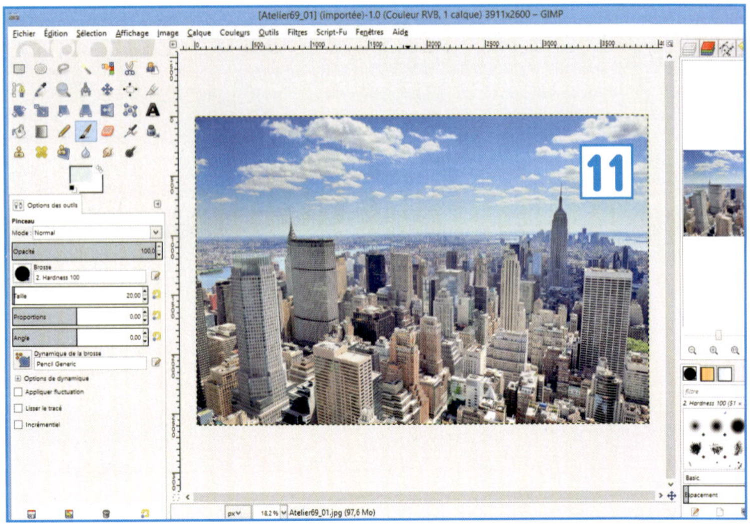

Menu Script-Fu → **Enhance**

\>

atelier 69

SACHEZ QU'IL EST ÉGALEMENT POSSIBLE DE CRÉER ses propres scripts mais il en existe tellement sur Internet qu'il est quasi impossible de ne pas en trouver un qui convienne.

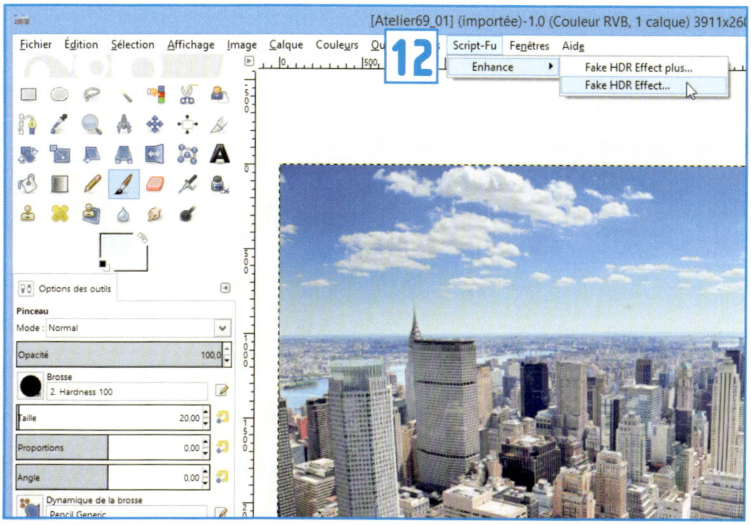

12/ Appliquer le script-fu

Cliquez sur Script-Fu/Enhance/Fake HDR Effect... Si vous avez au préalable installé d'autres scripts dans GIMP, ces derniers apparaîtront dans ce même menu. Si vous souhaitez en supprimer, il vous suffit de supprimer le ficher dans le répertoire C:/Programmes/GIMP 2/share/gimp/2.0/scripts/.

13/ Choisir l'opacité

Une boîte de dialogue vous propose alors de choisir l'opacité du calque qui va être ajouté à la photographie. Gardez la valeur par défaut, et cliquez sur Valider. Le script fu est lancé. Après quelques secondes, voire quelques dizaines de secondes en fonction de la puissance de votre ordinateur, le nouveau filtre est appliqué à votre photographie ! Vous voici avec un effet HDR, en un seul clic de souris !

INSTALLER DE NOUVEAUX GREFFONS

0h35

Contrairement aux scripts-fu qui sont internes à GIMP, les greffons sont de petits programmes exécutables sous le contrôle du logiciel. Pour cet atelier, vous devez télécharger le greffon Colorize depuis l'espace de téléchargement de MA Éditions.

1/ Installer le greffon

Pour cet atelier, vous allez devoir télécharger le greffon sur le site Internet de MA Éditions. Le programme se trouve dans le dossier Téléchargements de votre ordinateur.

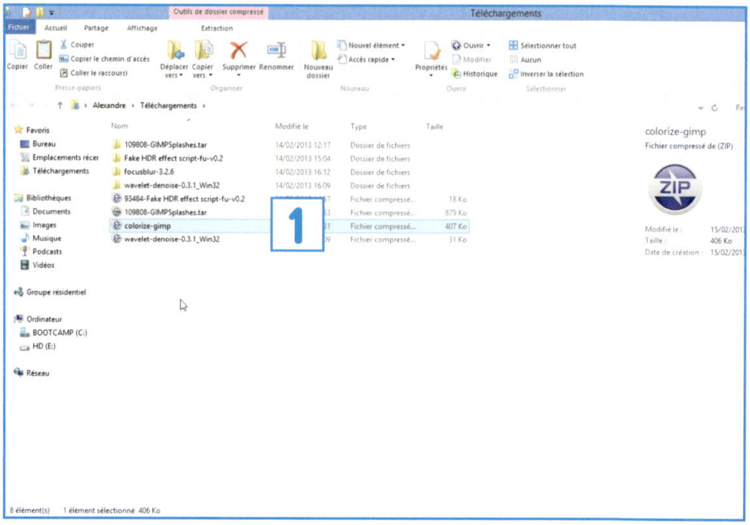

2/ Installer le greffon (suite)

Vous allez copier le fichier dans le répertoire des greffons. Pour cela, cliquez sur Copier vers/Choisir un emplacement. Déplacez-vous dans le dossier C:/Programmes/GIMP 2/lib/gimp/2.0/plug-ins/.

3/ Installer le greffon (fin)

Cliquez sur le bouton Copier. Votre nouveau greffon est installé.

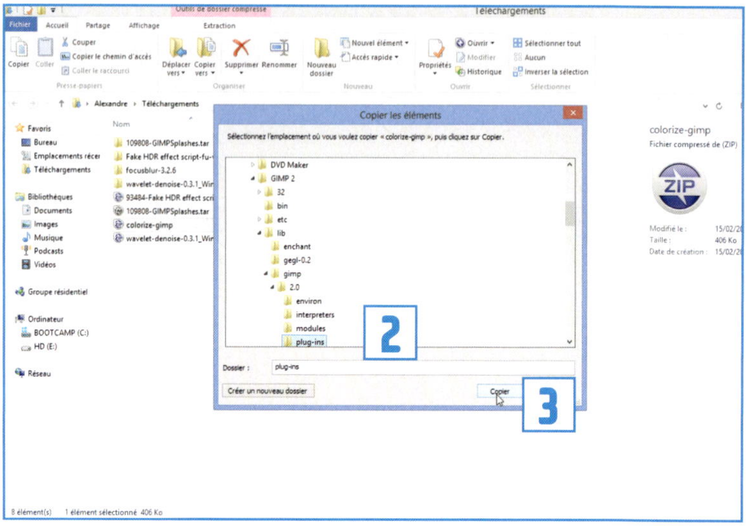

Menu Fichier → **Ouvrir**

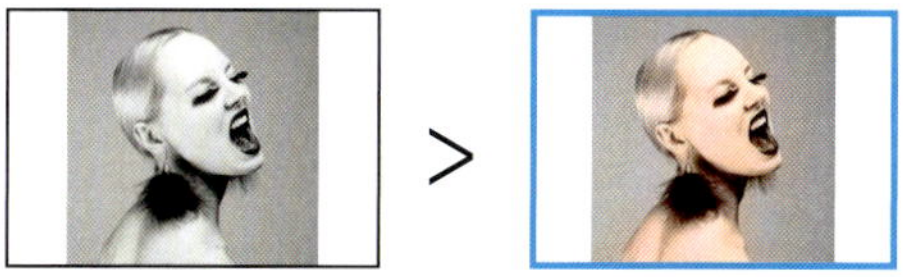

atelier 70

DES DIZAINES DE GREFFONS SONT INSTALLÉS PAR DÉFAUT dans GIMP et vous les utilisez sans le savoir depuis le début de cet ouvrage. Ce sont les filtres ! Vous allez ici en installer un nouveau, permettant de coloriser une image en noir et blanc.

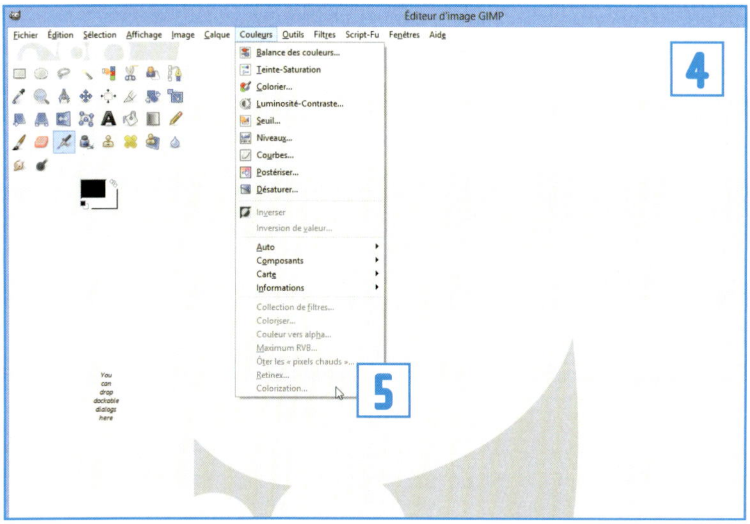

4/ Exécuter GIMP

Pour que le greffon soit pris en compte par GIMP, il est indispensable de le fermer et de le lancer à nouveau.

5/ Colorization

Sans même ouvrir un document, cliquez sur Couleurs. Vous constatez en bas du menu un nouveau lien Colorization. Il s'agit du greffon que vous venez d'installer.

6/ Ouvrir la photographie

Ouvrez maintenant la photographie [Atelier70_01.jpg]. Vous avez déjà travaillé sur ce cliché au cours du chapitre 06. Le but est de coloriser le visage du modèle.

GREFFON EST LA TRADUCTION FRANÇAISE DE PLUGIN. N'hésitez donc pas à rechercher de nouveaux greffons en saisissant le terme plugin dans les moteurs de recherche.

CERTAINS GREFFONS SONT DES FICHIERS EXÉCUTABLES, d'autres sont livrés uniquement sous la forme de leur code source, au format Python. Le principe d'installation reste le même : copier l'élément dans le répertoire des greffons de GIMP.

7/ Créer un nouveau calque

Créez un nouveau calque sur votre document en cliquant sur le menu Calque/Nouveau calque.

8/ Nommer ce calque

Nommez ce calque Couleurs. Cliquez sur Valider.

9/ Sélectionner le pinceau

Dans la barre d'outils de GIMP, sélectionnez l'outil Pinceau.

10/ Choisir la couleur

Cliquez sur la couleur de premier plan et saisissez le code couleur FEC3AC. Validez.

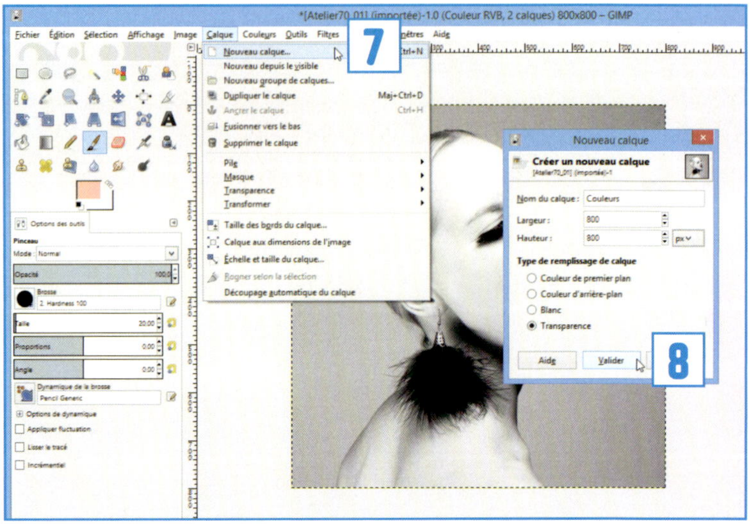

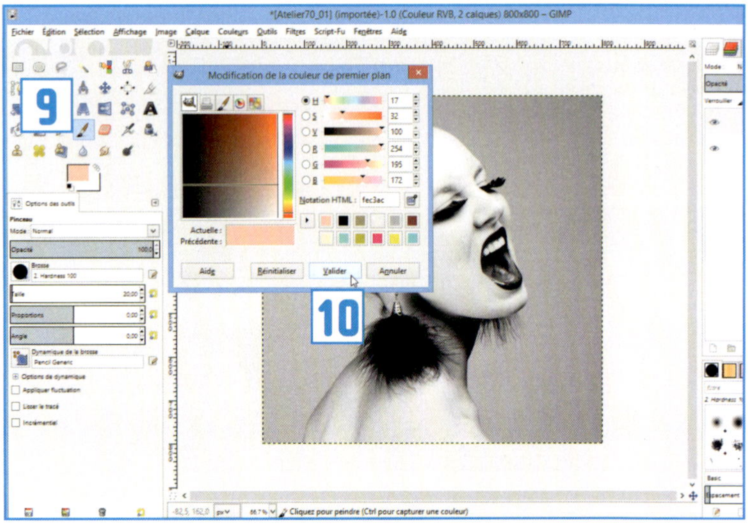

Menu Couleurs → **Colorization**

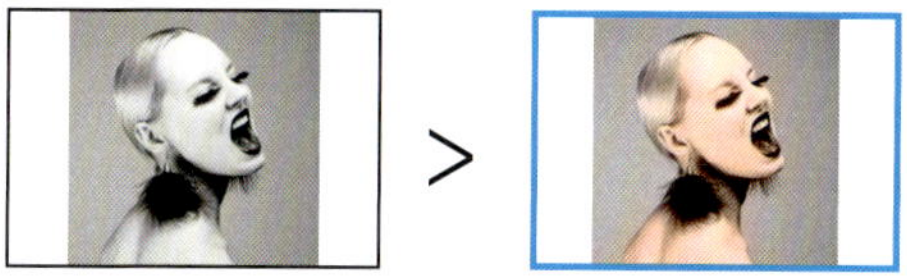

atelier 70

PYTHON EST UN LANGAGE DE PROGRAMMATION fonctionnant sur la plupart des systèmes informatiques : Windows, Unix, Mac OS, Android...

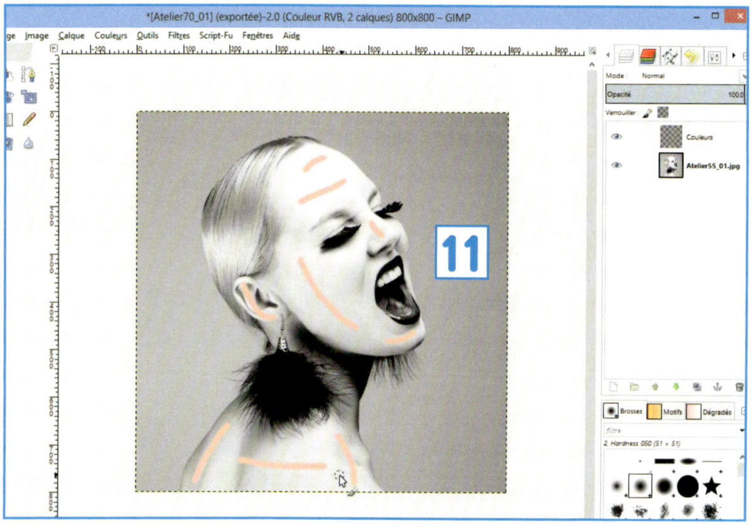

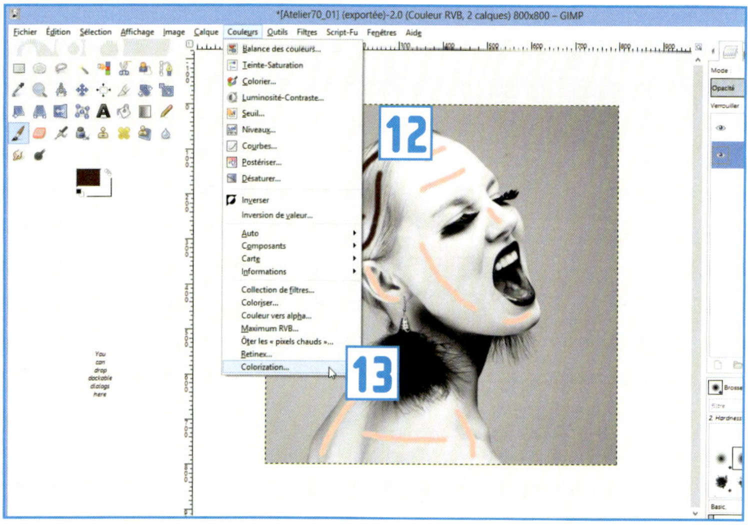

11/ Coloriser

Tracez maintenant des traits de couleur à différents endroits du visage du modèle, en ayant pris soin de sélectionner le calque Couleurs auparavant. Recommencez l'opération pour traiter le dos du modèle.

12/ Coloriser (suite)

Choisissez maintenant une nouvelle couleur de premier plan. Celle-ci servira à coloriser les cheveux du modèle. Comme précédemment, tracez des traits avec l'outil Pinceau.

13/ Coloriser (fin)

Sélectionnez maintenant le calque inférieur du document, puis cliquez sur Couleurs/ Colorization. Dans la boîte de dialogue qui s'affiche, laissez les options par défaut et validez. Le traitement est lancé. Après quelques instants, votre photographie sera colorisée ! Il ne vous reste plus qu'à masquer le calque Couleurs.

R

S

T

U-V

X-Z

Atelier 50 : Young Attractive Business Woman Smiling Image # 108792143 © Charlotte Purdy.
Intro, Chapitre 5 : African American hip hip dancer with waves of light painting over dark background Image # 79473298 © R. Gino Santa Maria.
Atelier 51 : Romanesque bridge At Puente la Reina, which runs the Camino de Santiago, eleventh century Image # 115493653 © KarSol.
Atelier 52 : Sports car isolated on white background. Non-branded concept car. Image # 115235689 © Mikhail Bakunovich.
Atelier 53 : Highly detailed fine art portrait. smiling happy real person Image # 62373463 © Warren Goldswain.
Atelier 54 : Podere Terrapille Image # 55270423 © LianeM.
Atelier 55, 70 : Photo of beautiful young woman with magnificent eyelashes. The Black-and-white photo Image # 93400783 © ftelkov.
Atelier 56 : Image shows a lavender field in the region of Provence, southern France Image # 104017100 © ventdusud.
Atelier 57 : the blue sky and sun Image # 70764634 © irin-k.
Atelier 57 : closeup image of a dreaming beautiful little girl Image # 67153333 © lanych.
Atelier 58 : aged paper texture Image # 60649555 © Nella.
Atelier 58 : By Eisenmann, New York, c1891: World Champion cyclist William Walker Martin, Known as «Plugger» . 1891 won six-day race at Madison Square Garden NY, billed as long-distance championship of world. Image # 96362375 © Hodag Media.
Atelier 59 : 3d rendering of a brandless generic white car of my own design in a studio environemnt Image # 97401758 © zentilia.
Atelier 60 : moon Image # 51780088 © D and D Photo Sudbury.
Atelier 60 : East Australian Coastline Image # 69310954 © Stuart Jenner.
Atelier 61 : Dune du Pyla Image # 21469309 © LianeM.
Atelier 62 : A cup of coffee with heart pattern in a white cup on wooden background Image # 92032841 © FOOKPHOTO.COM.
Intro, Chapitre 6 : jumping background Image # 121125445 © james weston.
Atelier 63 : Coastline in Sicily, Italy Image # 107726942 © mradlgruber.
Atelier 64 : Group Of Teenage Friends Playing Volleyball On Beach Image # 55790740 © oliveromg.
Atelier 65 : Piazza del Campo with Palazzo Pubblico, Siena, Italy Image # 79114684 © Rechitan Sorin.
Atelier 66 : Intercom, Door house in Via Dante, Padova, Veneto, Italy Image # 108458948 © Ana del Castillo.
Intro, Chapitre 7 : trekking at sunset Image # 119570908 © Rossella Apostoli.
Atelier 69 : New York City Manhattan midtown aerial panorama view with skyscrapers and blue sky in the day. Image # 105789410 © Songquan Deng.

Dans l'objectif pédagogique de cet ouvrage, vous pouvez accéder gratuitement (hors frais de connexion) aux images utilisées dans les ateliers sur le site de MA EDITIONS à l'adresse suivante :

http://ma-editions.com

Cette adresse vous est personnelle et n'est utilisable qu'en votre qualité de possesseur licite de notre ouvrage et les photos sont la propriété exclusive de leurs propriétaires respectifs. Elles ne peuvent être utilisées qu'à titre privé et vous sont proposées uniquement pour réaliser les ateliers. Toute autre utilisation est interdite.